Virginia Anemona
Ajena und der Wasserperlenbaum

Virginia Anemona

Ajena und der Wasserperlenbaum

Erfahrung einer neuen Realität

Brighton Verlag GmbH

1. Auflage Framersheim September 2018

© Brighton Verlag® GmbH,
Mainzer Str. 100, 55234 Framersheim
Geschäftsführende Gesellschafterin: Sonja Heckmann
Zuständiges Handelsregister: Amtsgericht Mainz
HRB-Nummer: 47526
Mitglied des Deutschen Börsenvereins: Verkehrsnummer 14567
Mitglied der GLS Gemeinschaftsbank eG Bochum.
Mitgliedsnummer: 58337
Genossenschaftsregister Nr. 224, Amtsgericht Bochum
www.brightonverlag.com
info@brightonverlag.com

Nachdruck, auch auszugsweise, nur mit Genehmigung des Verlags

Alle Rechte vorbehalten!

Satz: Ernst Trümpelmann

© aller Illustrationen: Virginia Anemona Jakobitsch

ISBN 978-3-95876-582-5

*Wenn du einen Riesen siehst, der mit dir kämpfen will,
dann sei ohne Furcht.*

*Untersuche zuerst den Stand der Sonne, dann wirst du sehen,
dass der Riese vielleicht nur der Schatten eines Zwerges ist.*

Chinesische Weisheit

Ein Mädchen

Es war eine eiskalte Nacht. Ein gewaltiges Unwetter fegte über die Stadt, Regen ergoss sich in Strömen und kühler, dichter Nebel umgab die Häuser.
In den Wohnungen war es bereits dunkel, die Bewohner schliefen und waren längst in ihre Träume versunken. Doch wenn man genau hinsah, schimmerte durch den umherwandernden Nebel noch ein Licht aus dem zweiten Stock eines großen Wohnhauses.
War da jemand wach oder bei Licht eingeschlafen?
Auf dem Fenstersims bewegte sich etwas Lebendiges, vielleicht ein Tier. Es schien, als schaue es beobachtend ins Zimmer.
Am Boden des Raumes befand sich Ajena, ein junges Mädchen, das einsam da saß. Ajena hatte ihre Arme um die Knie geschlungen und den Kopf darauf abgestützt. Die Haare hingen ihr von allen Seiten kreuz und quer übers Gesicht. Wären die Fenster nicht geschlossen gewesen, hätte man hören können, dass Ajena bitterlich weinte.
Das Wesen, das nun reglos am Fenstersims saß, erkannte dies. Nicht nur wegen des Anblicks, sondern auch, weil es intuitiv spürte, dass das junge Mädchen aufgrund eines seelischen Schmerzes schluchzte. Viele zerknüllte Taschentücher lagen verstreut um Ajena herum und dazwischen fanden sich auch einige beschriebene Zettel. In der Hand hielt das Mädchen einen Bleistift umklammert, als würde er ihr einen gewissen Halt geben können. Ruckartig erhob sich Ajena und schlich aus ihrem Zimmer, vermutlich um ihre Eltern nicht zu wecken.

Es ist aussichtslos, was soll ich nur machen? Ich trank einen Schluck kaltes Wasser. Wieso kann ich nicht schlafen? Warum muss ich immer aufstehen? Ich halte das nicht mehr aus!

Ich holte meine Beruhigungstropfen aus dem Medikamentenschrank im Badezimmer und tröpfelte so viele in den Mund, bis ich dachte, dass es mir helfen müsste. Auf dem Weg zurück in mein Zimmer musste ich am Garderobenraum vorbei. Wie immer fürchtete ich, es würde gleich jemand herauskommen und mich anfallen. Mehrmals drehte ich mich verschreckt um. Plötzlich fiel mir auf, dass meine Zimmertür geschlossen war, obwohl ich sie offen gelassen hatte. *Seltsam*, dachte ich, *merke ich mir nicht mehr, was ich mache, oder spukt es?*

Das eigenartige Wesen auf dem Fenstersims hatte inzwischen auf unerklärliche Weise einen Weg in das Zimmer von Ajena gefunden. Es lag ausgestreckt auf ihrem Bett und wartete aufgeregt auf das junge Menschenkind. Das Wesen schüttelte den Kopf und dachte: *Ich habe bestimmt nicht umsonst den Auftrag, genau SIE auszuwählen, aber soll ich wirklich dieses ängstliche Kind zu Bonsaij bringen?! Sie wird doch nie freiwillig mit mir gehen, sondern sofort wegrennen, wenn sie mich hier liegen sieht! Ich muss mir etwas einfallen lassen, um sie nicht noch mehr zu verschrecken. Aber was?*

Müde schlich ich in mein Zimmer und schaute ängstlich in alle Ecken, schloss die Tür hinter mir und kletterte die Stufen zu meinem Hochbett hoch. Als ich mich hinlegte, fühlte es sich an, als würde ich auf etwas besonders Weichem liegen. Ich wusste nicht, was es war, aber es war angenehm und gab mir eine Art von Geborgenheit.
Da hörte ich ein leises und unsicheres *Pssst* direkt neben mir. Aufgeregt fuchtelte ich mit den Armen und horchte in die Dunkelheit. Nichts. Ich schloss die Augen und hörte ein weiteres, etwas gewagteres *Pssst*. Ich war mir sicher, dass ich mir das nicht einbildete. *Was war das?*
Angestrengt spähte ich in alle Richtungen und gab ein zögerliches *Hallo* von mir. »Pssst, ja«, war die Antwort.

Jetzt bekam ich noch mehr Angst, war aber auch neugierig. »Wer bist du, wo bist du?« Keine Antwort. *Spinne ich?*, fragte ich mich insgeheim. Einen Moment lang wusste ich nicht, ob ich schon träumte oder noch wach war. Etwas fing an, sich unter mir zu bewegen. Im nächsten Moment stemmte es mich ruckartig in die Luft. Ich sah zur Seite und konnte es kaum glauben: Ich lag auf einem Husky, der größer war als ich! Um Halt zu finden, drehte ich mich so, dass ich mit dem Bauch auf seinem Rücken lag und mich am Fell festklammern konnte.

Ehe mir klar werden konnte, ob dies real war, sprang der Husky mit ungewöhnlichem Tempo durch das geschlossene Fenster! Ich wunderte mich, dass die Glasscheibe dabei nicht zersprang. Der Husky fegte mit mir durch die Gassen. Es hatte den Anschein, als fliege er mit dem Wind um die Wette, und ich kam aus dem Staunen nicht mehr heraus.

Das ist doch unmöglich, schoss es mir durch den Kopf. Der Husky ließ einen schrillen Pfiff hören, der sich in die Länge zog, als wäre sein Schall unendlich weit. »Denk so etwas bitte nicht noch einmal«, raunte er mir in die Ohren. Er erhöhte sein Tempo und trug mich immer weiter fort, bis ich mein Zeitgefühl verlor.

Meine Ängste und Tränen der Nacht waren verflogen. Es fühlte sich herrlich an, wie mich die kühle Luft umwehte, während das weiche Huskyfell mich wärmte. So wurde ich stundenlang fortgetragen, durch weite Landschaften, Städte und über Berge.

Ab und zu schloss ich die Augen und genoss die besondere Ruhe. Man hörte nur die trappelnden Schritte meines Trägers, bis wir mit einem lauten Platsch geradewegs in einen See sprangen. Wir schwammen lange dahin, bis wir ein Ufer erreichten und der Husky stehen blieb. Er bückte sich und ließ mich sanft zu Boden gleiten. Ich landete auf weicher Erde, wir befanden uns direkt in einem Wald.

Als ich mich aufrichtete, dauerte es ein wenig, bis sich meine Augen an die Dunkelheit gewöhnt hatten. Überall, wo ich hinsah, standen die Bäume sehr dicht aneinander und streckten ihre Äste zum Himmel. Ich

ging neben dem Husky her, hier war der Boden stark bewurzelt und moosbewachsen.
Neugierig fragte ich meinen starken Träger, was wir als Nächstes machen würden.
Er schaute mich aus seinen hellblauen, schwarzumrandeten Augen an und es schien, als bereite es ihm Unbehagen, dass ich nicht Bescheid wusste.
»Ich werde dich allein lassen, du musst ab jetzt ohne mich zurechtkommen, es wird sich zeigen, ob du es schaffst und wir uns wiedersehen werden«, sagte er.

»Was, du willst mich alleine lassen? Aber wie soll ich dich je wiederfinden? Ich kenne nicht einmal deinen Namen! Ich verstehe nicht ...«
Er unterbrach meine zweifelnden Fragen: »Alle nennen mich einfach Husky.«
Mit einem Zischen löste er sich vor meinen Augen in Luft auf. Ich verstand die Welt nicht mehr, er hatte mich tatsächlich in diesem mir fremden Wald alleine gelassen. Jetzt, da mein Begleiter nicht mehr da war, erfasste mich starke Kälte und Angst.
Ich lief weiter. Nach einer Weile erreichte ich eine Lichtung, in deren Mitte eine große Steinplatte auf dem Boden angebracht war. Da bemerkte ich erst, wo ich mich befand: Es war ein Friedhof.

Husky landete bei Bonsaij und klagte ihm: »Ach, ich habe kein gutes Gefühl bei der ganzen Sache! Was ist, wenn das Mädchen so schockiert sein wird, dass es nie mehr einschlafen will?«
Bonsaij schaute ihn aus großen Augen an und schien sich seiner Sache so sicher, dass er sich erlaubte, darauf nicht zu antworten.
Also schwieg auch Husky im Vertrauen auf Bonsaij. Er machte sich aber dennoch große Sorgen um dieses Kind.

Mittlerweile hatte ich noch mehr Angst als zuvor und sah angespannt nach allen Seiten, als erwarte mich dort *das Grauen*. Aus dem Boden ragten graue Grabsteine mit verschnörkelten Zeilen darauf. Das Seltsame war, dass es hier nicht wie auf einem gewöhnlichen Friedhof aussah. Dieser wirkte so verlassen, als wäre jahrelang niemand hier gewesen. Verdorrte Blumen waren rings um die Gräber verstreut. Hinter mir hörte ich ein Rascheln.

Ich dachte, mein Begleiter sei zurückgekommen, um mich wieder mitzunehmen, aber ich irrte mich. Beim Umdrehen fuhr mir der Schreck durch alle Glieder:
Da war ein Wesen, das nur aus Rauch zu bestehen schien und ein paar Zentimeter über dem Boden schwebte. Ich hatte den Eindruck, dass es mich trotz seiner hohlen Augenlöcher anstarrte. Ein Wink von ihm und schon traten fünf weitere seiner Art hinter den Grabsteinen hervor. Ich dachte, meine letzte Stunde sei gekommen – und ich war so schockiert, dass ich mich für einige Augenblicke nicht bewegen konnte.

Die Wesen kamen immer näher. Aus dem Rauch heraus bildeten sie Hände und griffen von allen Seiten nach mir. Ich überlegte, ob ich mich auf den Boden fallen lassen und zusammengekauert auf das Ende warten sollte. Schließlich rannte ich aber doch davon, so schnell ich konnte.
Die rauchartigen Wesen folgten mir mit ausgestreckten Armen. Sie kamen rasch näher und so versuchte ich noch schneller zu laufen, damit sie mich nicht fassen konnten. Ich wollte um Hilfe schreien, aber ich brachte keinen Ton heraus. In erreichbarer Ferne erblickte ich einige Häuser und lief direkt auf sie zu.
Dort angekommen, hämmerte ich verzweifelt mit den Fäusten auf mehrere Türen. Manche öffneten sich, doch zu meinem Entsetzen kamen keine Menschen, sondern immer mehr dieser Rauchwesen heraus, sodass ich bald von ihnen umzingelt war. Ich sah keine Chance, ihnen zu entfliehen.
»Hilfe!«, brüllte ich nun panisch, aber niemand kam, um mir zu helfen.

Instinktiv wusste ich, diese Gestalten würden mich töten, sobald sie mich zu fassen bekämen.
Ich suchte verzweifelt nach einer Möglichkeit, um an den Wesen vorbeizukommen, aber sie hatten sich bereits dicht nebeneinander aufgestellt und bildeten einen Kreis um mich, der mit jedem ihrer Schritte enger wurde. Obwohl sie mich nicht berührten, ging etwas von den Wesen aus, das mir die Luft nahm. Ich musste den Atem anhalten, als wäre ich unter Wasser. Eines der Rauchwesen stand jetzt unmittelbar vor mir.

Ich wollte in den letzten Sekunden meines Lebens wenigstens an etwas Schönes denken und so konzentrierte ich mich mit aller Kraft auf die wundervollsten Momente, die ich je erlebt hatte.
Zu meinem Erstaunen wichen die Wesen sofort zurück. Manche von ihnen stießen dabei fürchterliche Klagelaute aus, als hätte ich sie mit einem Schwerthieb mitten ins Herz getroffen.
Da wusste ich, wie ich ihnen entkommen konnte! Ich dachte weiter an all die Liebe, die ich jemals bekommen hatte, und an meine Liebe, die ich für andere empfand. Diese Kraft war so stark, dass die Wesen immer weiter zurückwichen. Auf einmal wurde ich von gleißend hellem Licht umschlossen und bemerkte, dass ich genau wie die Wesen über dem Boden schwebte.
Eine Säule aus Licht hatte sich um mich gebildet, während alle Rauchwesen fluchtartig das Weite suchten. Das Leuchten der Lichtsäule wurde daraufhin langsam schwächer und verblasste schließlich. Sachte schwebte ich zu Boden.

Für einige Momente war meine Sicht verschwommen. Nachdem mein Blick wieder klar wurde, sah ich Husky vor mir auf einem großen Stein hocken. Ich stürmte auf ihn zu. »Warum, verdammt, hast du mir nicht geholfen? Diese Kreaturen wollten mich töten!« Ich atmete schnell vor Aufregung.
»Schon gut«, winkte er ab.
»Wie bitte?!«, empörte ich mich. »Schon gut? Willst du, dass ich sterbe?«

»Gewiss nicht, es war eine Prüfung und hättest du sie nicht bestanden, wäre ich rechtzeitig eingeschritten!«
»Tut mir leid, ich weiß nicht, wovon du sprichst!«, ereiferte ich mich.
»Bleib ruhig«, meinte Husky nur, »du wirst es schon bald erfahren.«

»Hey, willst du nicht endlich aufstehen?« Die Stimme meiner Mama schallte aus unendlicher Ferne zu mir. Ich blinzelte und öffnete langsam die Augen.
Sie wiederholte die Aufforderung und stellte mir einen kleinen Teller mit geschnittenem Apfel ans Bett. Beinahe teilnahmslos nahm ich mir ein Stück nach dem anderen. Ich versuchte zu verstehen, wieso ich mich auf einmal wieder in meinem Bett befand. Ich war doch eben …

In meinem Kopf lief alles wie in einem Film erneut ab. *Hab' ich das wirklich nur geträumt?*
Während ich das dachte, spürte ich plötzlich eine Pfote anstelle meiner Hand, als ich mir meine Haare aus dem Gesicht strich. Nun wusste ich, dass es kein gewöhnlicher Traum gewesen sein konnte.

Ich frühstückte mit meinen Eltern und bemerkte, dass sie bereits die Koffer gepackt hatten.
Wir wollten heute zu meiner Großmutter Zelma nach Ungarn fahren, um dort gemeinsam Urlaub zu machen.

Ich genoss die lange Autofahrt.
Während ich die vorbeiziehende Landschaft betrachtete, hatte ich viel Zeit, um über Verschiedenes nachzudenken – über die Erlebnisse der vergangenen Nacht ebenso wie über meinen bevorstehenden Schulbeginn. Wenn ich an die Schule dachte, wurde mir mulmig zumute, weil ich nicht wusste, was genau mich erwarten würde. Und vor etwas Unbekanntem verspürte ich zunächst immer Unbehagen.

In Ungarn wohnten wir mit Zelma in einem ihrer beiden Häuser; das andere hatte sie an Gäste vermietet, die wir dort erstmalig kennenlernten. Es war eine Familie mit einem Mädchen namens Christine, mit dem ich mich auf Anhieb gut verstand. Auch unsere Eltern befreundeten sich. Wir verbrachten eine harmonische Zeit zusammen und genossen das Schwimmen im nahegelegenen See. Da auch Christine im Herbst ihren Schulbeginn hatte, kamen wir auf die Idee, dass ich in dieselbe Schule gehen könnte wie sie. Mein Schulweg würde dadurch zwar länger sein als zu der Schule, an der ich angemeldet war, aber mir war wichtiger, von Anfang an eine Freundin in der Klasse zu haben.

Ajenas Schulbeginn

Durch meine Ummeldung kam ich einige Tage später als Christine in die Schule in der Steinstraße.
Als ich am ersten Tag in die Klasse kam, hingen die meisten Schüler teilnahmslos über ihren Tischen und starrten ins Leere oder schauten die Lehrerin desinteressiert an. Ich sagte zögerlich Hallo, wodurch sich direkt die Aufmerksamkeit auf mich richtete. Alle starrten mich an und musterten mich von oben bis unten. Ich war mir sicher, dass es an meiner bunten Kleidung lag, denn alle trugen langweilige, farblose Markenklamotten.
Die Lehrerin, deren dunkelrötlicher Lippenstift perfekt zu ihrer Haarfarbe passte, sagte nur: »Hallo, ich heiße Frau Eberta.« Dann führte sie den Unterricht unbeirrt weiter.
Ich setzte mich auf den freien Platz neben Christine. Ein Mädchen mit mehreren goldfarbenen Armreifen an den Armen flüsterte ihrer Sitznachbarin zu: »Die schaut ja merkwürdig aus.«

Ich merkte schnell, dass alle hier diese Denkweise hatten. Sie waren so anders als ich!

Die Rechenaufgaben, die wir aufbekamen, erschienen mir sehr schwer. Ich verstand weder die Aufgabenstellung, noch Christines Erklärungen dazu. Die Lehrerin bemerkte mein ratloses Gesicht und bat mich, zu ihr zu kommen, während sich meine Mitschüler auf den Heimweg machten.
Eberta erklärte mir alles. »... und so geht das.« In diesem Augenblick fiel mir auf, dass ich ihr gar nicht zugehört hatte! Ihre Stimme klang ungeduldig, als sie fragte: »Hast du das verstanden?«
Ich stotterte: »Ja... natürlich.« Das war eine glatte Lüge.
Zu meinem Entsetzen meinte sie daraufhin: »Gut, dann zeig mir gleich das nächste Beispiel!«
Oh nein! Sie merkt sicher, dass ich ihr nicht zugehört habe!
»Okay ... ähm ... ja«, meine Stimme klang unsicher.
»Ja?«, fragte Eberta mit Nachdruck.
»Also, das geht so ...« Ich hatte mich einigermaßen gefasst und schilderte ihr, wie das Beispiel zu lösen war, ohne einen blassen Schimmer zu haben.
Daraufhin wurde ihr Ausdruck seltsam teilnahmslos. Ich befürchtete, sie würde mir gleich eine Szene machen, aber es kam anders. Ein unehrliches Lächeln erschien auf Ebertas Gesicht.

»Das ist korrekt, du scheinst Ahnung von Mathe zu haben!«
Ich traute meinen Ohren nicht und dachte: *Da erzählt man irgendeinen Mist und der stimmt sogar!* Ich war perplex und fing wieder an zu stottern: »Wie? Also ... ei-eigentlich ...«
»Schon gut, du kannst gehen«, unterbrach mich Eberta. Draußen vor dem Schulgebäude lachte ich los, weil ich nicht verstand, was da eben abgelaufen war.

Abends brauchte ich wie gewöhnlich ewig lange, um einzuschlafen. Es war die Hölle. Ich musste immer wieder aufstehen und obwohl ich eigentlich schon sehr müde war, kreisten viele Gedanken in meinem Kopf, die mich nicht zur Ruhe kommen ließen.

Ich befand mich in einer Art Lagerhalle. Seltsam gekleidete Menschen schlichteten Kartons auf eiserne Waggons. Um herauszufinden, wo ich war, sprach ich jemanden an. Die Arbeiter schauten aber durch mich hindurch, als könnten sie mich nicht wahrnehmen.
Ein paar Neonröhren hingen an der Decke, sie verbreiteten jedoch nur schummriges Licht, welches den Raum beängstigend wirken ließ. In einiger Entfernung entdeckte ich eine Art Lastenaufzug. Ich sah ihn allerdings nur teilweise, denn davor standen unzählige weitere Kartons. Mich hatte die Neugier gepackt. Gerne wollte ich einen Blick in einen der Kartons werfen, doch obwohl ich mich auf die Zehenspitzen stellte, war ich zu klein, um hineinzuschauen.

Ich eilte auf einen der Männer zu und fragte ihn, was darin sei, er antwortete mir aber nicht und ging weiter seiner Arbeit nach. Ich zog ihn leicht am Ärmel. »Warum gibst du mir keine Antwort?« Er konnte mich anscheinend weder hören noch sehen.
Einen Moment lang überlegte ich, dann kletterte ich an ihm hoch, als wäre er aus Stein. Ich setzte mich auf seine Schultern und warf einen Blick in den Karton. Fasziniert beugte ich mich weiter darüber.
Der Mann machte eine rasche, unvorhergesehene Bewegung, ich rutschte vornüber und stürzte in den Karton.

Dabei schien ich viel länger zu fallen, als dieser tief war, scheinbar unendlich weit hinab. Ich landete mitten in einem riesigen Berg aus bunten Glaskugeln. Viele der Kugeln zersprangen bei meinem Aufprall, aber anstatt mich zu verletzen, lösten sie sich erst in bunte Wassertropfen auf und verschwanden danach vollständig.

Ich tauchte immer weiter in das Kugelmeer hinab, über mir waren tausende von ihnen, unter mir ebenso. Sie gaben immer noch nach und ließen mich weiterrutschen, als hätte der Karton keinen Boden. Ich versuchte mich nach oben zu bewegen, um nach Luft zu schnappen, hatte aber keine Chance, denn die Kugelmenge war so schwer, dass sie mich mehr und mehr nach unten drückte. Auch um Hilfe zu rufen traute ich mich nicht, weil ich befürchtete, sonst einige der Kugeln zu verschlucken.

Wie komme ich da wieder raus?, überlegte ich und bewegte mich wie ein Ertrinkender in dem Kugelbad.
Panik machte sich in mir breit, ähnlich wie damals, als ich vor den Rauchwesen flüchtete. Hilflos lag ich da, als ich auf einmal einen hohen Pfiff hörte.
Er stammte von Husky, das wusste ich gleich. Indem ich wild um mich schlug, versuchte ich ihn auf mich aufmerksam zu machen. Kurz sah ich nur Licht um mich herum, plötzlich befand ich mich wieder in der Halle auf dem Boden.
Ich suchte Husky, um ihm zu danken, sah aber nur die sonderbaren Menschen, die weiter unbeirrt ihrer Beschäftigung nachgingen. Verdutzt ging ich auf den Aufzug zu und bemerkte eine Tafel mit einer großen Anzahl an Knöpfen. Ich überlegte, wo ich drücken sollte, als sich die Lifttüre öffnete.

Ein Junge trat heraus. Ich sprach ihn an: »Weißt du, wo ich hier bin?«
Zu meinem Erstaunen nickte er mir zu, sagte aber nichts, sondern legte den Arm um meine Schultern und geleitete mich in den Lift.
Er hatte keinen der Knöpfe gedrückt, aber der Lift fuhr trotzdem mit unbändiger Schnelligkeit nach oben. Dabei wackelte er so sehr, dass ich mich bemühte, mich an den Wänden abzustützen, trotzdem wurde ich hin und her gestoßen. Während ich mich kaum auf den Beinen halten konnte, stand der Junge kerzengerade da und fixierte mich mit undurchdringlichem Blick. Das störte mich ebenso wie seine Teilnahmslosigkeit. Ich überlegte, wie er es schaffen konnte, so sicher zu stehen. Überhaupt hätte ich gerne gewusst, wer er eigentlich war.

Mama rüttelte an meinem Arm: »Hallo?«
Ich öffnete die Augen einen Spalt: »Was ist?« Es war mitten in der Nacht.
Sie sagte: »Du hast im Schlaf geredet, aber deine Stimme hörte sich ganz anders an, da hab' ich gedacht, ich schaue mal nach dir.«
»Und was habe ich geredet?«, fragte ich.
»Das weiß ich nicht, es hörte sich an, wie eine andere Sprache, ich konnte nichts verstehen.«
»Hhm ...«, murmelte ich und fiel gleich wieder in den Schlaf.

Zu meiner Verwunderung befand ich mich nicht mehr in dem Lift, sondern wieder in der Halle. Ich erkannte schnell, dass ich denselben Traum wie zuvor träumte. Das war seltsam, denn ich wusste bereits, was passieren würde, konnte es aber nicht ändern. Also erlebte ich noch einmal alles genauso wie zuvor.

Am nächsten Schultag gab ich Eberta meine Hausaufgaben. Meine Mama hatte mir dabei geholfen und alles so erklärt, dass ich es wirklich verstanden hatte und alle Beispiele lösen konnte.
Im Laufe der Mathematikstunde wiederholten wir zuerst die Beispiele vom Vortag. Danach realisierte die Lehrerin aber schnell, dass meine gestrigen Erklärungen eine unbegreifliche Ausnahme waren und ich in Wahrheit keine Ahnung vom Rechnen hatte.
Sie sagte: »Da du die Hausaufgabe so perfekt gemeistert hast, wirst du uns sicher gerne erklären, wie die nächsten Beispiele zu lösen sind!«
Eberta erhob sich von ihrem Stuhl, drückte mir eine Kreide in die Hand und führte mich zur Tafel. *Was soll ich denn jetzt machen?*, überlegte ich fieberhaft.

Mehr als ein »Also ... hm ... äh«, brachte ich nicht heraus.
»Diese Beispiele sollten dir doch keine Probleme bereiten, oder etwa doch?!«, stichelte Eberta. Ich stand stumm vor der Tafel und starrte auf die Aufgaben.
Während ich versuchte, mir auszumalen, worum es ging, verwechselte ich mehrmals die Zeilen und vermischte die einzelnen Aufgaben.
Die Lehrerin musterte mich mit einem Blick, der ganz klar ihre Ungeduld ausdrückte, während sie ihre Hand aufs Kinn stützte. »Hast du mich nicht verstanden, Kind?« Ihre Stimme wurde zunehmend lauter, bis sie mich anschrie: »Sag mir auf der Stelle, ob du mich verstanden hast!«

Ich war schockiert – noch nie hatte mich jemand angeschrien. Mit dünner Stimme entgegnete ich: »Ich ... versteh das nicht, eigentlich kann ich das ja, nur ...«
»Ja? Was nur?«, löcherte mich Eberta.
»Ich weiß nicht ... gerade versteh' ich gar nichts ... aber die Aufgaben, die wir aufhatten, konnte ich.«
»Ach, tatsächlich?«, blaffte sie und verzog ihren Mund zu einem unsympathischen, schiefen Lächeln und eilte auf den Lehrertisch zu.
Ich schaute aus dem Fenster, während mich alle Mitschüler anstarrten. Eberta hielt mir mein Hausaufgabenheft vor die Nase und verdeckte die Lösungen mit ihrer Hand. »Ich will, dass du mir die gestrigen Aufgaben noch einmal löst und zwar auf der Tafel. Und zwar plötzlich!«
Mein Kopf hatte sich *verschlossen* und ich starrte auf das Heft. Mir wurde heiß, denn ich stand unter einem Druck, den ich nicht kannte. Ich sagte nichts, weil ich nicht wollte, dass Eberta mich wieder anschrie. Ich war mir doch so sicher gewesen, die Aufgaben zu können, denn zu Hause hatte ich sie verstanden. Aber nun konnte ich auf der Heftseite nichts Sinnvolles erkennen, so sehr ich mich auch anstrengte.
»Los jetzt!«, schrie Eberta.
»Ich kann es aber nicht!« Mein Blick senkte sich langsam Richtung Boden.
»Wer hat deine Aufgaben gemacht, deine Eltern oder deine Freundin?«

Ebertas Stimme glich verschmolzenen Zischlauten. »Ich gebe dir einen Rat, lüg mich nicht so frech an! Sag mir einfach, dass du keine der Aufgaben gemacht oder verstanden hast!«, fuhr sie fort.
Ich hob meinen Kopf nicht mehr, denn ich wollte nicht länger in ihr Gesicht schauen. »Aber ... ich hab sie wirklich zu Hause gekonnt.«
Eberta schrie: »Schau mich gefälligst an, wenn ich mit dir rede! Hör auf zu lügen, gib mir eine ehrliche Antwort!« Sie klackerte nervös mit ihren hohen Schuhabsätzen und schien dabei immer größer zu werden.
»Aber ich sage Ihnen doch ... Ich weiß nicht, warum ich das nicht mehr kann. Ich konnte es.« Und deutlich leiser fügte ich hinzu: »Mir geht's nicht gut, bitte hören sie auf, mich anzuschreien.«
Offenbar desinteressiert daran brüllte Eberta: »Du lügst mich an und weißt das auch ganz genau! Dass es dir schlecht geht, ist mir relativ egal!« Ihre Stimme überschlug sich und ich befürchtete, ich würde bald mein Gehör verlieren, denn sie brüllte mir direkt ins Ohr.

Ich wich einen Schritt zurück und legte die Hand auf meine Stirn, denn mir war sehr heiß und ich begann alles doppelt zu sehen.
»Ändere dein Verhalten, junge Dame, ich verbiete dir die Frechheit, mich anzulügen! Ab jetzt gibst du gar nichts mehr ab, wenn du es nicht eigenhändig gemacht hast! Geh zurück auf deinen Platz!« Ich ging, doch bevor ich meinen Stuhl erreichte, sank ich zu Boden, alles drehte sich um mich herum. Ich lehnte mich mit dem Rücken an den Tisch, weil ich es nicht auf den Stuhl schaffte.
Endlich läutete die Pausenglocke.
»Was machst du da unten, hast du keine Manieren?« Eberta war nach wie vor in Rage. »Du solltest erwachsen werden, Mädchen. Und übrigens, Erwachsene lügen nicht!«
Das war der größte Schwachsinn, den ich je gehört hatte: *Erwachsene lügen nicht? Das ist doch oft eher umgekehrt!* Ich widersetzte mich meinem Körpergefühl, das mir eigentlich riet sitzenzubleiben, stand auf und sagte laut: »Ich habe einen Namen, Frau! Und es wäre schön, wenn Sie Ihn benutzen würden!«
Eberta starrte mich entgeistert an, für einen Augenblick schien es, als

würde sie gleich die Beherrschung verlieren. Sie blähte die Wangen auf und sah aus wie ein Kugelfisch. Ich hielt mir die Ohren zu, weil ich ihr Geschrei nicht miterleben wollte. Aber zu meinem Erstaunen verließ sie ohne ein Wort mit entrüstetem Blick das Klassenzimmer.

Am Nachmittag hatte ich meine erste Ungarisch-Stunde. Ich wollte diese Sprache nicht lernen, denn für mich klang sie komisch und interessierte mich absolut gar nicht.
Meine Oma, die in Ungarn aufgewachsen war, sprach diese Sprache natürlich perfekt und wollte schon lange, dass ich sie erlernte. Ich hatte ihr mehrfach erklärt, ich würde die Sprache nicht brauchen und hätte keine Lust, neben den Schulaufgaben noch eine Sprache zu lernen.
Darauf antwortete sie immer: »Du bist faul, außerdem ist es immer von Vorteil, Fremdsprachen zu können.« Meine Mama ließ sich von ihr überreden und meinte: »Was ist schon dabei. Wenn es dir nicht gefällt, kannst du wieder aufhören, es ist ja kein Pflichtfach.«
Ich bin aber kein Mensch, der etwas anfängt, das er gar nicht machen will. Das erscheint mir sinnlos und ich kann sinnlose Dinge nicht leiden. Eigentlich zwang man mich dazu, aber es hätte natürlich nie jemand so dargestellt.
Zum Unterricht kamen nur sechs Kinder und sie schienen alle nicht begeistert zu sein. *Kein Wunder, wer will schon Ungarisch lernen?*, dachte ich. Die Lehrerin wiederholte die ganze Stunde lang die gleichen Wörter zum Thema »Obst«. Apfel heißt *alma*. Apfel heißt *alma*. Apfel heißt ... Ich hörte ihr bald nicht mehr zu. Jedem, der mich fragte: »Was hast du in Ungarisch gelernt?«, konnte ich nur antworten: »Wir haben zwar die ganze Stunde lang fünf Worte gehört, aber ich hab' sie trotzdem vergessen.«

Die Ungarischlehrerin hatte es in einem Jahr nicht geschafft, den Kindern unserer Gruppe ein einziges Wort so beizubringen, dass es hängen geblieben wäre. Wenn meine Oma fragte, warum ich immer noch kein Wort verstand, dann konnte ich ihr nicht erklären, warum. Sie dachte, ich sei faul und würde mich einfach nicht bemühen. Beim Elternabend

meinte die Ungarischlehrerin, ich würde mich einfach nicht konzentrieren können und immer an irgendetwas anderes denken.
In einer der folgenden Ungarischstunden fragte sie uns Kinder, ob wir lernunfähig seien, weil wir das Wort Apfel nicht begreifen könnten. Sie merkte überhaupt nicht, dass sich in Wahrheit keiner von uns für die Sprache interessierte.
Meine Meinung zu ihr: Sie war eine in ihrem eigenen Vokabelheft nicht sehr weit gekommene Frau mit einem Apfelwahn!

Es war wie so oft eine Qual, aufgrund meines Schlafproblems verbrachte ich die Hälfte der Nacht auf der Toilette. Jedes Mal, wenn ich kurz davor war, in die Traumwelt zu gleiten, hatte ich das Gefühl, ich müsse ganz dringend aufstehen. Die innere Nervosität war es, die mich genauso nicht einschlafen ließ wie auch der Druck vor dem bevorstehenden Tag.
Irgendetwas zwang mich immer, mich wieder aus dem Bett zu erheben. *Zum Glück fängt morgen das Wochenende an!*, dachte ich. Erst durch Beruhigungstropfen gelang es mir, meinen Schlaf zu finden.
Ich träumte das Gleiche wie in der Nacht zuvor, genau bis zu der Stelle, an der ich in den Aufzug einsteigen wollte.

Mein Traumerlebnis in der Lagerhalle wiederholte sich in den nächsten Wochen mehrmals und obwohl ich längst dessen Abfolge kannte, war es nicht möglich, etwas daran zu verändern. Ich sah keinen Sinn in dieser Wiederholung und hätte viel lieber wieder von Husky geträumt. Schließlich freute ich mich immer weniger auf das Träumen.

Ladendiebstahl

Christine und ich waren nach einem anstrengenden Schultag auf dem Weg zu ihr nach Hause. Wir kamen bei einem Lebensmittelmarkt vorbei und sie blieb stehen. »Ist was?«, fragte ich.
Sie steckte die Hände in ihre Hosentaschen. »Geh rein und hol einen Kaugummi!«
»Aber ich habe kein Geld mit«, stellte ich fest.
»Und wer braucht das?«, grinste sie.
»Wie meinst du das?«, fragte ich.
»Tu einfach so, als würdest du nicht wissen, was du willst, und steck dir einen ein, ganz einfach. Sag bloß, dass du noch nie was geklaut hast?!«
Ich runzelte die Stirn: »So was mache ich nicht!«
»Geh schon«, quengelte Christine, »sonst merkt womöglich jemand, dass wir hier herumstehen!«
Nervös schaute ich nach rechts und links und meinte entschlossen: »Ich stehle doch nichts!«
Christine stemmte die Hände in die Hüften. »Dann bin ich nicht mehr mit dir befreundet!« Mit diesen Worten ging sie einige Schritte weiter und machte Anzeichen sich zu verdrücken.
Ich schrie ihr nach: »Hey! Das ist richtig mies!«
Resigniert öffnete ich die Tür zum Lebensmittelladen und ging an den Einkaufswagen vorbei. Ich wollte meine Freundin nicht verlieren. In der Nähe der Kasse blieb ich stehen und ließ den Blick über die vielen Kaugummisorten und Schokoladen schweifen. Ich streckte blitzschnell die Hand aus und beförderte eine Kaugummipackung in eines der unteren Regale. Dann tat ich, als könne ich mich nicht entscheiden, was ich nehmen wollte. In einem unbeobachteten Moment schnappte ich mir die Kaugummipackung und ließ sie in meiner Hosentasche verschwinden.
Beim Hinausgehen meinte ich zur Kassiererin: »Ich hab' mein Geld vergessen.« Mit dem mulmigen Gefühl, etwas Unrechtes getan zu haben,

verließ ich das Geschäft. Ich rannte Christine nach und rief: »Nimm dir deinen doofen Kaugummi und vertrag dich wieder mit mir!« Sie grinste. Bei ihr zu Hause gab es Mittagessen, danach spielten wir.
Am späten Nachmittag holte mich Mama ab. Beim Vorbeigehen am Lebensmittelladen auf dem Heimweg schüttelte es mich.

Am nächsten Tag begleitete ich Christine nach Schulschluss bis zur U-Bahn.
Auf einmal sackte sie zusammen und blieb mitten auf dem Gehweg sitzen. Ich streckte ihr meine Hand entgegen und fragte: »Ist alles okay?« »Danke, geht schon, aber kannst du mir vielleicht die Schultasche abnehmen?«, fragte Christine und sah mich dabei auffordernd an. Ich nickte und nahm ihre Tasche, obwohl meine eigene schon sehr schwer auf meinen Schultern lastete.
Wir kamen wieder an dem Laden vorbei und ich schaute bewusst geradeaus. Dass ich gestohlen hatte, nagte an mir und verursachte ein unwohles Gefühl in meiner Bauchgegend. Deshalb kam die Frage von Christine wie ein Schlag: »Holst du uns was?«
»Ääh ... nein! Mach das doch selbst, ich fühle mich nicht gut dabei!«, lehnte ich ab. Verärgert sah sie mich an und machte eine schnippische Bemerkung. Schnell geriet unsere *Freundschaft* wieder ins Wanken.
Ich ging also, mit zwei Schultaschen bepackt, zum zweiten Mal in dieses Geschäft und holte für Christine dieses Mal drei Kaugummi-Packungen und eine Tafel Schokolade. Danach fühlte ich mich noch elender als am Vortag, als hätte ich eine Handvoll schlechter Süßigkeiten verschluckt. Aber Christine schien das nicht zu stören. Sie fand es ganz selbstverständlich, sich zu nehmen, was sie wollte.

Trotz allem verstand ich mich meist gut mit ihr, doch an einem Tag kam es dann zum Streit zwischen uns. In der Schulpause wurde es mir zu viel. Christine hatte meine Hose mit Tinte bespritzt und dann auch noch gesagt, meine Art sei nervig. Da nahm ich eine Schere und schnitt ihr ein Loch ins Kleid. Daraufhin schrien wir uns an und sprachen bis zum Ende der letzten Schulstunde kein Wort mehr miteinander. Bevor Christine aus der Klasse ging, warf sie ein Federpennal und anderes Zeug nach mir. Getrennt gingen wir zur U-Bahnstation und sie stieg extra in einen anderen Waggon ein als ich.

An einem lauen Sommerabend beschlossen meine Eltern und ich Eis essen zu gehen. Gerade als wir bestellt hatten, klingelte das Handy von meinem Vater. Eine hektische Frauenstimme war dran, die so laut war, dass ich jedes Wort mithören konnte. Schnell begriff ich, dass es um meinen Streit mit Christine ging. Ich konzentrierte mich ganz fest auf die Servietten am Tisch und hatte das Gefühl, dass ich blass wurde.
Nach Ende des Telefonats wechselte Papa einen Blick mit Mama und schilderte ihr kurz das Gespräch. Dann fragte er mich: »Hast du heute Christines Kleid kaputt gemacht? Ihre Mutter meint, du hast es absichtlich zerrissen und Christine würde deshalb weinen.«
Ich sah betreten drein.
»Ja, ich habe es zerrissen.«
»Und warum hast du das gemacht?«, wollte mein Vater wissen.
»Weiß nicht«, sagte ich kleinlaut. Papa sah mich vorwurfsvoll an: »Gibt es noch etwas, das du uns sagen willst? Christines Mutter erzählte nämlich mehr ...«
»Was denn noch?«, fragte ich.
»Sie hat gesagt, dass du Christine zum Stehlen angestiftet hast!«
Ich runzelte die Stirn. »Aha«, sagte ich nur, während mich das schlechte Gewissen packte.
»Ich möchte gerne, dass du dich entschuldigst, okay?« Papa gab mir das Handy, damit ich Christines Mutter anrufen konnte. Es war ein kurzes, einseitiges Gespräch, denn sie war ziemlich sauer.
Meine Eltern waren entsetzt und wollten die Sache aufklären. Da ich aber nichts zu meiner Verteidigung sagte, glaubten sie, dass es stimmte, was Christines Mutter mir vorwarf. Ich wiederum hatte nur Sorge, Christine zu verlieren, und hoffte, sie würde bald zugeben, dass das Ganze anders abgelaufen war.

Am nächsten Morgen versöhnte ich mich wieder einmal mit Christine und wir taten beide so, als wäre nichts gewesen.
Am Weg zur U-Bahn jedoch sollte ich ihr erneut etwas aus dem Laden stehlen, als Wiedergutmachung für ihr Loch im Kleid. Da ich bisher nie etwas gekauft hatte, schienen mich die Verkäuferinnen im Laden bereits genauer zu beobachten. Ich wollte dieses Mal eine Fünfer-Kaugummipackung, einen kleinen Nougatriegel und einen Lutscher mitgehen lassen, doch der Riegel rutschte mir aus der Hand und landete auf dem Boden. Das fiel natürlich auf, daher bezahlte ich ihn, den Rest schmuggelte ich raus. Draußen sagte ich zu Christine. »So geht das nicht weiter, die hätten mich fast erwischt!«
Sie antwortete nur salopp: »Nur keinen Stress, nächstes Mal bin ich wieder dran oder wir suchen einen anderen Laden!«

Mich störte das Stehlen mächtig. Ich spürte, dass es nicht richtig war, ließ mich aber dennoch immer wieder dazu verleiten. Am nächsten Tag sollte ich nur etwas Kleines mitgehen lassen. Aber als ich es in die Hosentasche stecken wollte, hielt die Kassiererin, die plötzlich hinter mir stand, meinen Arm fest und rief: »Ah!« Mir wurde ganz heiß und mein Körper kribbelte, als säßen tausend Ameisen darauf. »Da stiehlt also laufend jemand!«, sagte sie laut und hielt mich fester. Ihre Kollegin kam auf mich zu und hielt mich ebenfalls fest. Alle anderen Leute im Geschäft drehten sich zu mir um. Ich riss mich los und wollte zur Tür hinaus, da stellte sich mir eine andere Verkäuferin in den Weg und schrie: »So geht's nicht!« Blitzschnell bückte ich mich, schlüpfte unter ihren Beinen durch und rannte davon. Einige Gassen weiter blieb ich stehen, doch Christine war nirgends zu sehen. Ich war enttäuscht darüber, dass sie einfach abgehauen war.

Als ich am folgenden Morgen in die Klasse kam, saß Christine bereits auf ihrem Platz. »Aber sonst stehst du zu deinen Freunden, oder?!«, schrie ich sie aufgebracht an.
»Was soll's«, meinte sie leichthin, »mir doch egal, wenn du zu dumm zum Stehlen bist! Was kann ich dafür, wenn sie dich erwischen?«

Ich reagierte entsetzt: »Ich habe doch nur für dich gestohlen und gelogen, weil mir unsere Freundschaft wichtig war!«
Christine rief: »Du hast sie ja nicht alle! Geh mir aus dem Weg, mit dir will ich nichts mehr zu tun haben!«
Ich warf ihr einen enttäuscht-wütenden Blick zu, dann ging ich einfach aus der Klasse und den Flur entlang, um mich zu beruhigen.

Mama traf sich noch einmal mit Christines Mutter, die aber sehr abweisend reagierte.
Sie wollte keinen Kontakt mehr zu ihr, weil sie überzeugt war, dass ich einen schlechten Einfluss auf ihre Tochter hätte. Meine Mama war ärgerlich, letztlich auch auf mich, weil sie glaubte, dass durch mein Verhalten ihre Freundschaft ebenfalls kaputtgegangen war.
So kam es mir nur recht, dass aufgrund meiner mangelnden Lernerfolge ein Schulwechsel geplant war. Eberta war froh, dass sie mich loswurde. Sie stellte mir deshalb ein Zeugnis aus, mit dem ich problemlos in die zweite Klasse der neuen Schule aufsteigen konnte, obwohl sie eigentlich der Meinung war, dass ich die Klasse wiederholen sollte. Von meiner neuen Schule mit Waldorfpädagogik hielt sie sowieso nichts.

Schulwechsel in die Huckenbergstrasse

Am ersten Tag in der neuen Schule war ich sehr aufgeregt. Gundula, die Klassenlehrerin, empfing mich mit einem herzlichen Lächeln. Sie war lieb und nicht hochmütig wie Eberta. In der Klasse standen die Sesseln im Kreis, dahinter waren die Tische aufgereiht. Auf diesen saßen einige Eltern und Lehrer. Es waren viele Sessel frei und ich setzte mich neben ein Mädchen mit dunklen Haaren.
Meine Mama nahm auf einem der Tische Platz. Die hellrosa und gelb bemalten Wände gefielen mir. In der Luft lag ein intensiver Geruch nach Ölkreide. Ich dachte über vieles nach, bis alle Kinder eingetroffen waren und Gundula zu reden begann.
Sie begrüßte nun alle Anwesenden und stellte sich vor. In ihrer Hand hielt sie eine dicke Mappe. Sie erklärte uns, dass jeder seinen Namen sagen und einen Morgenspruch aus ihrer Mappe ziehen und vorlesen sollte. Diesen möge man auswendig lernen und jeden Morgen vor der Klasse aufsagen. Ich war sehr nervös und beobachtete die anderen.
Einige hatten bereits ihren Morgenspruch gezogen. Mir gefielen die Texte und es war lustig zu sehen, dass der Spruch, den jemand zog, auf unerklärliche Weise perfekt zu ihm passte. Neben mir saßen lauter Mädchen und uns gegenüber Jungen. Manche guckten zu uns her und tuschelten miteinander. Einer hatte Sommersprossen, lag fast auf seinem Stuhl und grinste frech. Ich dachte mir gleich, er könnte einmal der Klassenclown werden. Ein anderer Junge sah schüchtern drein und saß zusammengekauert auf seinem Stuhl.
Warum sieht der denn so ängstlich aus?, fragte ich mich.
Wiederum ein anderer hatte schulterlange Haare und sah dadurch sehr

mädchenhaft aus. Er starrte mich eine ganze Weile an, bevor er sich vorstellte: »Mein Name ist Maurice.« Er lächelte, während er mich weiterhin mit seinem Blick fixierte. Ein ungutes Gefühl stieg in mir hoch und mein Bauchgefühl warnte mich – doch ich wusste nicht, wovor. Ich merkte aber, dass Maurice etwas an sich hatte, das Angst in mir auslöste. Sein Lächeln wirkte wie eine Fassade auf mich, hinter der ich etwas Fieses vermutete.

Ein Mädchen zeigte auf und Gundula sagte zu ihr: »Du kannst gleich etwas sagen, lassen wir kurz die Maurice ihren Spruch ziehen.« Einige lachten und Maurice schien sehr entrüstet. »Ich bin kein Mädchen!« Gundula sagte: »Oh, entschuldige lieber Maurice, ich kenne euch noch nicht so gut...«

Als ich an der Reihe war, richteten sich alle Augen auf mich und das war mir unangenehm. Meinen Spruch fand ich aber schön.

Nachdem alle ihre Sprüche bekommen hatten, durften wir gleich nach Hause gehen. Dieser Schultag war kurz, wir sollten uns nur einen ersten Eindruck verschaffen.

Am nächsten Morgen war ich sehr nervös und hätte es gern gehabt, wenn Mama wieder mitgekommen wäre. Sie begleitete mich bis zur U-Bahn.

Gundula führte unsere Klasse durch alle Räume der Schule und erklärte uns grundsätzliche Dinge zur Waldorfpädagogik. Ich war trotz Nervosität neugierig auf den Unterricht.

Mit Aisha freundete ich mich rasch an und wir setzten uns nebeneinander. Auf allen Tischen standen leere Namensschilder. Auf meines schrieb ich dieses Mal Ajena und nicht Jeni, denn darüber hatten sich in der alten Schule alle lustig gemacht.

Maurice fiel mir unangenehm auf, weil er mich ständig beobachtete. Die Gruppe, die sich in den Pausen immer um ihn scharrte, gefiel mir genauso wenig wie er. Ich verdrängte mein ungutes Gefühl und erzählte auch meinen Eltern nichts davon.

Wir hatten einen Putzplan und jeweils zwei Schüler mussten nach dem Unterricht das Klassenzimmer aufräumen. Nach einer Woche war ich an der Reihe. Ich hatte die Sessel auf die Tische gestellt und den Boden gekehrt.
Als ich Richtung U-Bahn ging, waren die meisten Schüler bereits heimgegangen. Ich hatte Lust, eine Station zu Fuß zu gehen und spazierte am U-Bahn-Abgang vorbei. Gedankenversunken marschierte ich in Richtung eines kleinen Brunnens und sah dahinter einige aus meiner Klasse auf einer Betonbank um einen Baum sitzen.

Maurice war ebenfalls dabei. Sofort stieg wieder dieses unangenehme Gefühl in mir hoch. Als ich bemerkte, dass mich die Gruppe wahrgenommen hatte, wünschte ich, mich in Luft aufzulösen. Der Weg wurde so schmal, dass ich direkt an Maurice vorbeigehen würde. Ich überlegte, zurück zur U-Bahn zu laufen, tat es aber nicht, sondern ging möglichst unauffällig weiter. Dabei fühlte ich mich sehr beobachtet. Pascal sprach mich an: »Kann ich mir Geld von dir leihen?«
Die Frage schnürte mir die die Luft ab und ich tat so, als hätte ich nichts gehört. Während ich weiterging, beobachtete ich die Gruppe ängstlich und mir fiel auf, dass Maurice nicht mehr dabei saß. Plötzlich versperrte er mir den Weg und täuschte einen Schlag vor. Vor Schreck zuckte ich zusammen.
Noch zweimal täuschte er Schläge vor, dann schlug er wirklich zu. Alle lachten. Ehe ich Luft holen konnte, wurde ich gegen einen Fahrradständer gestoßen und schürfte mir dabei den Ellbogen auf. Wieder lachten sie, dieses Mal leiser und gemeiner. Während ich mich hinter dem Fahrradständer zusammenkauerte und dachte, das würde etwas bringen, trat Maurice dagegen. Eine Stange verbog sich und mir schauderte.
Maurice johlte: »So macht man das! Das ist die beste Methode!« Ich duckte mich und alle lachten erneut.
»Die hat wohl gedacht, sie kann da einfach so vorbeigehen«, sagte Mike.
»Hör auf, sonst scheißt sie sich in die Hose«, spottete Samuel.
»Die ist doch eine Witzfigur«, lachte Pascal.

Da läutete mein Handy und ich zog es schnell hervor. Maurice schlug es mir aus der Hand. Ich war so geschockt, dass ich der Situation ohnmächtig gegenüberstand, bemühte mich aber, es mir nicht anmerken zu lassen.

»Oh, kannst du jetzt nicht mit deiner Mami telefonieren?«, kommentierte Mike. Rasch wollte ich das Handy aufheben, bekam aber einen Tritt von Maurice und landete am Boden. Dabei stieß ich mich erneut am Ellbogen und blutete.

In einiger Entfernung bemerkte ich eine ältere Frau, die uns beobachtete.

Auch meinen Angreifern entging das nicht und sie machten sich auf, schnell zu verschwinden.

Doch Maurice hob zuvor das Handy auf und knallte es auf den Boden, sodass es in mehrere Teile zerfiel. Die Sonne blendete mich und dadurch konnte ich fast nichts sehen.

Bevor alle wegliefen, verpasste Maurice mir einen letzten Tritt.

Zutiefst geschockt stand ich auf und setzte mich im Schatten eines kleinen Baumes nieder. Es war das erste Mal, dass mich jemand verletzt hatte und noch dazu mit Absicht. In meinem Kopf hämmerte es: *Wieso ist das passiert? Ich habe doch nichts getan.*

Zu Hause wunderte sich meine Mama, wieso mein Ellbogen aufgeschürft war. Ich erklärte ihr, ich wäre hingefallen. Ich wollte ihr keinen Stress bereiten, sie hatte schon genug zu tun, denn sie musste ständig irgendwas vorbereiten. Entweder schrieb sie gerade an Noten für ihre Gitarrenschüler oder verpackte Bücher, um sie auf Märkten zu verkaufen.

Eines Morgens erwartete mich vor dem Schulgebäude wieder die Gruppe rund um Maurice. Mike zog mir die Schultasche von den Schultern und riss sie an sich, Pascal sprang vor mir herum und fragte, was ich hier zu suchen hätte. »Ich geh' hier in die Schule, du Idiot!«, entgegnete ich scharf.

»Was hat die gesagt?«, mischte sich Maurice ein. Alle kamen auf mich zu und fingen an, mich kräftig zu schubsen. »Die steht wohl auf Stress?!«, meinte Samuel.
»Na mal sehen, wie viel sie aushält!«, sagte Maurice und nahm mein Matheheft aus der Schultasche. Er machte sich über alles lustig, was sonst noch darin war. Dann nahm er eine meiner Zeichnungen heraus. Ich riss ihm das Matheheft aus der Hand und schrie ihn an: »Lass das!« Langsam zerriss er meine Zeichnung und spottete: »Ups, tut mir das leid, habe ich echt nicht so gewollt!«
Ich spürte Hass in mir aufsteigen. Maurice fing an zu lachen und freute sich höhnisch über meine zerstörte Arbeit.
Mit dem Läuten der Schulglocke ließ Mike schließlich meine Tasche fallen und ich beeilte mich, alles einzusammeln, was herausgefallen war.

Wir kamen alle ziemlich gleichzeitig ins Klassenzimmer.
Die Werkstunde hatte mittlerweile begonnen und ich dachte, die Werklehrerin würde uns eine Szene machen, weil wir zu spät gekommen waren. Auf Unpünktlichkeit reagierte sie nämlich ähnlich streng wie Eberta. Zu meiner Überraschung verschonte sie die *braven Buben* und schimpfte stattdessen nur mit mir: »Weshalb kommst du schon wieder zu spät? So kann das nicht weitergehen!«

Die folgenden Stunden vergingen quälend langsam. Vor allem die Mathestunde wollte und wollte nicht enden. Wenigstens machte die Zeichenlehrerin keinen Eintrag ins Klassenbuch, als ich ihr auftischte, ich hätte die Zeichnung zu Hause vergessen.
In der letzten Schulstunde gingen wir im Sportunterricht in den nahegelegenen Park und spielten Handball, genau das Spiel, das ich am allerwenigsten leiden konnte. Ständig schrie jemand: »Verdammt, fang doch endlich!«
Danach blieb ich gleich auf einer Parkbank sitzen. Pascal kam auf mich zu und hielt mir die zerfetzten Teile meiner Zeichnung unter die Nase. »Na, magst du die wieder?« Ich sprang wütend auf und warf einen Haufen Erde nach Pascal, verfehlte ihn aber. Wütend rannte ich hinter

ihm her und verfolgte ihn durch einige Gassen. Ich war knapp hinter ihm und achtete nicht auf den Boden. Das war ein Fehler, denn Mike hatte sich hinter einer Hausmauer versteckt und mir ein Bein gestellt. Ich fiel und prallte mit voller Wucht auf den Gehsteig. Es ging so schnell, dass ich mich kaum mit den Händen abfangen konnte und so zog ich mir nicht nur Verletzungen an den Handbeugen und Knien zu, sondern auch eine Schürfwunde am Kinn. Geschockt blieb ich liegen.

»Oh, da ist wohl jemand hingefallen ...« Es war die Stimme von Maurice. Er fasste mir ans Kinn und drückte dabei genau auf die verwundete Stelle. Ich schob seine Hand weg. »Finger weg, das tut weh!« Maurice lachte und meinte spöttisch: »Ach was!«

Doch dann wurde er ernst und drohte: »Sag mir nie wieder, was ich zu tun habe! Und schau mich nicht an!« Pascal warf währenddessen die Papierfetzen meiner Zeichnung auf den Boden und ging lachend weg. Voller Hass sprang ich auf, rannte zu ihm und trat ihm von hinten in die Kniekehle, sodass er einknickte. Damit hatte er nicht gerechnet. Schweigend drehte er sich zu mir um und sah ratlos aus.

Maurice kam auf mich zu und stieß mich, dann packte er meine Arme und hielt mich fest. »Lass mich los!«, sagte ich laut.

Maurice antwortete: »Ich mache, was ich will!« Er drückte mich gegen die Hausmauer, sodass ich ihm nicht mehr entkommen konnte. Ich versuchte mich zu wehren, aber es gelang mir nicht freizukommen.

Die anderen empfanden meinen Versuch als lächerlich. »Lass mich sofort los! Sonst erzähle ich es meinen Eltern«, schrie ich. Maurice drückte mich nun mit einem Arm gegen die Mauer und schlug mir gleichzeitig mit der freien Hand mehrmals in den Magen. Als er mich losließ, sank ich zu Boden. Ich musste nach Luft schnappen und krümmte mich zusammen.

Maurice donnerte mir entgegen: »Mir drohst du nicht! Du hast zu machen, was ich sage, verstanden? Hoffe, du hast einen Eindruck davon, was ich mit dir mache, wenn du etwas sagst, das mir nicht passt!« Ich war wie in Trance und spürte wie jedes Fünkchen an Stärke aus mir wich, während ich mich nicht mehr traute, meinen Blick zu heben. Der Schock lähmte mich total.

Maurice forderte: »Entschuldige dich bei Pascal!« Diese Mischung aus Angst und übersteigertem Adrenalin sorgte dafür, dass ich kaum sprechen konnte. Mit zitternder Stimme befolgte ich die Anweisung. Maurice fuhr fort: »Und ab jetzt schaust du mich nicht mehr an, klar?«
Ich nickte. Das spöttische Lachen der anderen drang zu mir durch und ich glaubte es sogar noch zu hören, nachdem sich alle aus dem Staub gemacht hatten. Langsam rappelte ich mich auf, nahm meine Schultasche und suchte die Überbleibsel meiner zerrissenen Zeichnung zusammen. Diese würde mir niemand ersetzen können und darüber war ich nach wie vor wütend.

Daheim angekommen, aß ich mit Mama zu Mittag. Meine neuerliche Schürfwunde erklärte ich damit, dass ich hingefallen sei. Mama hatte es etwas eilig, da sie einen Gitarrenschüler erwartete. Sie fragte mich, ob ich eine Hausübung aufhätte.
Ausdruckslos murmelte ich: »Ja«, und stocherte mit der Gabel im Essen herum.
Nach kurzem Schweigen konnte ich es nicht mehr aushalten und fing an zu weinen. Ich klammerte mich an Mama und schluchzte: »Heute hat mir einer meine Zeichnung zerrissen!«

Sie war über den Vorfall wütend und fragte: »Welche Zeichnung war es denn?«
»Na, eine schöne eben!«, meinte ich und kramte die Einzelteile hervor. In dem Moment läutete es und die Gitarrenschülerin kam. Ich hätte Mama ohnehin nicht erzählen können, was noch passiert war, weil ich Maurice' Drohung ernst nahm. Mama sagte: »Ich werde später versuchen, die Zeichnung zu kleben. Vielleicht gehst du einstweilen mit Papa Eis essen? Ruf ihn an, er ist bereits auf dem Heimweg!

Merkwürdige Träume

Mit Mamas Handy rief ich Papa an, er meinte, dass er schon in der Nähe sei und ich gleich zum Eisgeschäft kommen könnte.
Den Schlüssel verstaute ich in meiner Umhängetasche und hopste die Stufen hinunter, als mir ein Mann entgegenkam, den ich nie zuvor gesehen hatte.
Ich dachte, er würde hier nicht wohnen, sondern nur jemanden besuchen wollen, und grüßte ihn freundlich. Er hingegen sagte gar nichts, sondern betrachtete mich, als hätte er noch nie einen Menschen gesehen.
Er sah seltsam aus, aber zugleich interessant. Er hatte blonde, schulterlange Locken. Seine Augenfarbe ließ sich nicht genau bestimmen, sie schien ständig die Farbe zu wechseln. Er trug ein grasgrünes, ärmelloses Oberteil mit einer orangegelben Sonne darauf und eine weite, braune Hose. Auf dieser waren kleine, dreieckige Spiegel angebracht. Außerdem hatte er keine Schuhe an.
Ich überlegte, ob er mich überhaupt sehen konnte, denn seine undurchdringlichen Augen schienen durch mich hindurchzustarren.
»Na ja, schönen Tag noch«, wünschte ich ihm. Er wirkte äußerst nachdenklich.
Ich setzte mit größtem Mut einen drauf: »Verstehen Sie meine Sprache?«
Kurz lächelte ich ihn an, aber er reagierte nicht darauf und langsam bekam ich Angst. Sein Blick sah nun geheimnisvoll aus.
Ich wollte gerade weitergehen, als er meinte: »Ich spreche recht viele Sprachen.«
Das machte mir richtig Angst. Ich wollte weg und dachte mir, womöglich ist er ein Wahnsinniger mit üblen Hintergedanken! Ich hielt es jedenfalls für das Beste, zu verschwinden. Der Mann lächelte freundlich und sagte: »Jemand der äußerlich schwach aussieht, kann innerlich sehr stark

sein. Jemand, der äußerlich stark aussieht, kann innerlich sehr schwach sein. Ejogil ghij likij zijchaebraiju – *Sucherin*!«

Ich rannte so schnell ich konnte aus dem Haus, bog um die Ecke und lief auf das Eisgeschäft zu, wo ich Papa schon sah. Er winkte mir zu. »Hey, heute sportlich? Schön!« Wir umarmten uns. »Was ist denn mit deinem Kinn passiert?«, erkundigte sich Papa besorgt.
»Ich bin gestolpert, ist aber nicht schlimm«, meinte ich.
Er bestellte einen Eiskaffee und ich einen Himbeerbecher. Nachdem Papa von seinen Neuigkeiten erzählt hatte, fragte er mich: »Wie war dein Tag sonst so?«
»Hm, eigentlich ganz gut«, antwortete ich knapp und glaubte mir fast selbst.
»Ohje, das hört sich aber nicht so toll an«, erkannte Papa dennoch.
»Na ja, ich träume zurzeit sehr seltsam und es sind immer die gleichen, zum Teil erschreckenden Träume. Außerdem rede ich im Schlaf – hat Mama jedenfalls gesagt. Sie meint, die Worte, die ich sage, hören sich an, als wären sie in einer anderen Sprache. Sie hat mir auch erzählt, dass ich manchmal aufstehe und herumgehe. Ich kann mich aber nicht daran erinnern.« Ich lenkte die Aufmerksamkeit auf ein Thema, das mich zwar beschäftigte, aber nicht der Grund für meinen *hängenden Kopf* war.
Papa nahm einen Schluck vom Eiskaffee und sagte: »Ich weiß nicht, ob du dich daran erinnerst, aber ich habe dir doch einmal erzählt, dass es gewissen Menschen möglich ist, bewusst zu träumen. Deine Traumgestalt könnte an jeden Ort reisen, während deine Erdengestalt schläft. Erinnerst du dich?«
»Natürlich erinnere ich mich, ich wollte das damals gleich können, wir wollten es zusammen lernen und uns im Traum treffen.«
»Ja, stimmt«, sagte Papa, »ich denke, deine Träume könnten der Anfang dazu sein, bewusst zu träumen.«
»Aber ich habe Angst vor diesen Träumen, weil sie manchmal sehr schrecklich sind und ich sie oft nicht steuern kann!«
»Du brauchst dich nicht zu fürchten, es kann dir im Traum ja nichts pas-

sieren. Diese Träume sollen dich vielleicht lehren, zunächst durch deine Ängste zu gehen«, meinte Papa.
»Ja, vielleicht hast du recht«, antwortete ich nachdenklich. Wir redeten so lange, bis fast niemand mehr unterwegs war. Der Gehsteig wurde bereits von Laternen erhellt, als Papa sagte: »So, jetzt muss ich aber los. Ich habe heute noch sehr viel Arbeit vor mir.«
Neben seinem Job im Buchladen der Cottage-City reparierte Papa an den Abenden öfters PCs.
»Ich glaube, dieses Mal wird es eine lange Nacht für mich. Ich wollte zwar, bevor ich zum Kunden fahre, auf einen Sprung nach Hause, aber das geht sich leider nicht mehr aus. Ich hoffe, du träumst heute mal was Schönes. Morgen sehen wir uns zum Frühstück und heute können wir ja noch telefonieren.«
Beschämt murmelte ich: »Tut mir leid, ich habe mein Handy verloren.« Papa reagierte zum Glück gar nicht wütend und meinte, er habe ein älteres Handy zu Hause rumliegen, das er mir geben könne, nur solle ich dann besser darauf aufpassen. Er umarmte mich. Die Eisverkäuferin sperrte ihr Geschäft gleich hinter uns ab.

Daheim warf ich mich auf die Couch. Am liebsten wäre ich gleich liegengeblieben, aber ich musste noch Hausaufgaben machen. Mama half mir dabei und musste danach gleich los. Sie wollte Bücherkartons für ihren nächsten Markt aus dem Lager holen und ins Auto schlichten.
Der ganze Schultag inklusive dem Vorfall mit Maurice hatte mich viel Kraft gekostet. Ich überlegte, etwas fernzusehen, aber ich war einfach zu müde.
Kaum im Bett, schossen mir Gedanken durch den Kopf, die mich aus der Müdigkeit rissen:
Was hat Maurice gegen mich? Wieso hat er mir wehgetan? Bin ich schuld?
Ich wälzte mich hin und her, schwang mich aus dem Bett, ging auf die Toilette, legte mich wieder hin. Und das ging so dahin.
Wann Mama wohl heimkommt? Ob Papas PC-Arbeit gerade knifflig ist? Ob Gundula meine Hausaufgabe gut finden wird? Oder wird sie mich

anschreien, so wie Eberta es gemacht hat? Bestimmt nicht, sie ist doch viel lieber. Oder? Ach, ich muss schlafen, sonst bin ich morgen zu müde! Doch dann fielen mir auch noch die Worte des Mannes ein, den ich im Stiegenhaus getroffen hatte:
Jemand, der äußerlich schwach aussieht, kann innerlich sehr stark sein.
Jemand, der äußerlich stark aussieht, kann innerlich sehr schwach sein.
Wieso hatte er das zu mir gesagt? Wir kannten uns doch gar nicht. Oder kannten wir uns doch und es fiel mir nur nicht ein? Wollte er mir mit seinen Worten Zuspruch geben, mir sagen, dass ich stark sei?
Meine Augen fielen langsam zu, irgendwie beruhigte mich die Erinnerung an die Stimme des Mannes.

Ich befand mich im Innenhof des Hauses, in welchem Cora, eine Freundin meiner Eltern, wohnte.
Um mich herum waren lauter Schattengestalten und ich spürte, dass sie mich töten wollten. Ich rannte vor ihnen davon, die Stufen zu Coras Wohnung hinauf. Die Tür war offen und ich lief weiter bis ins Wohnzimmer. Die Schattenwesen folgten mir. Das Wohnzimmer hatte eigentlich keinen Balkon, aber jetzt flüchtete ich auf einen – er hatte allerdings kein Geländer.
Rings um mich war es dunkel und vor mir gähnte der Abgrund.
Plötzlich sah ich Husky, der über dem Balkon schwebte und ein goldenes Seil zu mir hinunterhielt. Ich streckte mich in die Höhe, aber bei jedem Versuch, das Seil zu erreichen, verfehlte ich es ganz knapp. Im letzten Moment, bevor meine Verfolger mich töten konnten, erwischte ich es doch noch und klammerte mich daran. Das geschah in Zeitlupentempo und Husky konnte mich nur ganz langsam von der tödlichen Gefahr fortziehen.
Die Schattenwesen streckten ihre Finger von allen Seiten nach mir aus und streiften mich leicht an meinem T-Shirt, das bereits durch diese Berührung zerriss. Die Kraft der dunklen Gestalten erschwerte jede Art von Bewegung. Unter größter Anstrengung flog Husky mit mir fort und

wir landeten in einer nahe gelegenen Gasse. Völlig erschöpft setzte er mich ab.

»Ich kann nicht mehr, von hier aus musst du es alleine schaffen.«

Entsetzt meinte ich: »Aber die Wesen werden mich einholen, ich kann nie so schnell sein wie sie! Bitte flieg mich nach Hause, ich werde sterben, wenn du mir nicht hilfst!«

»Wer sagt, dass du laufen sollst?«

»Was? Aber ich kann doch gar n-»

Husky unterbrach mich: »Du kannst alles. Du bist hier nicht an dem Ort, an dem man nur kann, was man können darf. Hier sieht man auch Dinge, die man sonst nicht sieht!« Ich wollte etwas einwenden, aber er fuhr fort: »Los, erhebe dich in die Lüfte. Ich glaube an dich, also tu das bitte selbst auch!« Während ich Anlauf annahm, rief er mir nach: »Flieg, du kannst es, flieg und erhebe dich!«

Ich wusste nicht, was in mich gefahren war, so etwas zu wagen – und dennoch rannte ich weiter und versuchte schließlich, durch einen Sprung vom Boden abzuheben und in der Luft zu bleiben.

Ich schaffte es nicht zu fliegen, versuchte es aber immer wieder. Ich konnte schon meine Verfolger sehen, die bereits nahe herangekommen waren. Über mir flog Husky und rief: »Flieg, du kannst es!«, während die Wesen schrien: »Wir haben dich gleich, du bist tot!«

Ich gab nicht auf, machte einen weiteren Versuch, vom Boden abzuheben – und konnte es genauso wenig fassen wie meine Feinde.

Als wäre ich von einem Trampolin abgesprungen, flog ich durch die Luft, nahm eine sichere Haltung ein und schwebte langsam auf Husky zu. »Ich bin beeindruckt, du lernst schnell«, lobte er mich und zwinkerte mir zu. Ich war zu aufgeregt, um antworten zu können. Unter mir waren die Schattenwesen, die mit wild fuchtelnden Armen dastanden und nach oben starrten. Die Iläuser unter mir wurden kleiner, je höher ich emporstieg. Das Fliegen löste in mir ein Gefühl der vollkommenen Freiheit aus. Nichts anderes hätte ich jetzt lieber erlebt!

In einer Schulpause saß ich am Gang und starrte vor mich hin. Vor meinen Augen spielte sich alles ab wie in einem Film. Ich spürte die merkwürdige Spannung, die in der Luft lag. Eine Gruppe Jungs stand um Fabian, der auf dem Steinboden hockte.
Sie stießen ihn wiederholt gegen die Umkleidekästen, diese schepperten dabei jedes Mal. Maurice stand ganz vorne und trat den sich mittlerweile krümmenden Fabian.
Die anderen standen um ihn herum und wollten offensichtlich etwas von ihm.
Mir kam das Schaudern, vor allem wegen Maurice.
Der wurde laut: »Hier wird das gemacht, was ich sage! Und wenn irgendjemand das nicht tut, wenn sich mir jemand widersetzt ...« Er machte eine Pause, die noch größere Spannung entstehen ließ, und zog Fabian am Kragen an sich ran, bevor er fortfuhr: »... dann wird derjenige das bereuen!«
Mein Herz raste bei seinen Worten. Fabian verschwand rasch, als er endlich losgelassen wurde. Ich stand ruckartig auf, blieb aber auf der Stelle stehen, denn Maurice hatte bemerkt, dass ich dastand und zu ihm hinübersah.
Sofort wandte ich den Blick ab und wollte weggehen, blieb aber doch wie versteinert stehen, weil ich das Gefühl hatte, mich überhaupt nicht mehr bewegen zu können. Erst als Maurice nahe an mich herangekommen war, kam wieder etwas Bewegung in mich und ich versuchte langsam an ihm vorbeizugehen.
Mit einer gezielten Handbewegung erwischte er mich jedoch an den Haaren und zerrte mich bis zum Ende des Ganges. Maurice schlug mich ebenfalls gegen die Kleiderkästen. Meine Haare hatte er immer noch nicht losgelassen. Er zerrte mich zur Mauer hinter den letzten Kasten und stieß mich mehrmals gegen eine Tür, aus der ich noch nie jemanden herauskommen gesehen hatte.
Als er mich gegen die Türklinke rammte, war ich so unter Schock, dass ich nicht mal schreien konnte. Ich unterdrückte meinen Schmerz und starrte ins Leere.
»Maurice, die Stunde fängt bald an. Kommst du heute Nachmittag zu

mir?«, tönte überraschend die Stimme von Pascal. Endlich ließ Maurice mich los.
Ich sank in die Knie. »Ja, na klar«, sagte Maurice und ging mit seinem Kumpel davon. Vor Angst wagte ich es nicht, mich zu bewegen. Erst, als ich mir sicher war, dass die Unterrichtsstunde längst begonnen hatte, stand ich auf und ging in die Klasse.

Nach Unterrichtsende wartete ich, bis die meisten Schüler weg waren, bevor auch ich ging. Langsam schlich ich die Stufen hinunter. Vor Unsicherheit wusste ich kaum, wie ich mich bewegen sollte.
Durch die Glastür sah ich draußen einige Schüler stehen, Maurice war auch dabei. Panik stieg in mir hoch und am liebsten wäre ich schon zu Hause gewesen. Ich überlegte, ob es ein Fehler war, den Klassenraum überhaupt verlassen zu haben, doch andererseits konnte ich nicht ewig drinnen bleiben, das wusste ich auch. Als ich das Schultor öffnen wollte, wurde es von außen zugehalten.
»Mach die Tür auf!«, rief ich. Aber Maurice und seine Freunde hielten sie zu, bis schließlich ein Lehrer hinaus wollte. Es sah aus, als wären alle abgehauen, also ging ich gemeinsam mit dem Lehrer nach draußen, erschrak jedoch, weil Maurice direkt neben dem Tor stand. In Panik reagierte ich falsch und lief zurück ins Schulgebäude. Maurice kam mir nach und tat so, als würde er auf mich zuspringen. Sogleich wich ich zurück, woraufhin er das Stiegenhaus verließ und alle lachend davonrannten.

Ich wartete kurz, fasste dann Mut und ging Richtung U-Bahn. Dort stand Coras Tochter Leonie, die mich heute von der Schule abholte.
»Du kommst ja wirklich als Letzte hier raus«, meinte sie schmunzelnd.
»Ja, ich ... ich musste das Klassenzimmer aufräumen«, flunkerte ich verlegen, weil ich ihr nicht erzählen wollte, was wirklich passiert war.

Unterwegs auf leeren Strassen

Ich liebte es, bei Leonie zu sein. Sie hatte etwas erfrischend Freches an sich und ließ sich von niemandem etwas sagen. Das faszinierte mich. Wir unternahmen viel zusammen und hatten immer Spaß dabei. Ich konnte mit ihr über jedes Thema sprechen – nur leider nicht über Maurice und was er mit mir gemacht hatte.
Da am nächsten Tag schulfrei war, hatten wir heute viel Zeit. Wir spielten bei ihr zu Hause ein Videospiel und schauten danach einen Film. Außerdem quatschten wir über einiges, spielten an der Gaming-Konsole mit ihrem Bruder Boris und aßen Pizza. Leonie hätte es gerne gehabt, dass ich bei ihr übernachte, aber das wollte ich nicht.
Das lag aber nicht an ihr, sondern an meinem Einschlafproblem. Ich wollte sie damit nicht belasten. Sie fragte mich dennoch mehrmals, ob ich es mir nicht doch anders überlegen möchte, und eigentlich wäre ich gerne bei ihr geblieben. Da ich aber oft nachts aufstand, um auf die Toilette zu gehen, hätte ich Leonie sicher aufgeweckt, weil in der Wohnung der Boden und die Türen knarrten.

Leonie begleitete mich nach Hause. Dort angekommen, hatten wir aber keine Lust, uns gleich zu trennen, und gingen daher spazieren. Leonie wollte mir noch ihre alte Schule zeigen. Auf einer Parkbank aßen wir die mitgenommenen Reste der Pizza. Als es dunkel wurde, machten wir uns auf den Rückweg.
Da fiel uns auf dem gegenüberliegenden Gehsteig ein Mann auf, der uns bereits mehrere Gassen entlang gefolgt war. Ich sah in sein Gesicht und bemerkte, dass sein Blick starr war und sein Mund verzogen wirkte. Der Typ war beängstigend und daher beschlossen wir, schneller zu gehen. Leonie meinte, wir sollten einen Umweg machen, um zu sehen, ob er uns weiterhin folgen würde.
Er tat es tatsächlich. Da packte uns die Angst und wir fingen an zu lau-

fen. Der Mann beschleunigte sein Tempo ebenfalls. Wir eilten um eine Ecke, er folgte uns noch immer. So schnell wir konnten, rannten wir zu meinem Haustor. Wir stürmten ins Haus, die Treppe hinauf und oben angekommen, mussten wir erst einmal verschnaufen.

Leonie und ich beschlossen, in dieser Nacht zusammenzubleiben. Mama hatte nichts dagegen. Um ungestört zu sein, schlossen wir die Tür zu meinem Zimmer ab. Wir schauten aus meinem Fenster, ob der Mann noch irgendwo zu sehen war, aber er war verschwunden. Erleichtert holten wir uns eine Decke.
Wir beschlossen, uns ans offene Fenster zu legen, vor dem mein Schreibtisch stand, den ich schnell abräumte. Wir legten uns nebeneinander auf den Tisch und drehten uns so, dass wir zum Himmel schauen konnten, der zu glitzern schien.
Leonie sang ein Lied, ihre Stimme hatte einen schönen Klang. Die Sternbilder leuchteten klar, abwechselnd sahen wir Sternschnuppen und wünschten uns dabei etwas. Wir redeten unter anderem über Liebe.
Leonie meinte, ich müsse ihr unbedingt erzählen, wenn ich mich einmal verlieben würde – und ich versprach es ihr, obgleich ich dachte, ich würde mich bestimmt nie verlieben. Ich weiß nicht, wie lange wir so dalagen. Unsere rosa Decke ragte zur Hälfte aus dem Fenster und wir lachten, weil wir uns vorstellten, wie das wohl von unten aussah.
Mittlerweile war es bereits so spät, dass die Vögel zu zwitschern begannen, weshalb wir beschlossen, ins Bett zu gehen. Dort redeten wir noch eine Weile weiter, bis Leonie irgendwann einschlief. So hatten meine Gedanken wieder freie Bahn und rasten ungehindert durch meinen Kopf.
Warum hatte uns dieser gruselige Typ verfolgt? Kannte er womöglich den anderen Mann aus dem Stiegenhaus? War dieser also auch böse? Sicher nicht, er wirkte anders und hatte keine böse Ausstrahlung. Hm ... Abgesehn davon: Sollte ich Leonie von Maurice erzählen? Sie würde ihm bestimmt direkt die Meinung sagen. Aber was dann? Dann wär ich tot und vielleicht würde er Leonie ebenfalls wehtun!
Ich sage besser nichts.

Abermals träumte ich von der Lagerhalle, nichts schien anders zu sein. Mit einem Unterschied. Denn dieses Mal endete mein Traum nicht, als ich mit dem Jungen im Lift hinauffuhr. Ich stieg aus und drehte mich noch einmal nach dem Jungen um. Er nickte stumm, dann schloss sich die Lifttür und ich war allein.
Offenbar war ich nun im Flur des obersten Stockwerks.
Hier gab es keine Neonlampen, stattdessen waren kleine Kerzenhalter an den Wänden angebracht, sogar oben an der Decke. Die Kerzen verbreiteten ein wärmendes, angenehmes Licht. Sie schienen aus keinem gewöhnlichem Wachs zu bestehen, da keine Wachstropfen auf den bunten Mosaikboden fielen.
Ich spähte angestrengt auf die vielen Türen, die vor mir zu sehen waren. Die Türrahmen waren mit seltsamen Schriftzügen und kunstvollen Symbolen verziert, jede Tür sah anders aus.
Am Ende des Ganges teilte sich dieser und führte in verschiedene Richtungen. Es war ein Leichtes, sich hier zu verirren.
Aber ich weiß doch gar nicht, wo ich überhaupt hin will, schoss es mir durch den Kopf. Eine Weile irrte ich so ziellos umher und bewunderte alles, was ich sah. Plötzlich öffnete sich eine besonders große Tür und ich ging vorsichtig auf sie zu. Zögerlich fragte ich: »Hallo?« Nichts. Vorsichtig warf ich einen Blick in den Raum. Dieser war riesengroß und sehr hoch. Überall lagen bunt bestickte Polster in Stapeln herum.
Ich tat einen gewagten Schritt in den Raum. Auf zwei großen Tischen standen Kerzen in allen Farben. Es duftete nach verschiedenen Räucherstäbchen und Eukalyptus.
Ich fühlte mich, als wäre ich im Schlafgemach eines Königs gelandet. Ich stotterte: »Ha-Hallo ...«, aber es rührte sich nichts. Also ging ich weiter und besichtigte den Raum von allen Seiten.
Mir fielen seltsame Kakteen auf, die nach mir zu schnappen schienen, wenn ich vorbeiging. Deshalb wich ich allen Pflanzen aus, die ich sah, und achtete gleichzeitig auf den Boden, um nicht über die vielen Polster

zu stolpern. Es lagen auch Mappen am Boden herum, auf denen sich seltsame Zeichnungen mit kleinen Kritzeleien darunter befanden, daneben einige weitere Blätter und Blüten.
Außerdem sah ich Schatullen in allen Größen, die mit kleinen Spiegeln und Mosaiksteinen besetzt waren. In diesen fand ich unterschiedlichste Kräuter, davon viele, die ich nicht kannte, welche aber verführerisch rochen. Auf einem Tisch entdeckte ich zwei Glaskugeln, eine schwarze und eine weiße. In der schwarzen glitzerten tausend kleine grünlich-goldene Sterne und ich erkannte einen nervös zuckenden Schatten darin. Ich griff nach der Kugel, da durchfuhr ein stechender Schmerz meine rechte Hand. An meinem Daumen klaffte ein tiefer Schnitt.
Blitzschnell legte ich die Kugel zurück, der Schreck stand mir ins Gesicht geschrieben. Ich suchte nach einem Tuch, um meine Wunde zu stillen.
Dabei bemerkte ich etwas weiter vorne im Raum einen Spiegel, der gegen die Wand gelehnt war. Ich ging darauf zu, aber zu meinem Erstaunen konnte ich darin weder mein Gesicht, noch meine Wunde am Daumen erkennen.
Hä, wie geht das denn?, fragte ich mich. Ich wollte die glatte Fläche des Spiegels mit meiner Hand berühren, aber da hörte ich eine Stimme, die mich zusammenfahren ließ: »Nicht anfassen!«
Ich schaute in die Richtung, aus der ich die Stimme vermutete, und sah einen Mann. Bei seinem Anblick erschrak ich, denn er sah aus wie der Mann, dem ich in unserem Stiegenhaus begegnet war!
Er hatte dieselben Haare, trug dasselbe Gewand, nur sein Gesicht sah ich so unscharf, dass ich es nicht erkennen konnte.
»Ich … es tut mir leid, Sie … gestört zu haben. Ich … gehe schnell wieder«, stotterte ich und machte hastige Anstalten, den Raum zu verlassen. Aber er hielt mich zurück. »Ich gehe schon! Lassen Sie … mich los!«
Er zog mich auf eine Matratze und ließ mir keine andere Wahl als mich hinzusetzen. Verlegen räusperte ich mich. Er strich mit seiner Handfläche über meinen verletzten Daumen und die Wunde verschwand so schnell, wie sie gekommen war.
»Ich habe dich erwartet, jedoch nicht so früh. Daher war ich noch in Arbeit vertieft«, sagte der Mann.

»Äh, ich verstehe nicht, was Sie meinen, ich träume doch nur! Ich kenne Sie aus dem Stiegenhaus, oder?«, fragte ich ihn.

»So so, denkst du wirklich, das ist so einfach? Wer gibt dir die Gewissheit, dass du nicht gerade wach bist und deinen Alltag träumst? Und ja, es stimmt, wir haben uns neulich einmal gesehen.«

»Sie ... Sie haben mich erwartet? Aber wieso? Und wie ist es möglich, dass wir uns in meinem Traum begegnen?«

»Das erzähle ich dir später! Du kannst mich ruhig mit Du anreden, denn ich bin keiner von den Normverfallenen. Mein Name ist Bonsaij und ich bin dein Traumlehrer. Ich brauchte dich nicht zu suchen, denn seit ich dich kenne, habe ich dich nie aus den Augen verloren. Wenn wir uns jedoch wieder in deiner Realität treffen, sprich bitte meinen Traumnamen nicht aus!«

»Hhm«, erwiderte ich nur. Mir gingen so viele Fragen durch den Kopf, dass ich nicht wusste, welche ich zuerst stellen sollte.

Was ist bloß ein Traumname, ob ich auch einen habe? Und was meinte er mit: »Ich habe dich nie verloren«? Ich hatte ihn doch erst einmal gesehen!

Als habe er meine Gedanken gelesen, antwortete er: »Ja, einen Traumnamen hast du. Wie jeder andere, den ich als Sucher bestimmt habe. Dieser Name wird den Müttern der Kinder, die später einmal Sucher werden sollen, mitgeteilt, entweder in der Nacht der Geburt oder fallweise früher. Dein Name ist *White Knee* und du hörst ihn sicherlich nicht das erste Mal. Er wurde deiner Mutter übermittelt, schon bevor du geboren wurdest. Ein Sucher ist ein Mensch, in dem von Natur aus die Gabe schlummert, den Traum als eine stabile Wirklichkeit zu betreten und in dieser auch zu wirken. Um diese Gabe zu entwickeln und Fortschritte zu machen, benötigt der Sucher jedoch einen Lehrer, der ihm sowohl in seiner Realität, als auch in der anderen begegnen kann. Um die Fortschritte im Entfalten der Gabe sicherzustellen, erfolgt eine Reihe von Prüfungen. Die ersten hast du bereits bestanden, aber noch viele weitere liegen vor dir. Husky, dein Traumtier, hatte Angst um dich und zweifelte deshalb daran, ob du die Prüfungen schaffen würdest. Aber ich war davon überzeugt.«

Nachdem der Mann fertig gesprochen hatte, fragte ich ihn: »Was ist ein Traumtier? Hast du auch eines? Und welche Prüfungen soll ich erfüllen?«
»Findest du nicht, dass das ein bisschen zu viele Fragen auf einmal sind? Nun, ein Traumtier ist dein stetiger, persönlicher Beschützer. Wenn du in Lebensgefahr gerätst, verteidigt es dich bis zuletzt. Das Traumtier passt zu seinem Schützling und daher hat niemand dasselbe. Deines ist Husky, weil du genau dieses Traumtier benötigst. Du brauchst jemanden, der sich auf die Kunst des Fliegens versteht. Husky ist einer der wenigen, die es geschafft haben, ohne Flügel die Kraft des Fliegens zu nutzen. Du bewunderst seit langem diese Tierart an sich, das weiß ich. Husky bietet dir Halt, Schutz und Geborgenheit – und somit alles, was du brauchst. Wenn dein Traumtier in schlimmen Situationen nicht bei dir ist, dann entweder, weil du eine Prüfung allein zu bestehen hast oder weil du nicht in Lebensgefahr bist. Husky darf dir ausschließlich dann helfen, wenn eine tödliche Gefahr kurz bevorsteht. Und nur, wenn diese nicht von dir ausgehend, gegen dich selbst gerichtet ist. In andere Situationen einzugreifen, würde zu sehr deinen Lebensverlauf ändern. Ich wiederum habe ein Traumtier der besonderen Art, es hat zwei große Flügel und der Körper ähnelt etwa einer Mischung aus Pferd und Jaguar, während der Kopf einer Robbe gleicht. Mein Traumtier heißt Languster. Das muss vorerst an Antworten genügen. Du findest mich, wenn du mich brauchst.«
Mit diesen Worten löste Bonsaij sich vor meinen Augen in Luft auf. Seine Worte hallten in meinem Kopf nach. Ich versuchte angestrengt, alles zu verstehen, was er gesagt hatte, aber es gelang mir nicht ganz. Ich verstand nicht, woher er mich kannte. Eines war mir jedoch klar: Wer immer er war, er konnte Gedanken lesen und das bedeutete, ich musste in seiner Gegenwart aufpassen, was ich dachte.

Beim Aufwachen sah ich, dass Leonie bereits munter war und in einem Buch las. Gleich wandte sie sich mir zu: »Ich bin in der Nacht aufgewacht, weil ich jemanden reden hörte. Ich öffnete die Augen und sah,

dass du es warst. Dann habe ich dich gefragt, was du hast und warum du am Bettende sitzt und redest. Geantwortet hast du mir nicht. In der Hand hattest du einen leeren Zettel.«
Sie zeigte auf ein weißes Blatt, das neben dem Bett lag. »Erinnerst du dich denn daran? Irgendwie war das gruselig, weil du die Augen offen hattest und ich trotzdem wusste, dass du schläfst und träumst.« Leonie schaute mich mit einem Blick an, der wie ihre Frage eine aufklärende Antwort suchte.
»Nein, davon weiß ich nichts mehr«, meinte ich knapp, obwohl ich mir genau erklären konnte, warum ich im Schlaf geredet hatte.

Ich war wieder einmal spät dran, stürmte durch den Schuleingang die Treppe hoch zum Klassenzimmer und hastete zu meinem Platz neben Aisha.
Dabei schaute ich nicht auf den Boden und übersah, dass mir jemand ein Bein stellte. Aisha schrie: »Achtung!«, und ich konnte mich gerade noch an Pascals Stuhl abfangen.
Pascal stieß mich weg und verzog das Gesicht. »Wääh, ein Mädchen!« Alle lachten.
Ich fand das gar nicht lustig, verzog mich beschämt auf meinen Platz und wartete auf den Unterrichtsbeginn.
Eine Doppelstunde Russisch stand auf dem Stundenplan, unsere Lehrerin war jedoch krank und eine Ersatzlehrerin sollte kommen. Ich räumte mein Federpennal sowie einige Zettel her und suchte ein Heft, welches ich für die Stunde benötigte. Ich kramte in der Tasche, konnte das Heft jedoch nicht finden, bis ich sah, dass es auf Maurice' Tisch lag.
Ich ging zu seinem Platz und wollte mir mein Heft schnappen, doch er war schneller und reichte es seinem Kumpel Mike, der einen Tisch weiter hinten saß. »Kannst du mir das bitte wiedergeben?«, bat ich ihn, aber mein Heft wurde abermals weitergereicht.
»Das hättest du wohl gern. Wenn du es wiederhaben willst, musst du es dir schon holen!«, stichelte Samuel.

Ich lehnte mich so weit als möglich über meinen Tisch, kam aber nicht an das Heft ran. Schließlich gab ich auf, wollte mich zurück auf meinen Stuhl setzen, merkte allerdings nicht, dass dieser inzwischen nicht mehr dastand. Ich fiel nach hinten.
Gelächter brach aus, doch als man hören konnte, dass jemand an der Tür war, wurde es augenblicklich still.
Die Russisch-Ersatzlehrerin kam herein, begrüßte uns flüchtig, setzte sich an den Lehrertisch und ließ kurz den Blick über die Runde schweifen. Dabei fiel ihr auf, dass mein Heft nicht vor mir lag. Ihr Blick wanderte weiter, sie wandte sich kurz ihrer Schülerbewertungsliste zu und ohne aufzublicken sagte sie schließlich:
»Gib ihr das Heft zurück.« Endlich bekam ich mein Heft, es hatte allerdings viele Eselsohren abgekriegt. Auf Wunsch der Lehrerin sollten wir nun Schilder mit unseren Namen beschriften, damit sie immer wüsste, mit wem sie es zu tun hätte. Sie sah sich die fertigen Namensschilder aufmerksam an, während wir verschiedene Wörter und Sätze von der Tafel abschrieben.

Nach der Pause sollten wir die Schilder verkehrt hinlegen und die Lehrerin versuchte, unsere Namen aus dem Gedächtnis abzurufen. Sie sah zu mir und sagte: »Ajena«, dann überlegte sie kurz, während ihr Blick weiter wanderte: »P ... Pascal.«
Als Maurice an der Reihe war, brauchte sie ziemlich lange, bis sie sagte: »Du bist ... die ... Maurice?« Alle brachen in Gelächter aus, nur Fabian und ich verzogen keine Mienen.
Maurice sprang auf und sagte laut: »Es heißt DER Maurice. Ich bin kein Mädchen!« Wieder lachten die meisten und Maurice warf der Lehrerin einen abfälligen Blick zu.
»Oh, das tut mir leid, Maurice, ich hab' nur gedacht, wegen deiner langen Haare ...«
»Das denken alle, die mich nicht kennen«, antwortete Maurice und die Lehrerin versicherte noch mal: »Tut mir echt leid.«
Sie fuhr fort: »Mike ...«

In der großen Pause stürmten die meisten wie immer gleich aus der Klasse. Nur wenige blieben auf ihren Plätzen, so wie ich. Ich hatte Hunger, aß aber nichts, weil ich fürchtete, Maurice könne unerwartet in die Klasse zurückkommen und mich dabei erwischen.
Immer, wenn das passierte, verspottete er mich und seine Freunde schlossen sich ihm meist an. Er machte sich darüber lustig, wie ich meine Brote hielt, wie laut ich angeblich aß, wie ich aus meiner Wasserflasche trank oder wie dünn meine Arme wären. Wenn er damit nicht mehr genug Spaß hatte, nahm er mir einfach meine Jausenbehälter weg.
Einmal, als ich gerade von meinem Käsebrot abbeißen wollte, weil ich glaubte, er wäre auf der Toilette, stand er wie aus dem Nichts hinter mir, nahm mir das Brot weg und warf es in den Müll. Danach ging er zu Fabian, packte ihn am Arm und zerrte ihn zum Mülleimer. Fabian musste mein Brot herausholen und es mir zurückbringen. Als es vor mir lag, sagte Maurice: »Jetzt kannst du weiteressen!« Ich sah ihn entsetzt an und er warf mir diesen Blick zu, der keinen Widerspruch duldete. Da die Pause zu Ende war, kam es dieses Mal nicht dazu, dass ich das Brot essen musste. Maurice nahm auch Fabian oft seine Jausenbrote weg, warf sie in den Müll und zwang ihn danach, sie zu essen.
Während der Zeichenstunde ging ich kurz aufs Klo. Etwas später wollte ich meinen Kakao trinken, aber nach dem ersten Schluck dachte ich, er käme mir wieder hoch. Ich hatte keine Ahnung, was mit dem Getränk passiert war, dass es so ekelhaft schmecken konnte.
Sophie erzählte mir später, dass Maurice flüssigen Kleber hineingekippt hatte.
Nachdem ich das wusste, wurde mir dermaßen übel, dass ich erbrechen musste. Von diesem Tag an trank ich monatelang keinen Kakao mehr.
Überhaupt hatte ich bald gar keine Lust mehr, in der Schule zu essen.
Egal, wie hungrig ich war, sobald Maurice mich beim Essen verspottete, verging mir jedes Mal schlagartig der Hunger.
Diese Situation war für mich so unerträglich, dass ich die Vormittage lieber hungrig überstand und bloß noch Wasser trank.

Erstickungsangst

Mitten in der Nacht erwachte ich. Der Bereich um meinen Hals fühlte sich entsetzlich an. Ich konnte kaum noch atmen, was mir Angst einjagte. Jeder Versuch nach Sauerstoff zu schnappen scheiterte, bald bekam ich absolut keine Luft mehr. Ich fasste mir mit beiden Händen an den Hals und glaubte, ersticken zu müssen. Die Augen in Panik weit aufgerissen starrte ich an die Deckenwand, hatte dabei das Gefühl, nicht klar sehen zu können, und setzte mich dann abrupt im Bett auf. Immer schon hatte ich Angst gehabt zu ersticken, das schien eine Art Urangst von mir zu sein.
Als ich kurz davor war, in Ohnmacht zu fallen, erschien Husky vor mir. Ich streckte meine Hand aus, berührte ihn und beruhigte mich schlagartig. Mein Hals schmerzte zwar unerträglich, doch ich genoss es, endlich wieder ein wenig atmen zu können. Meine Sicht war jetzt auch wieder klar. Ich atmete tief ein und aus, bevor ich die Stufen meines Hochbettes hinunterkletterte, um etwas zu trinken und auf die Toilette zu gehen. Das war anstrengender als sonst, ich fühlte mich total krank.

Ich blieb neben Mama stehen, die auf der Couch im Wohnzimmer schlief. Sie war vorm Fernseher eingeschlafen und hatte noch die Kopfhörer auf. Ich bückte mich zu ihr und nahm sie ihr ab. Langsam und leise ging ich an ihr und der offen stehenden Garderobentüre vorbei. Als ich im Badezimmer das Licht anmachen wollte, erschrak ich so heftig, dass ich vor Entsetzen aufschrie.
Im schwachen Lichtschein, der durchs Gangfenster hereinfiel, sah ich Mama auf dem Klo sitzen!
Wie benommen ging ich einen Schritt vor und wieder zurück. Da sagte sie: »Was hast du denn?« Ich rannte zurück ins Wohnzimmer, sah eine leere Couch und eilte wieder ins Badezimmer zurück.
»Ich dachte, du hättest eben auf der Couch gelegen und geschlafen. Ich

hab' mich so erschreckt!« Der Schock saß mir tief in den Gliedern, hatte ich sie doch deutlich schlafend liegen gesehen und ihr die Kopfhörer abgenommen. Ich ging in die Knie und setzte mich erschöpft auf den kühlen Fliesenboden.

In der Früh bemerkte Mama, dass mit mir etwas nicht stimmte. Ich hatte hohes Fieber und wollte aufgrund der Schmerzen im Halsbereich nichts essen. Ein Arzt verschrieb mir Antibiotika, die ich jeden Tag nehmen musste, weil ich mir eine Angina eingefangen hatte.
Es war schlimm für mich, die Tabletten zu nehmen, weil ich sie nicht schlucken konnte. Ich versuchte, sie in mehreren Gläsern Wasser aufzulösen, der Geschmack war grausam und jeder Schluck tat weh.
Aber die Krankheitsphase hatte auch Gutes für mich. Ich durfte eine längere Zeit zu Hause bleiben und hatte die volle Aufmerksamkeit meiner Eltern. Auch Oma und Opa riefen nun jeden Tag an. Ich genoss es, mich sicher fühlen zu können – und empfand dadurch die Krankheit als akzeptabel.
Doch nachdem ich schon eine Woche zu Hause war, holte meine Mama aus der Schule einige Unterlagen, damit ich nicht zu viele Unterrichtsinhalte verpasste.
Als sie die Unterlagen auf den Tisch legte, breitete sich in mir Nervosität aus. Die Schule fühlte sich nahe an, ich hatte Angst und kuschelte mich tiefer in meine Decke. Mama machte mir Suppe und Tee und sagte schließlich: »In der Schule vermissen dich alle und ich soll dir gute Besserung von ihnen ausrichten.« Ich fragte nach, wer mich denn genau vermisste.
Mama antwortete: »Na alle, aber vor allem Aisha ... und auch einige Jungs.«
Ich runzelte die Stirn und Adrenalin schoss mir durch den ganzen Körper. »Was? Welche?«, fragte ich entsetzt.
»Na, ich kann mir doch nicht die ganzen Namen merken«, meinte Mama, »ich erinnere mich aber an den mit den längeren Haaren und dem eher mädchenhaften Gesicht.«
Ich musste mich stark beherrschen, um nicht zu schreien. Nachdem

Mama mich allein ließ, weil sie eine Gitarrenstunde gab, boxte ich mit aller Kraft in einen Polster.
Maurice hatte es geschafft, seine Präsenz zu mir nach Hause zu übertragen. Meine Wut wich leider schnell Furcht und Erschöpfung. Ich sank in einen unruhigen Schlaf. Darin umkreiste mich Maurice wie ein Tiger und lächelte dabei abgeklärt. In diesem Traum verfolgte er mich, bis er mir ins Gesicht schlug. Völlig verschwitzt wachte ich auf und starrte keuchend an die Decke.

Je besser es mir körperlich ging, umso mehr bereitete ich den *Koffer* vor, in den ich meine Psyche wieder packen würde, sobald ich die Schule betreten müsste.

Einen Tag, bevor ich wieder in die Schule ging, besuchte ich meinen Papa in der Cottage-City. Ich schaute ihm zu, wie er die Kunden betreute und Bücher aus Kartons in die Regale schlichtete. Danach begleitete ich ihn zur Bank, um dort Münzrollen zu holen. Mir gefiel die Atmosphäre in der Cottage-City, es war wie eine eigene Welt für sich.
Später ging ich durch die Drehtür hinaus und wollte gerade zur U-Bahn, als mir ein Bettler auffiel, der mit geschlossenen Augen auf dem Boden saß. Mein Blick blieb auf ihm haften, während ich weiterging.
Plötzlich öffnete er die Augen und vor Schreck blieb ich stehen. Der Mann hatte pechschwarze Augen ohne Pupillen! Für einige Sekunden war ich nicht in der Lage, mich von der Stelle zu rühren, dann rannte ich davon. Seine Augen hatten eine extrem negative Ausstrahlung.
In den nächsten Wochen hatte ich mehrmals Begegnungen mit unheimlichen Menschen, die solche Augen hatten. Ich sah sie sogar, wenn ich mit meinen Eltern unterwegs war, sprach aber nicht darüber.

Agnesberg

Am ersten Schultag nach meiner Angina war geplant, statt des Unterrichts zum Agnesberg zu fahren. Ich war froh darüber, dass mir dadurch wenig Aufmerksamkeit zukam.
Unsere Klasse fuhr in regelmäßigen Abständen zum Agnesberg, um unseren Schulgarten zu pflegen. Wir jäteten Unkraut und setzten manchmal neue Pflanzen ein. Aber dieses Mal waren wir nur hier, um ein Grillfest zu veranstalten.

Die Fahrt mit dem Bus war total lustig, weil der Busfahrer absichtlich wild die Kurven hochfuhr, sodass wir ganz schön durchgeschüttelt wurden. Außerdem waren viele Eltern zu dem Ausflug mitgekommen. Bei strahlender Sonne ließen wir auf der Wiese unsere selbst gebastelten Drachen steigen, während die Eltern Spieße zum Grillen vorbereiteten.
Später zogen sich die meisten Schüler in Gruppen in den angrenzenden Wald zurück. Ich ging allein spazieren.
Währenddessen dachte ich über die Menschen mit den schwarzen Augen nach, bis ich realisierte, wo ich auf einmal war. Ich stand vor einem Bach, in dem einige Jungs aus der Klasse gerade einen Damm bauten und sich dabei laut unterhielten. Manche hatten Stöcke in den Händen, ein paar andere trugen Erde und Steine ins Wasser.
Sogleich wusste ich, es wäre besser, direkt wieder umzudrehen, und bekam eine Gänsehaut. Einige der Jungs sahen bereits zu mir her.
Ich hatte vor, über die kleine Brücke über dem Bach zu gehen, damit es nicht so aussah, als hätte ich Angst vor ihnen. Langsam ging ich weiter. Samuel drehte sich zu mir um und rief: »Hau lieber ab, hier ist kein Platz für Mädchen!«
Und dann hörte ich Maurice' bohrende Stimme: »Na, sieh mal, wer wieder da ist!«

Als ich kurz zu ihm hinübersah, fiel mir erst auf, dass er seine langen Haare abgeschnitten hatte. Ich beschleunigte meine Schritte.
Schnell holte mich Maurice ein und versetzte mir einen Stoß, sodass ich stolperte. »Was fällt dir ein, mich anzuschauen!«, schrie er aufgebracht. Ich konnte mein Gleichgewicht gerade noch halten und sagte: »Hör auf!«
»Womit?«, fragte er und lächelte boshaft.
Kurz schaute er zurück zum Bach, wo sich alle wieder ihrem Damm zugewandt hatten, dann stieß er mich so kräftig, dass ich zu Boden fiel. Er stieß mich zwei weitere Male, während ich saß, und drohte mir mehrmals mit einem Schlag ins Gesicht.
Ich schaute ihn an und dachte: *Er hat ganz rote Wangen.*
»Du sollst mich nicht anschauen, hab' ich gesagt!« Er erhob die Hand und ich zuckte zusammen, als hätte ich einen elektrischen Schlag bekommen. Dabei richtete ich den Blick zur Seite, denn ich wagte nicht mehr, Maurice direkt anzusehen.
Er ging einige Schritte weg und ich glaubte, er hätte sich wieder beruhigt. Ohne sich mir zuzuwenden, sagte er: »Verschwinde endlich, hier ist unser Platz!«
Ich blieb aber zunächst sitzen, denn ich hatte das Gefühl, keine Kontrolle mehr über meinen Körper zu haben. Erst nach quälend langen Sekunden stand ich zögerlich auf, um über die Brücke zu gelangen.
Da kam Maurice von hinten, packte mich an den Schultern und zog mich rückwärts zu sich ran. Er flüsterte mir ins Ohr: »Nächstes Mal machst du besser sofort, was ich sage!«
»Schaut doch mal, wie blöd sie ist!«, stichelte Samuel und zeigte auf mich. Alle lachten. »Die glaubt echt, sie kann einfach machen, was sie will, und hingehen, wohin sie mag!«, sagte Mike.
Maurice warf mich gegen das Brückengeländer. Ich hatte Angst, es könne durchbrechen und ich ins Wasser fallen. Tatsächlich brach ein Holzstück ab und platschte in den Bach.
»Schau dir an, was du gemacht hast!«, schrie Maurice daraufhin und Mike ergänzte lachend: »Ja, wir könnten dich anzeigen!«
Maurice trat nach mir und Samuel spottete: »Besser nicht noch mal

treten, sonst tötet dich ihre Hässlichkeit, denn wenn du trittst, wird sie noch hässlicher!«
»Was?«, sagte Maurice, »noch hässlicher? Das geht ja gar nicht!« Danach entfernte er sich endlich und trug Holz zum Wasser.
Hektisch stand ich auf und stolperte dabei, denn es drehte sich alles um mich herum. Als ich wegflief, rief mir Maurice nach: »Nicht mal gehen kannst du! Typisch Mädchen.«

Ich rannte und blieb erst stehen, als ich mir sicher war, dass niemand mehr in der Nähe war. Nach einer Weile kehrte ich zur Wiese zurück. Weder Eltern noch Lehrer hatten etwas von dem Vorfall mitbekommen. Meine Angst wuchs.

Zum Glück kam es am Agnesberg nicht immer zu Zwischenfällen mit Maurice. Meist genoss ich es, dass wir draußen sein konnten und nicht eingeengt in der Klasse sitzen mussten.
Doch öfters starrte mich Maurice bereits während der Gartenpflege an und ich konnte mich auf nichts mehr konzentrieren, was dazu führte, dass ich ohne Plan in der Erde rumstocherte.
Wir hatten meist kleine Werkzeuge wie Rechen oder Schaufeln. Gundula zeigte uns, was zu machen war, und half dann entweder mit oder setzte sich in die Nähe.

Einmal fühlte ich wieder Maurices bohrenden Blick auf mir haften. Ich sah zögerlich zu ihm, um abschätzen zu können, was er wohl vorhatte. Er nahm den kleinen Rechen und fuhr damit langsam und ohne sich wirklich zu berühren über eine Seite seines Gesichtes und bis zu seinem Hals.
Die Angst, dass diese Geste mir galt, ließ mich erstarren.
Nachdem wir alles im Garten erledigt hatten, durften wir die restlichen Stunden machen, was wir wollten. Aus Angst wollte ich nirgendwohin gehen, aber ich dachte, es würde Gundula auffallen, wenn ich als Einzi-

ge dablieb. Also ging ich bloß langsamer als die anderen. Viele gingen in kleinen Gruppen oder zu zweit, nur manche alleine.

Ich versuchte, möglichst unauffällig irgendwohin zu gehen, wo ich hoffte nicht gefunden zu werden. Um mich sicherer zu fühlen, kletterte ich auf einen Baum. Ich zog mich gerade hoch, als ich Samuels Stimme hörte: »Hier müsste sie irgendwo sein.«

In Panik wollte ich so schnell wie möglich höher hinauf, als Samuel schon rief: »Hab' sie!«

Ein Stück kletterte ich noch, dann sah ich unten Maurice, Samuel und Mike stehen.

Sie schrien herum, als würden sie eine Szene einer Ritterschlacht nachspielen. Anscheinend lag ich bei dem Gedanken gar nicht so daneben, denn Samuel rief mir zu: »Wir werden dich zu unserer Burg bringen, du bist die Gefangene!«

Maurice befahl mir, vom Baum runterzukommen. Mir fiel wieder seine Geste von vorhin ein. Ich dachte, es sei alles besser, als zu ihm zu kommen, daher kletterte ich soweit es ging weiter nach oben.

»Holt sie!«, schrie er nun. Während seine Freunde mir nachkletterten, kamen mir mehrere Ideen, was ich tun könnte: *Hinunterkommen und mich ergeben. Mich nicht bewegen und warten, bis sie mich holen. Schreien. Äste nach ihnen werfen...*

Diese Sätze spulten sich immer schneller in mir ab und verdichteten sich zu einzelnen Worten: *Nicht bewegen ... werfen ... schreien ... ergeben ... nicht bewegen ...*

Um meinen Verfolgern zu entwischen, kletterte ich von Ast zu Ast. Natürlich wurde mein Plan durchschaut, weil ich mich ja hinabbewegte und Maurice stand schon bereit, um mich abzufangen. Ich drehte mich in die andere Richtung und sprang. In der Hektik war die Stelle nicht gut gewählt und ich schürfte mir dabei die Arme an Ästen auf. Außerdem war es noch recht hoch gewesen und ein Schmerz schoss beim Aufkommen durch mich hindurch. Ich versuchte zwar wegzulaufen, aber meine Beine gaben nach.

Alles kam mir vor wie in Zeitlupe.

Maurice stürzte direkt auf mich zu. Er warf mich zu Boden, drehte mich um und hielt meine Arme fest.
Ich atmete hektisch und flüsterte: »Lass mich, ich möchte nur gehen.«
Er starrte mich an und ich konnte seinem Blick nicht standhalten, weil ich das Gefühl hatte, ohnmächtig zu werden. Seine Freunde nahmen mich an Armen und Beinen und ich trat um mich, sodass ich schließlich fallen gelassen wurde. Maurice befahl mir aufzustehen, ich rappelte mich hoch und versuchte meinen Körper unter Kontrolle zu kriegen. Ich wich einen Schritt zurück.
»Die ist echt nicht ganz dicht!«, meinte Mike.
»Gefangene dürfen sich nicht frei bewegen!«, ergänzte Samuel.
Ich unterdrückte meine Furcht so gut es ging und schaute Maurice ins Gesicht. Er lächelte und tat so, als würde er an mir vorbeigehen.
Dieses Lächeln führte dazu, dass ich mich komplett anspannte – es passte nicht zur Situation und somit konnte ich nicht einschätzen, was als Nächstes passieren würde. Dann stieß Maurice mir seinen Ellbogen in die Seite und schrie: »Sieh mich nicht an!«

Hustend sank ich in die Knie. »Okay ... bitte raste nicht aus«, flüsterte ich.
Maurice hielt mich fest und ich blinzelte nervös, während er tobte: »Wenn ich ausraste, merkst du es! Das überlebst du nicht!«
Mike lachte: »Oh, das Püppchen fürchtet sich schon vor dir.« Maurice zog mich hoch und hielt meine Arme fest. Er schob mich voran, denn ich sträubte mich mitzugehen, bis er plötzlich losließ und mich gegen einen Baum stieß.
Ich federte mich mit den Armen ab und verlor erneut die Kontrolle über meine Atmung. In Erwartung eines Schlages stand ich etwas gebückt da, Maurice legte seinen Arm von hinten um meinen Hals und zerrte mich zu sich.
Ich atmete noch hörbarer, denn nun bekam ich kaum noch Luft.
Maurice zischte aufgebracht: »Hör auf, so zu atmen!« Weil seine Stimme große Angst in mir auslöste, hielt ich die Luft an und versuchte dann leiser zu atmen.

Er ließ etwas locker und fuhr fort: »Geh gefälligst normal, sonst schleif' ich dich über den ganzen Boden mit!«
Mike meinte dazu: »Mann, wie die sich anstellt, wie ein Baby!« Wir gingen zu der Brücke, die ich schon kannte. Dort waren weitere Freunde von Maurice und er verkündete ihnen, dass die Gefangene jetzt da sei. Es lagen viele aufgetürmte Steine herum, die wohl eine Art Mauer darstellen sollten. Vor der Brücke lagen auch Steine, allerdings nicht aufgetürmt, sondern in einer Linie im Wasser.
Mir wurde erklärt, dass dies das Burggefängnis sei und Maurice forderte, dass ich mich dort hineinsetze.
Regungslos blieb ich stehen und überlegte, in welche Richtung ich abhauen könnte. Alles kam mir unglaublich weit weg vor. Allerdings landete ich da schon durch einen Tritt im Bach. Meine Hose sog sich mit Wasser voll und es war kalt.
Maurice drückte mich Richtung Wasser, bis mein Gesicht dieses fast berührte. In Panik glaubte ich schon, unter Wasser zu sein.
»Machst du was ich sage, ha?« Nachdem ich bejahte, ließ er mich los.
Zögerlich ging ich vorwärts ins Wasser. Maurice trat mich erneut. »Geh weiter!«, schrie er. Ich flüchtete, so schnell es ging, unter die Brücke.
Maurice sammelte währenddessen große Steine und stapelte diese auf die im Wasser liegenden. Ein paar seiner Freunde machten dabei mit, andere bauten vermutlich außerhalb des Wassers und waren in Gespräche vertieft.

Während Maurice kurz nicht zu sehen war, atmete ich endlich tief durch. Mir war, als hätte ich die ganze Zeit die Luft angehalten. Hinter mir wurden ebenfalls Steine gesammelt und aufgetürmt. Ich flüsterte Pascal zu: »Bitte sag mir, was das wird, ihr könnt doch ohne mich bauen, ich erzähle es nicht.«
Er sah zunächst erstaunt drein und sagte dann: »Sei leise! Du bist nun mal die Gefangene. Du kommst ja wieder raus, so schlimm ist das nicht.«
Maurice drängte sich neben Pascal und starrte mich wieder an.

Ich riss kurz die Augen auf und sah dann schnell weg. Obwohl Maurice kurz darauf abermals wegging, wurde meine Atmung wieder unkontrollierter.
Pascal meinte: »Bleib ruhig, das sind nur ein paar Steine, du könntest doch raus, also was stellst du dich so an?«
»Das stimmt gar nicht, ihr lasst mich doch nicht gehen«, murmelte ich verzweifelt.

Maurice kam zurück und fuhr mich an: »Sei still, sonst bereust du es! Oder soll ich mich zu dir setzen?« Wieder lächelte er und einige der anderen lachten.
Er kam etwas näher und ich rührte mich nicht. Die Panik beschleunigte meinen Herzschlag und verstärkte das Gefühl der Bewegungslosigkeit. Ich rechnete damit, gleich unter Wasser gedrückt zu werden, zitterte und wusste nicht, wo ich hinschauen sollte.
Pascal sagte zu Maurice: »Lass uns weiter bauen.«
Dieser sagte wiederum zu mir: »Sei froh, dass ich dazu noch Lust habe.« Er kam so nahe, dass er mein Ohr mit den Lippen berührte. »Ich bin immer in der Nähe und wenn ich dich noch einmal höre ...«
Er ließ den Rest des Satzes offen.
Das war für mich fast schlimmer, denn meine Fantasie in Verbindung mit dem, was er schon getan hatte, ergab ein furchterregendes Bild. Ohne ein weiteres Wort wartete ich ab. Als ich mich ans Wasser gewöhnt hatte, empfand ich es als nicht mehr so kalt.

Maurice kam irgendwann wieder zu mir und zwang mich, mit den anderen große Steine aufzutürmen. Er selbst machte einstweilen Pause und sah mir zu.
Ich fühlte mich zutiefst verunsichert, versuchte aber seine Anwesenheit auszublenden. Das gelang natürlich nicht, weil er ständig über mein Aussehen und meine Bewegungen herzog.
Außerdem befahl er fast unablässig, welchen Stein ich als Nächstes aufheben und aufstapeln sollte. So schnell konnte ich gar nicht sein, da kritisierte Maurice schon, dass ich diesen großen Stein vergessen hätte

und was mit diesem und jenem sei. Wenn ihm das nicht mehr genügte, steigerte er meine Angst durch Sätze wie: »Pass auf, bevor dich ein Stein am Kopf trifft!«, oder: »Sei froh, dass keiner kommt und dich unter Wasser drückt!«
Als es an der Zeit war, zurück zur Wiese zu gehen, blieb ich stehen und wartete wie programmiert auf eine Anweisung.
Immer mehr Freunde von Maurice gingen, bis er allein mit mir war.
Ich schaute gezielt in eine andere Richtung, während er bekundete: »Du wirst sagen, dass du ausgerutscht und im Wasser gelandet bist. Wenn mir nicht gefällt, was du sagst, werde ich dir so wehtun, dass du nicht mehr aufstehen kannst. Verstanden?« Ich nickte.
»Du gehst erst zur Wiese, wenn du mich nicht mehr siehst.« Ich setzte mich also auf den Boden und wartete ab.

Als ich zur Wiese kam, hatten die meisten bereits ihre Rucksäcke zusammengepackt. Natürlich fiel Gundula meine nasse Hose auf. Zudem waren meine Arme an mehreren Stellen aufgeschürft und ich hatte Schlamm und Erde am ganzen Körper.
Die Lehrerin fragte: »Ajena, wo bist du denn unterwegs gewesen und was ist mit deiner Hose passiert? Tut dir etwas weh? Warte, ich hole Pflaster...«
Während sie mir ein paar davon aufklebte, schwieg ich.
Maurice befand sich etwas weiter weg, aber in meinem Blickfeld und sagte gut hörbar zu Mike: »Schau, was ich geschnitzt habe. Mit meinem Taschenmesser funktioniert einfach alles!«
Nervös sagte ich zu Gundula: »Das sind genug Pflaster, so schlimm ist es nicht!«
Sie fragte: »Und was ist mit deiner Hose? Soll ich fragen, ob jemand Ersatz dabei hat?«
Ich lehnte betont laut ab: »Nein, danke, es ist doch sowieso warm. Ich bin nur ausgerutscht und in den Bach gefallen.«
Gundula nickte. »Okay, wir gehen ja gleich und dann bist du bald zu Hause.«
Ich nickte ebenfalls und tat so, als sei alles bestens. Ich war sogar er-

leichtert, als sie wieder von mir abließ, denn ich glaubte, dass ich somit von Maurice verschont bliebe. Schnell begann ich ein Gespräch mit Aisha. Gundula zählte durch, um zu überprüfen, ob alle da waren, dann spazierten wir zurück zum Bus.

Die unbekannte Frau

Zu nervös, um zur Ruhe zu kommen, lag ich wach im Hochbett neben meinen schlafenden Eltern. Da hörte ich plötzlich ein Geräusch, das von der Eingangstür zu kommen schien.
Zunächst ging ich davon aus, es käme von meiner Katze Gipsy, bemerkte dann jedoch, dass sie am Fußende des Bettes bei Mama lag.
Jetzt hörte ich wieder Geräusche. Dieses Mal waren sie sehr deutlich, es gab einen lauten Polterer und ich konnte Schritte und Zischlaute hören. Ich riss die Augen auf und rührte mich nicht.
»Seppl«, rief eine weibliche Stimme, die sich anhörte wie aus einem alten Film mit schlechtem Ton. Und wieder: »Sepp«, dieses Mal leiser.
Ich richtete mich leicht auf und spähte angestrengt in die Richtung, aus der ich die Stimme vernommen hatte. Ich beobachtete eine alte Frau, die aus dem Türvorhang kam, der zwischen Küche und Vorzimmer hing. Ich hätte beinahe laut aufgeschrien, doch ich schaffte es, diesen Drang zu unterdrücken, und duckte mich. Im Schein der Nachtlampe sah ich, dass die Frau weißes Haar hatte, ihre Augen waren dunkel und sie blickte gespannt in die Weite. Ihr Gesichtausdruck verriet, dass sie es eilig hatte, ihre Stirn lag in Falten.
Sie eilte vom Vorzimmer durch das Wohnzimmer, in der Hand hielt sie einen länglichen Gegenstand. Ich war geschockt.

Will sie uns töten? Aber warum? Trotz meiner Angst, die mich zunächst in reglosem Zustand verharren ließ, fasste ich Mut und streckte meinen Kopf vorsichtig bei der Stiege des Hochbettes hinunter. In der Hoffnung, dass die Frau mich nicht bemerke, spähte ich durch den Spalt zwischen den beiden obersten Stufen. Ich sah, wie sie in unseren Garderobenraum ging und im Dunkel verschwand. Ich kroch zurück unter die Decke.

Wie ist die Frau hier reingekommen, was will sie – und wer ist sie überhaupt? Ich war bemüht, mich zu beruhigen. *Vielleicht ist die Frau einfach meiner Fantasie entsprungen? Kann ich mir so etwas wirklich eingebildet haben?*
All das ging mir durch den Kopf, bis ich die Augen nicht mehr länger offenhalten konnte. Eine seltsame Müdigkeit hatte von mir Besitz ergriffen und ich fiel in einen tiefen Schlaf.

Am Morgen wachte ich spät auf, jedoch vor meinen Eltern, die an den Wochenenden gerne länger schliefen.
Ob es klug ist, jetzt aufzustehen? Was, wenn die Frau wieder auftaucht?
Ich gab mir einen Ruck und kletterte langsam die Hochbettstiege hinunter. Vorsichtig sah ich mich um und überprüfte, ob sich die Frau vielleicht irgendwo versteckt hielt. Ich entdeckte sie zum Glück nicht. Die Garderobentür war jedoch angelehnt, obwohl sie in der Nacht offen gewesen war. Fröstelnd gab ich der Tür einen Stoß, sodass ich einen Blick in den Raum werfen konnte. Es war aber nichts Verdächtiges zu sehen. Ich bereitete das Frühstück vor und weckte meine Eltern auf.

In der kommenden Nacht kam die Frau wieder! Dieses Mal blickte ich ihr nicht nach, ich hörte nur, wie sie wieder nach Sepp rief und quer durch die Wohnung eilte. Das Gleiche wiederholte sich mehrere Nächte lang. Ein paarmal wurde die Frau von einigen anderen Leuten begleitet, mit denen sie schließlich in der Garderobe verschwand.
Ich konnte mir keinen Reim darauf machen, es ängstigte mich aber.

Ein Wesen und Ich

An einem strahlend sonnigen Tag spazierte ich in einem Park bis zu einem Platz, der mir gefiel, und kletterte dort auf einen großen Baum. Mein Blick schweifte über die Wiese, als ich ein Geräusch hinter mir vernahm. Ich drehte mich rasch um. *Nichts.*
Ich nahm meine Getränkeflasche und wollte eben daraus trinken, als ich ein hämisches Lachen von oben hörte. Ich sah hinauf, doch auch da war niemand. *Seltsam*, dachte ich und trank einen Schluck. Der Saft schmeckte aber furchtbar, dabei hatte ich ihn doch frisch eingefüllt! Da fiel mir auf, dass der Saft eine graue Farbe angenommen hatte.
Ein Zischen von unten ließ mich herumfahren, da fiel mir vor Schreck die offene Flasche aus der Hand. Verdutzt blickte ich nach unten, doch da war ebenfalls nichts Auffälliges. Auch die Saftflasche konnte ich nirgends sehen. *Was ist das nur?* Ein weiteres Zischen ertönte von oben. Ich schrie: »Wer ist da?«
»Hahaha, armseliges kleines Kind! Was willst du hier allein?«
Ich wollte etwas erwidern, doch die Stimme kam mir zuvor: »Hat heute niemand Zeit für dich?«
»Ich wollte ...«
»Und jetzt willst du am liebsten von diesem Baum springen und dann ganz weg sein? Ja ja, das verstehe ich.«
»Was? Ich weiß nicht, wovon du ...«
»Mir musst du nicht vorträllern, wie gut es dir geht! Schön, dich kennenzulernen!« Ein hämisches Lachen erklang.
Nun wollte ich schnell vom Baum runter. Zu meinem Entsetzen knickte der Ast, auf dem ich mich befand, in der Mitte und brach ab. Ich fiel zu Boden, sah einen grauen Schleier über mir und hörte die Stimme aus dem Nichts: »Sowas von unvorsichtig, diese Menschen!«
Ich wollte nur noch heim, doch auf dem Weg fiel mir auf, dass ich meine Tasche beim Baum vergessen hatte. Mit einem mulmigen Gefühl im

Bauch überwand ich mich, zurückzukehren. Erfreulicherweise war die Tasche noch da und ich zog gleich meine darin aufbewahrte Weste an, denn mir war merkwürdig kalt geworden.
Zögerlich rief ich noch einmal in Richtung Baumkrone: »Hallo?«.
Nichts. Also ging ich wieder.

Doch dann, mit einem Mal, hörte ich viele kreischende Stimmen um mich herum und alles drehte sich wie in einer Achterbahn. Das änderte sich auch nicht im Bus auf der Heimfahrt. Die Stimmen wurden sogar lauter. Ich vergaß für einen Augenblick, wo ich mich befand, und schrie: »Haltet endlich den Mund!«
Erst die erbosten Blicke der anderen Fahrgäste ließen mich zur Besinnung kommen. Wenigstens waren danach die Stimmen verschwunden.

Nahe dem Haustor drehte ich mich erschrocken um. *War da nicht wieder diese Stimme aus dem Park?*
Im Stiegenhaus stolperte ich über etwas, das auf dem Boden lag. Ich rappelte mich auf und wollte den Gegenstand aus dem Weg räumen, damit niemand mehr darüber stolpern konnte.
Doch zu meinem Erstaunen lag da gar nichts, ich sah bloß einen Schatten vor mir. »Vielleicht hab' ich zu wenig geschlafen«, versuchte ich mich selbst zu beruhigen.

Eurythmie oder ...

Meine Mitschüler und ich bildeten einen großen Kreis. Die Hände meiner beiden Nachbarn fühlten sich schwitzig an. Es war Eurythmiestunde und die Lehrerin bemühte sich erfolglos, die laut rumalbernden Schüler zum Schweigen zu bringen. Mehrmals wiederholten wir die von ihr vorgezeigten Schritte.
»Da rüberdrehen!«, übertönte sie die kreischende Masse.
Andreas und Collin ließen sich besonders stark anmerken, dass ihnen der Unterricht auf die Nerven ging; sie machten herablassende Scherze über das Aussehen der Lehrerin. Irgendwann schrie diese entnervt: »Seid still! Ich will keinen Ton mehr von euch hören!«
Aber keiner hörte ihr zu, es wurde weiter gequatscht, Lärm gemacht und gespottet. Einige Jungs zogen an den Vorhängen.
Jetzt sollten wir die Hände voneinander lösen und wurden aufgefordert, die Holzstöcke, die vor uns auf dem Boden lagen, aufzuheben. Einige Schüler hatten vorher schon damit herumgespielt, obwohl das nicht erlaubt war. Daraufhin brach ein noch größeres Durcheinander los.
Die Jungs machten Schwertkämpfe mit den Stöcken und die Lehrerin wandte sich in ihrer Verzweiflung nur einzelnen Kindern zu, um diese besser unter Kontrolle zu haben.

Unerwartet spürte ich auf einmal einen heftigen Schlag auf meiner Schulter, der so wehtat, dass ich in die Knie ging und meinen Stock krachend zu Boden fallen ließ. Langsam drehte ich mich um – und sah in das Gesicht von Maurice. Seine Freunde lehnten sich grinsend aneinander, während ich mir mit der Hand über die Schulter rieb.
Verzweifelt verzog ich mein Gesicht. Zwei Jungs begannen aufeinander einzuschlagen, bis es der Lehrerin zu viel wurde. Andreas, der direkt vor ihr stand und lautstark herumalberte, bekam eine kräftige Ohrfeige von ihr. Danach wurde es augenblicklich mucksmäuschenstill.

Andreas fing an zu weinen und zu jammern. Unmittelbar danach verschwand die Lehrerin aus dem Zimmer.
Maurice schlug wieder mit seinem Holzstock nach mir und ich wehrte mit meinem ab. »Hör auf ...«, sagte ich, aber es klang fast wie eine Frage. Das fand Maurice erst recht lustig.
Sein nächster Schlag traf mich mit voller Wucht am Rücken und ich landete am Boden. Ich schlang die Arme um meine Beine und versuchte, mich geistig aus meiner Körperhülle zu lösen, um *nicht mehr da* zu sein. Doch ich hörte alle weiteren, spitzen Bemerkungen über mich wie eine Menge Regentropfen auf mich niederprasseln. Als die Tür vom Eurythmieraum aufging und Andreas und einige seiner Freunde hinausbestellt wurden, hatte ich bereits jedes Zeitgefühl verloren.
Die Lehrerin schickte uns zurück in den Klassenraum.
Ich stand langsam auf. Es fühlte sich an, als würde mein ganzer Körper aus *Schmerz* bestehen. Alle drängten nach vorne und quetschten sich durch die Tür, bis nur noch Maurice und ich im Raum waren, er dicht vor mir.
Genau in dem Moment, als ich durch die Tür gehen wollte, wurde diese zugeknallt und schlug gegen mein Gesicht. Blut schoss aus meiner Nase. Es dauerte etwas, bis ich es wagte, die Tür aufzumachen. Eine mir unbekannte Lehrerin stand draußen und sah mich verständnislos an, bevor sie mich ermahnte, dass ich in meiner Klasse zu sein hätte.

Nicht weit von mir lehnte Maurice an der Wand und unterhielt sich mit Samuel, der kurz darauf die Treppe hinablief. Ich überlegte, ob ich wohl einfach an Maurice vorbei zur Klasse gelangen könnte.
»Sieht ja aus, als sei dir eine Tür gegen die Nase geknallt«, stichelte er. Ich sah bewusst in eine andere Richtung und wollte an ihm vorbei.
Doch Maurice stellte sich mir in die Quere und versuchte, mich an sich zu ziehen. Ich konnte mich losreißen und ins untere Stockwerk flüchten. Völlig planlos rannte ich weiter, bis mir eine unbekannte Lehrerin entgegenkam und mich stoppte.
»Wohin des Weges, junge Dame? Wurde dir nicht erklärt«, sie räusperte sich, »dass das Betreten anderer Gänge nicht erlaubt ist?«

Ich nickte. »Doch! Aber ...«
Sie unterbrach mich: »Da gibt es kein Aber! Du gehst augenblicklich zurück in deine Klasse!«
Hilflos antwortete ich: »Ja, aber es sind auch andere runtergegangen!«
Die Lehrerin sah mich an und meinte: »Was die anderen machen, braucht dich nicht zu kümmern.«
Ergeben schleppte ich mich die Stufen hoch, die Lehrerin sah mir nach. Maurice wartete neben dem Stiegengeländer, als hätte er mit meiner Rückkehr gerechnet. Er lächelte wie so oft, während seine Augen diesen kühlen, starren Ausdruck hatten.
Gundula kam von der anderen Seite des Ganges und fragte: »Maurice, hast du eigentlich das Geld mit, das du nachzahlen musst?«
»Aber selbstverständlich, ich lege es auf den Lehrertisch!«, versicherte er.
»Super, okay«, sagte sie und ging Richtung Klasse, drehte aber noch einmal um. »Ach ja, ich muss ein paar Sachen kopieren gehen, wenn ihr in der Klasse seid, sagt bitte den anderen, dass ich gleich komme.«
Kaum war Gundula außer Sichtweite, wandte sich Maurice mir zu. »Du legst 15 Euro auf den Lehrertisch!« Er sagte dies in einem Ton, als hätte er ein Eis bestellt. Seine Mimik blieb dabei unverändert.
Ich rührte mich nicht. »Verstanden?«, fragte er nach, während er einen Schritt näherkam. Ich starrte auf den Boden und zitterte. Maurice packte meinen Arm. »Ob du mich verstanden hast?!« Ich versuchte erneut wegzulaufen, aber er zog mich an den Haaren, drückte mich gegen die Wand und hielt meine Arme fest. »Leg sofort das Geld auf den Tisch!«
»Okay«, flüsterte ich.
Dann ließ er mich los und ich eilte in die Klasse.

Dort herrschte totales Chaos. Einige sprangen auf den Tischen herum und nahmen sich gegenseitig Sachen weg, manche spielten mit ihren Handys, andere unterhielten sich laut. Alle sahen kurz zu mir her, als ich hereinkam, doch als sie merkten, dass es sich um keine Lehrperson handelte, ging das Chaos gleich weiter.
Ich blieb vorm Waschbecken neben der Tür stehen und tupfte mit ei-

nem nassen Tuch meine blutige Nase ab. Da kam Isa zu mir und fragte mich, ob ich mir wehgetan hätte. Ich ließ das Tuch sinken, zuckte mit den Schultern und meinte: »Bin eben gegen die Tür gerannt.«
Sie schmunzelte. »Das kann auch nur dir passieren, kannst wohl nicht die Augen aufmachen?«
Ich antwortete nicht, sondern ging genervt zu meinem Sitzplatz und kramte in meinem Rucksack nach meiner Geldbörse. Ich zog einen Zehn- und einen Fünf-Euroschein heraus, faltete diese und versteckte sie unter dem Ärmel meines T-Shirts. Ich warf ein Taschentuch in den Mülleimer unter dem Waschbecken, trat dabei zum Lehrertisch und legte das Geld rasch darauf.

Maurice kam vor Gundula ins Klassenzimmer zurück.
Ich unterhielt mich gerade mit Aisha, doch als er die Klasse betrat, ergriff mich wie immer eine unkontrollierbare Nervosität.
Er ging direkt zu Fabian und schlug ihm in den Magen.
Alles in mir zog sich zusammen und es fühlte sich an, als hätte ich selbst den Schlag abbekommen.
Nun setzte sich Maurice neben Marvin, der hinter mir saß, mir jedoch den Rücken zugewandt hatte. Andere gesellten sich zu ihnen. Sie schoben den Tisch hinter mir zur Seite und begannen Karten zu spielen. Jemand drängte sich vor meinem Tisch vorbei, dabei wurde dieser leicht zurückgeschoben, sodass ich mit dem Stuhl etwas nach hinten rutschte und leicht an Marvins Rücken anstieß.
Der drehte sich um und sagte: »Sag mal, hast 'n Problem? Kannste nicht aufpassen?« Aus einem mir unbekannten Grund, aber vermutlich um cool zu klingen, sprach Marvin in einem deutschen Dialekt.
»Tut mir leid, war keine Absicht«, beteuerte ich.
Maurice flüsterte Marvin etwas ins Ohr, dann stand er auf und setzte sich auf meinen Tisch. Er saß so nahe, dass ich sein aufdringliches Parfum riechen konnte und die Beklemmung schnürte mir den Hals zu.
Marvin drehte sich ruckartig um und grinste. Maurice sagte zu ihm: »Schlag sie!« Ich versuchte aufzustehen, doch Maurice stellte einen Stuhl so knapp vor mich hin, dass die Sessellehne mich daran hinderte.

Die Angst lähmte mich. Marvin schlug mit einem kräftigen Faustschlag direkt in meinen Bauch! Ich stöhnte auf und krümmte mich zusammen. Dann schnappte ich nach Luft, während ich glaubte, mich übergeben zu müssen.
»Fass ja nicht noch mal meinen Freund an, verstanden!«, zischte Maurice und setzte sich wieder neben Marvin. Sie widmeten sich erneut ihrem Kartenspiel und ich war wie erstarrt. Einer fragte plötzlich: »Willst du mitspielen?«
Ich hustete: »Ähm ...«, wurde aber gleich aufgefordert, mich an dem Kartenspiel zu beteiligen. Bevor es mir jemand erklärt hätte, bekam ich gleich die Karten in die Hand. Ich spielte nur mit, damit ich keinen weiteren Ärger bekommen würde. Das *Spiel* lief so ab, dass man sich von allen Seiten über mich lustig machte und ich natürlich verlor.
Das Chaos in der Klasse hielt an, bis Gundula endlich kam. Als langsam Ruhe einkehrte, fragte sie: »Einmal die 15 Euro von Marvin, einmal von Julia und einmal von Maurice, ist das richtig?«
»Ja«, bestätigten die drei.

Später hatten wir eine Doppelstunde Turnen. Einige freuten sich bereits darauf, andere hatten den *Null-Bock-Blick* aufgesetzt und gingen trödelnd zum Turnsaal.
Mir war mulmig zumute. Im Umkleideraum war es stickig, es roch nach Schweiß und alten Turnschuhen. Mir wurde heiß, während ich mich umzog. Als ich den Raum verlassen wollte, ließ sich die Tür nicht öffnen. Ich ahnte, wer davor stehen würde, und wartete daher unschlüssig. Da ging die Tür auf. Draußen war zunächst niemand zu sehen, doch im nächsten Moment entdeckte ich Maurice und Samuel, die sich hinter einem Mauervorsprung versteckten.
Maurice zog mich an meinem Turnhemd erst an sich ran, dann stieß er mich in Samuels Richtung, der mich wiederum zurückstieß. Maurice drückte mich gegen die Wand und beschimpfte mich: »Hässliche Sau!« Ich bewegte mich keinen Schritt – nicht einmal, als einige Mädchen aus dem Umkleideraum kamen und einfach an uns vorbei in den Turnsaal gingen.

Maurice gab Samuel einen freundschaftlichen Klaps auf die Schulter, machte Witze und lachte. Schließlich verzogen sich beide in den Turnsaal. Wie angewurzelt blieb ich stehen. Die letzten Mädchen kamen aus dem Umkleideraum und fragten mich, worauf ich warten würde. Ich ging mit ihnen in den Turnsaal und setzte mich auf die lange Holzbank, fühlte mich aber so unwohl, dass ich glaubte, zu ersticken. Ich hatte riesige Angst, wir würden heute Ball spielen, und betete, dass wir dieses Mal Geräteturnen hätten. Aber es wurde entschieden, Handball zu spielen. Ich blieb auf der Bank sitzen, bis alle anderen aufgestanden waren.
Während des Spiels wurde ich herumkommandiert, wo ich hinzugehen und wo ich zu stehen hätte. Dauernd schrie jemand: »Du bist falsch hier, du gehörst dort rüber!« Einer meinte: »Ach, vergiss die«, und schubste mich einfach weg, als wäre ich ein lästiger Gegenstand. Ich wurde durch die Gegend gestoßen und man brüllte mir in die Ohren, wozu ich alles nicht in der Lage wäre. Die Turnlehrerin hatte noch etwas zu erledigen und war daher nicht da.

Ich wollte weg von diesem Ort, doch aus Angst blieb ich wie versteinert etwas abseits stehen. Ich verdrängte die lauten Stimmen, ging in eine Ecke des Turnsaals und setzte mich dort hin.
Maurice kam zu mir und meinte spöttisch: »Ein Ersatzball«, während er gegen mich trat, »Rollt aber schlecht!« Seine Freunde bejubelten ihn wie einen Held.
Dann rief jemand: »Spielen wir endlich weiter oder was ist los mit euch? Wollt ihr es gleich lassen?«
»Nein, wir spielen weiter«, antwortete Maurice.

Nach der Turnstunde fühlte ich mich ziemlich elend, doch immer noch besser als während des Handballspieles, denn es war endlich vorbei! Am Weg zum Klassenzimmer bemerkte ich, dass Maurice mich wieder im Blick behielt. Es dauerte nicht lange und wieder trat er nach mir. Zuerst ganz leicht, dann immer gewaltvoller. Er spottete über mich, ich ignorierte das zuerst und unterhielt mich weiter mit Aisha. Einmal drehte ich mich aber um und wollte etwas sagen, doch ich schaffte es mal wieder nicht. Maurice hörte nicht auf, mich zu treten und zu schlagen – und er hatte großen Spaß daran. »Es wärmt mich so super auf! Das müsst ihr auch mal machen! So erspare ich mir einen Boxsack!« Aisha musste ebenfalls einige Bemerkungen über sich ergehen lassen und wurde von Maurice' Freunden an den Haaren gezogen.

Auf meinem Platz in der Klasse fühlte ich mich besser. Dieses Mal war es die Werklehrerin, die ziemlich lange auf sich warten ließ.
Wieder breitete sich Chaos aus. Fast alle Jungs hatten ihre Sammelkarten auf den Tischen ausgebreitet und unterhielten sich lautstark darüber, wer die besseren und stärkeren hätte.
Irgendwann wurde der Lärm um mich unerträglich und als ich nach hinten sah, konnte ich beobachten, dass Maurice' Freunde Fabian bedrängten. Zwei hielten seine Beine und zwei seine Arme, dann trugen sie ihn aus dem Klassenzimmer. Während Maurice an meinem Platz vorbeiging, umklammerte er mit einer Hand meine Stuhllehne und rüttelte so stark daran, dass er den Stuhl beinah umwarf.
Als er seinen Freunden auf den Gang gefolgt war, schlich ich aus Sorge um Fabian hinterher. Er wurde bis vor die Klotür getragen. Maurice und zwei seiner Freunde hielten davor Wache, während die anderen beiden mit Fabian dahinter verschwanden. Ich wusste, was sie jetzt vorhatten, das Gleiche hatten sie schon öfters getan: Sie packten Fabian an den Beinen und steckten seinen Kopf in die Kloschüssel.
Das war so abscheulich, dass mir beim bloßen Gedanken daran schlecht wurde.
Ich hielt mich in der Nähe hinter den Umkleidekästen versteckt.
Soll ich eine Lehrerin holen? Aber dann würde ich Maurice auffliegen lassen und er würde es wissen und …
Alle kamen aus dem Toilettenraum heraus, nur Fabian konnte ich nicht sehen. »Das Weichei ist echt eine Spottattraktion!«, meinte einer, die anderen lachten.
Da passierte es mir, dass ich hörbar gegen einen Kasten stieß. Ich riss vor Schreck die Augen auf und wollte weglaufen, aber Maurice reagierte schnell und fing mich ab.

»Ja, was machst du denn hier? Hab' ich dir gesagt, du sollst das Klassenzimmer verlassen?« Ich starrte wie abwesend auf den Boden.
»Hab' ich?«, wiederholte Maurice und schlug mich gegen die Kästen. Diese Prozedur vollzog er mehrmals und ich dachte, er würde nie mehr damit aufhören.
Seine Freunde schlenderten einstweilen Richtung Klassenzimmer. Vier Schläge trafen mich auf die Schulter. Maurice stieß mich weiter, bis ich direkt zwischen den Kästen und der Wand stand.
Dort ging ich zu Boden und hielt mir die Hände über den Kopf.
Maurice trat noch nach mir, als auf einmal die Stimme einer Lehrerin ertönte: »Was macht ihr da?« Maurice bückte sich blitzschnell und hielt mir seine Hand hin.
»Komm. Und pass auf, dass du nicht wieder hinfällst!« Ich reagierte nicht, sondern starrte die Lehrerin hilfesuchend an, da umschlang er fest mein Handgelenk und zog mich einfach hoch.
»Wir gehen jetzt zurück ins Klassenzimmer«, sagte er seelenruhig und zog mich am Arm bis vor die Klassentür. Dort packte er mich am Kinn und fragte wütend: »Was war das eben für ein Blick zur Lehrerin? Ha?«
Er wartete kurz auf eine Antwort, aber da er keine bekam, drohte er: »Das wird dir noch leidtun ...«

In der nächsten Unterrichtsstunde kippte mein Sessel unerwartet nach hinten, während ich etwas vorlas. Er krachte gegen den hinteren Tisch und ich lag wieder einmal am Boden. Rasch stand ich auf, zog den Sessel hoch und sah dabei in mehrere grinsende Gesichter. »Ups«, sagte Pascal und bewegte dabei nur seine Lippen.
»Hast du dir wehgetan?«, fragte Gundula und blickte besorgt vom Lehrertisch zu mir.
»Nein«, murmelte ich und deutete ein flüchtiges Lächeln an.

Während der letzten Unterrichtsstunde dachte ich nur darüber nach, wie ich nach Schulschluss abhauen könne, ohne dass Maurice mich erwischen würde. Bei meinen Überlegungen kam ich sogar auf die Idee, aus dem Fenster zu klettern! Den Gedanken verwarf ich nur, weil ich

kein Aufsehen erregen wollte – nicht, weil es mir zu gefährlich vorkam. Außerdem würde mir außer der Wahrheit keine Erklärung dafür einfallen. Dann würde man Maurice bestrafen und er mich dafür zerfetzen. Ich entschied schließlich, heute so schnell wie möglich und gleichzeitig mit möglichst vielen anderen raus aus dem Gebäude zu kommen.
Doch kurz vor Unterrichtsschluss, riss mich Maurice' Stimme aus meinen Überlegungen: »Ich muss dringend aufs Klo, darf ich bitte gehen?« Gundula lächelte freundlich und erlaubte es ihm. Maurice gab Handzeichen in Richtung seiner Freunde, die kurz darauf ebenfalls *dringend* aufs Klo mussten und gehen durften.
Ich hatte das Gefühl, in ein tiefes Loch zu fallen. Panikgedanken mischten sich mit Zweckoptimismus: Einerseits dachte ich: *Er wird mir wieder weh tun.* Andererseits redete ich mir ein: *Es wird schon nichts passieren.*

Als die Glocke läutete, war ich total angespannt und unsicher, was meinen Plan betraf. *Sollte ich doch in der Klasse bleiben?* Ich flitzte in Richtung Umkleidekästen. Hier war jede Menge los, jeder wollte schnellstmöglich sein Zeug zusammenpacken.
Kaum hatte ich meinen Spind aufgesperrt, spürte ich eine Hand auf meinem Gesicht und konnte nichts mehr sehen. Ich wusste gleich, dass Maurice mich festhielt. Er schleppte mich zum Ende des Ganges, wo er seine Hand von meinen Augen, nicht jedoch von meinem Mund nahm.
»Beweg dich bloß nicht.« Obwohl diese Worte geflüstert waren, schwang eine unantastbare Drohung darin mit.
Doch ich war ohnehin starr vor Angst und rührte mich nicht. Auch Samuel, Pascal und Mike waren in der Nähe. Letzterer war amüsiert: »Dachtest wohl, du könntest einfach so abhauen.« Allmählich wurde es ruhig am Gang und Maurice ließ mich los. Mike bemerkte mein Zittern und alle lachten wieder.
Maurice befahl: »Mach, dass du mitkommst! Und sei ja still!« Er ging ein Stück Richtung Stiege vor.
Ich bewegte mich nicht von der Stelle, denn in mir fand ein Kampf statt: Etwas in mir sagte, dass ich verschwinden, schreien oder mich wehren

sollte. Auf der anderen Seite redete ich mir selbst ein, ich müsste mitgehen, um danach in Ruhe gelassen zu werden.
Maurice drehte sich um, lächelte und meinte in kumpelhaftem Ton zu seinen Freunden: »Was soll das werden? Spinnt die?« Er erntete zustimmendes Gelächter, bevor er mich böse anfunkelte: »Komm sofort her! Noch mal sag ich's nicht!«
Mir wurde heiß und kalt zugleich und ich glaubte umzukippen, denn ich wusste, was als Nächstes kommen würde. Aber eine Stimme in mir schrie: *Verschwinde, lass mich in Ruhe!* Schließlich brachte ich ein »Nein« hervor. Ein zu leises Nein, durch das man nur meine Unsicherheit hören konnte.
Ich fing mir einen Schlag ins Gesicht und einen Ellbogenstoß ein. Darauf folgten Schläge auf Brustkorb und Magen. Ich schaltete meine Psyche nahezu ab. Es fühlte sich an, als wäre ich aus Raum und Zeit gefallen.
Wie aus weiter Ferne spürte ich, dass Maurice mich rüttelte. Er schrie: »Mach endlich, was ich sage! Mach es, mach es, mach es!«
Langsam hob ich die Arme und versuchte mich so zu schützen, aber er packte sie einfach und zog mich wutentbrannt mit sich bis vor seinen Spind. Nun nahm das Adrenalin wieder überhand und es riss mich zurück ins Echtzeit-Geschehen.

Inzwischen war keiner mehr am Gang außer uns und ich sah verunsichert zu, wie Maurice die Spindtür aufsperrte.
»Ich ... ich habe nichts getan. Ich kenne die Lehrerin von vorhin doch nicht ... Ich sage nichts ... bitte, lass mich gehen«, stotterte ich, aber erntete nur Spott.
Durch einen unerwartet schnell kommenden Schlag verlor ich den Halt und Maurice drückte mich in den offenen Spind. Ich fühlte mich wie eine leblose Puppe. Dieses Mal versuchte ich zu schreien, aber es war, als hätte ich keine Stimme mehr.
Maurice zog mich raus aus dem Spind und täuschte Schläge vor. Seine Freunde amüsierte es, wenn ich dabei zusammenzuckte. Ich wurde so weit nach unten gedrückt, dass mein Gesicht den Boden berührte.

Maurice lehnte drohend über mir und schrie: »Versuch so etwas nie wieder!«
Mir schoss das Bild durch den Kopf, dass er mich gegen den Boden rammen und mein Körper dabei *zerbrechen* würde.
»Wenn du noch mal jemanden so ansiehst wie diese Lehrerin, sperre ich dich hier rein! Du wirst nie mehr rauskommen, keiner wird dich hören!«
Dann ging er endlich mit seinen Freunden davon. Ich blieb noch eine Weile am Boden liegen und sah zur Decke. Sie war gähnend weiß, aber ich stellte sie mir in den buntesten Farben vor, um mich zu beruhigen.

Als ich aufstand, drehte sich zunächst alles. Ich holte die Sachen aus meinem offenen Spind und schlich dann wie in Trance die Stiegen hinunter.
Am Heimweg kaufte ich mir Eis und kühlte mein Gesicht damit.
Langsam schleppte ich mich nach Hause und hoffte, meiner Mama würde nichts auffallen. Zur Not würde ich ihr sagen, ein Fußball hätte mich getroffen. Maurice hatte eine unsichtbare Angstmauer erbaut, die inzwischen so hoch war, dass ich nicht mehr über sie sehen konnte. Ich war überzeugt, ich würde nicht überleben, sollte ich jemandem etwas erzählen.

Zu Hause verabschiedete Mama gerade einen Gitarrenschüler. Ich verschwand nach einem flüchtigen Hallo gleich im Badezimmer und kontrollierte mein Gesicht, das mittlerweile etwas besser aussah. Nur fiel mir dabei auch mein verängstigter Gesichtsausdruck auf und ich konnte kaum glauben, dass es mein eigener war.
Die Augen geschlossen, versuchte ich, die Geschehnisse so gut es ging zu verdrängen.

Ich aß mit Mama zu Mittag, danach richtete sie alles her, was ich für meine Hausaufgaben brauchte. Sie hatte Aufgaben herausgesucht, die ich alleine schaffen müsste, während sie zum Elternsprechtag in die Schule fuhr.

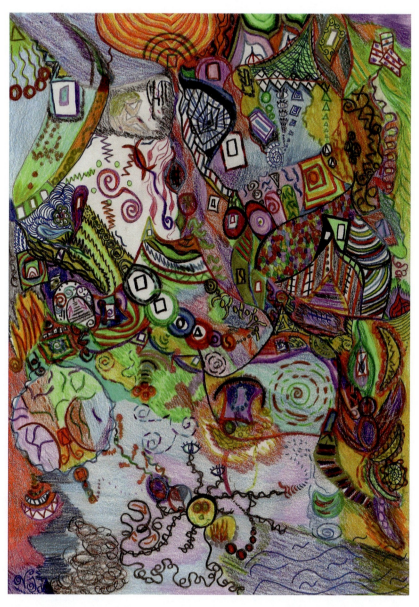

Als sie weg war, konnte ich mich kaum auf etwas konzentrieren. Immer wieder glaubte ich, Maurice' Stimme zu hören, oder bekam das Gefühl, er würde hinter mir stehen. Ich machte mir Gedanken darüber, was die

Lehrer Mama wohl in der Schule sagen würden. Schnell erledigte ich die Aufgaben und rannte dann zur Couch. Ich schaltete den Fernseher ein, verkroch mich unter einer Decke und weinte drauflos. Wenigstens hatte ich durch den Fernseher das Gefühl, nicht ganz alleine zu sein.
Sobald ich hörte, dass Mama zurückgekommen war, rannte ich ins Bad und wusch mein Gesicht. Wir setzten uns an den Wohnzimmertisch. Unsicher fragte ich nach, wie es gelaufen sei. »Die Lehrer waren alle ganz lieb und es ist eigentlich alles soweit in Ordnung. Nur meinten sie, dass du manchmal abwesend wirkst, als ob du mit den Gedanken nicht bei der Sache wärst.«
Ich fragte weiter: »Und was war sonst?«
»Ein paar Eltern haben sich sehr aufgeregt, da gibt's zum Teil echt kranke Geschichten.
Zum Beispiel hat eine Mutter erzählt, dass Buben ihren Sohn mit dem Kopf ins Klo gesteckt haben!«
»Hm, ja ... Ich weiß von den Klo-Geschichten. Davon bin ich zum Glück nicht betroffen.«
Mama wurde wütend: »Da hört sich doch alles auf. Wenn sie so was einmal mit dir machen würden, weiß ich nicht, was ich tun würde!«
»Hm«, war alles, was ich als Antwort hervorbrachte. Nachdenklich ging ich in mein Zimmer.

Nach dem Abendessen fragte mich Papa: »Möchtest du nicht wieder mal duschen?«
Mittlerweile hatte ich etliche Tage nicht geduscht, weil ich nicht wollte, dass meine Eltern womöglich durch Zufall die blauen Flecken sahen, die ich mir bei den Angriffen von Maurice zugezogen hatte.
»Muss das sein?«, fragte ich daher mürrisch.
»Na ja, danach fühlst du dich sicher wohler«, meinte Papa.
»Okay.« Ich ging ins Badezimmer, zog mich vorsichtig aus und schaffte es zu duschen und mich wieder anzuziehen, ohne dass meine Eltern etwas bemerkten.

Auf einem Hügel stehend, fiel mein Blick auf viele bunte Blumen und Sträucher, die den Abhang schmückten. Weit unten entdeckte ich ein Mädchen mit langen goldenen Haaren und beschloss, es anzusprechen.

Schritt für Schritt stieg ich den Hügel hinab. Da stolperte ich über einen Stein und langte mit den Händen nach etwas, das mir Halt geben könnte. Ich fand aber nichts, fiel hin, rollte den Hang hinunter und landete auf einer Wiese.

Vorsichtig drehte ich meinen Kopf zu dem auf einem Stein hockenden Mädchen. Die Haare hingen ihm übers Gesicht, in der Hand hielt es ein Buch, in das es eifrig hineinschrieb. Ich rappelte mich auf, ging zu dem Mädchen und setzte mich zu ihm. Es schien mich überhaupt nicht wahrzunehmen, ebenso wenig schien es meinen Aufschrei gehört zu haben, als ich den Abhang hinuntergerollt war.
Ich sah, dass das Mädchen weinte. Es schluchzte und ich fragte: »Hey du, warum weinst du denn?«
Das Mädchen drehte den Kopf in meine Richtung und mir blieb beinahe das Herz stehen:

Das weinende Mädchen war ich selbst, nur etwas älter. Seltsamerweise waren die Augen aber pechschwarz. Mit meiner eigenen Stimme sprach das Mädchen zu mir: »Du hast ja keine Ahnung, wie es mir gerade geht!«

Ich war geschockt.
Was sollte das? War das am Ende eine Vorausschau? Gab es einen Grund, mich zu fürchten? Konnte ich mit mir selbst ein Gespräch führen oder sollte ich lieber davonlaufen?

Alle möglichen Fragen gingen mir durch den Kopf, während das Mädchen weitersprach: »Ich wäre so schrecklich gerne wieder du. Ich fürchte zu ersticken durch die Last auf meiner Brust. Jetzt bilde ich mir sogar schon ein, mit meinem jüngeren Ich zu sprechen, das gibt's doch gar nicht!«

Das Mädchen stützte den Kopf in die Hände und das Buch fiel ins Gras. Als ich mich soweit gefasst hatte, um wieder sprechen zu können, und gerade zu einer Bemerkung ansetzte, löste sich mein älteres Ich in Luft auf. Einzig und alleine das Buch blieb zurück.

Verdammt, warum lösen sich hier immer alle in Luft auf, wenn ich etwas sagen will? Warum hatte mein älteres Ich geweint?

Ich griff nach dem Büchlein und erkannte darin meine eigene Handschrift, nur waren die Buchstaben viel kleiner, als ich sie sonst schrieb. In silbriger Schrift stand da:
»Es ist 02:25 morgens und ich kann wieder nicht schlafen. Ich will meine Gedanken abstellen, aber ich schaffe es einfach nicht. Ich bin so bedrückt, dass es mir schwer fällt, zu atmen. Niemand kann mir wirklich helfen und wenn doch, dann nicht auf Dauer.
03:43: Meine Brust tut immer noch weh. Diese schwere Last drückt so stark auf mein Herz, dass ich nicht mehr entspannt einatmen kann. Gerade habe ich Beruhigungstropfen genommen und hoffe, endlich einschlafen zu können. Ich bin müde und erschöpft, aber etwas hindert mich am Schlafen. Immer, wenn ich denke einzuschlafen, bleibe ich erst recht wach.
12:00: Es ist Mittag und ich weiß nicht mehr, was ich tun soll. Ich habe nur wenig geschlafen, fühle mich matt und unausgeruht. Ich weiß nicht, warum ich das hier aufschreibe, meine Probleme löst es doch nicht.
16:44: Ich fühle mich, als hätte ich einen Stein verschluckt. Ich wollte mich für eine Weile hinlegen, aber ich weiß, dass es keinen Sinn hat. Ich würde doch nur wieder auf den Schlaf warten.
Früher gab es in meiner Welt zumindest einen familiären Zusammenhalt.«
Mit diesem Satz endete der Eintrag in dem Buch.

Die folgenden Seiten waren leer. Nachdem das Mädchen, das in dieses Buch geschrieben hatte, ich selbst war, handelte es sich wahrscheinlich um mein eigenes Tagebuch aus einer späteren Zeit.
Mir drängten sich viele Fragen auf. Die Zeilen besagten auf jeden Fall, dass ich mein Einschlafproblem noch lange nicht loswerden würde.
Außerdem schien ein Problem in meiner Familie auf mich zuzukommen – *was könnte den Zusammenhalt meiner Familie je gefährden? Nichts! Da bin ich mir ganz sicher. Was bedeutet das alles?*
Ich musste unbedingt Bonsaij befragen. Aber ich wusste nicht, wie oder wo ich ihn finden sollte. So ging ich einfach geradeaus weiter in die unbestimmte Ferne.
Bonsaij hatte doch gesagt, ich würde ihn finden, wenn ich ihn bräuchte. *Pah! Dass ich nicht lache! Wie soll ich ihn denn finden?*

Werken mit Gundula

Die Werklehrerin war krank, deshalb übernahm Gundula die Stunde. Wir lernten gerade häkeln. Wenn jemand nicht weiter wusste, erklärte Gundula, wie und wo der Faden durch das richtige Loch zu ziehen sei. Vor allem Sophie und ich gingen oft zu ihr, bis Gundula meinte, wir sollten uns doch gleich zu ihr setzen, was wir gerne taten.
Die Lehrerin begann ein Gespräch mit mir: »Warum tust du dir eigentlich so schwer mit der Rechtschreibung, Ajena? Deine Mama war beim Elternsprechtag ziemlich besorgt, weil du beim Schreiben so viele Fehler machst.«
Ich sah bedrückt drein. »Na ja, wenn ich schreibe, dann konzentriere ich mich vollkommen auf die Geschichte. Es ist mir egal, ob ich die Wörter richtig schreibe, weil es mir nur um den Inhalt geht.«
Gundula nickte. »Ach so ist das. Ich kann es verstehen, dass du dich mehr um den Inhalt kümmerst, und das finde ich auch richtig so. Später musst du aber ein bisschen auf die Rechtschreibung achten, damit deine Worte alle richtig lesen können. Ich finde übrigens, du schreibst tolle Geschichten. Ich kann mir gut vorstellen, dass du einmal ein Buch schreiben wirst.« Sie lächelte mir aufmunternd zu.

Die Werkstunde verlief ziemlich entspannt, weil Gundula immer Geduld mit allen hatte. Auch in den nächsten Stunden vertrat sie die noch immer kranke Lehrerin. Obwohl ich das Häkeln inzwischen konnte, waren die anderen schneller als ich und daher früher mit ihren Arbeiten fertig. In der letzten Stunde, in der Gundula die Werklehrerin vertrat, sollte das Werkstück fertig werden. Gundula erkannte, dass ich es nicht mehr schaffen würde und häkelte für mich die letzten Reihen.

Jeffery, der uns abwechselnd mit Gundula unterrichtete, teilte uns mit, dass er ein Projekt vorhätte.
Wir sollten eine gemeinsame Geschichte schreiben, um einerseits Teamfähigkeit zu erlernen und um andererseits später eine Erinnerung an die Schulzeit zu haben.
Jeder von uns sollte mindestens fünf Sätze zum Thema *Freunde* schreiben, insgesamt sollte es eine zusammenhängende Geschichte werden. Einige freuten sich sehr auf dieses Projekt.
Ich gehörte eher zu denen, die gar keine Lust darauf hatten. Es wäre mir lieber gewesen, statt der fünf Sätze selber eine ganze Geschichte zu schreiben. Ich hatte gar keine Ahnung, was ich zu Papier bringen sollte. Einige andere hatten das gleiche Problem wie ich.
Es bildeten sich zwei Gruppen. Deren Mitglieder tauschten sich im Sinne des Projektes untereinander aus. Ihre Sätze bildeten den Kern der Geschichte. Außerhalb der Gruppen traute sich keiner, irgendwelche Vorschläge zu machen.
Es wurde beinahe den ganzen Schultag an dieser Arbeit herumgebastelt.

Ich wartete ungeduldig auf den Unterrichtsschluss, als endlich die Schulglocke läutete. Ich blieb im Klassenraum und wollte abwarten, bis Maurice nach Hause gehen würde.
In der Klasse hielten sich noch ein paar andere Schüler auf, die an diesem Tag zum Putzen eingeteilt waren. Auch Fabian war hier, er räumte gerade seine Sachen in die Schultasche.
Maurice stand vor seinem Tisch und spottete: »Was läuft, Muttersöhnchen?
Du kannst nichts, du Schwächling!« Fabian reagierte nicht darauf.
Mir war eingefallen, dass auch ich an diesem Tag Putzdienst hatte und ich begann langsam, einige Zettel, die am Boden herumlagen, aufzuheben.
Plötzlich schob Maurice Fabians Tisch ruckartig nach hinten. »Hör auf, Maurice, bitte lass mich!«, bat Fabian. Maurice ahmte den Satz mit Hohn in seiner Stimme nach, nahm Fabians Schultasche und warf sie auf den

Boden, sodass Hefte und Stifte herausfielen. Fabian machte sich gleich daran, alles wieder einzusammeln.
»Du bist selbst schwach«, murmelte ich.
Als ich begriff, dass ich diesen Gedanken tatsächlich ausgesprochen hatte, dachte ich sterben zu müssen. Fabian verließ rasch die Klasse.
Maurice starrte mich an, was Panik in mir hervorrief. Er kam auf mich zu und ich wich vor ihm zurück. Alle Stühle, die ihm im Weg standen, warf er einfach um, einen packte er und schmiss ihn mir entgegen. Ich schaffte es, auszuweichen. Maurice ging aus dem Klassenzimmer, ich stellte den Stuhl wieder auf und setzte mich erschöpft darauf.
Doch dann kam er unerwartet zurück und warf rasch den Sessel samt mir um, bevor er endlich verschwand.
Zum Glück hatte ich mir kaum wehgetan. Langsam hob ich alle Stühle auf und kehrte sogar noch den Boden, weil ich auf keinen Fall draußen auf Maurice treffen wollte. Danach setzte ich mich und vergrub den Kopf in meinen Armen.

So fand mich Jeffery, der das Klassenzimmer absperren wollte. Verwundert fragte er: »Was machst du denn hier?« Er kam zu mir und berührte mich mit der Hand leicht am Rücken. Behutsam fragte er erneut: »Hey, was ist denn los mit dir? Bist du wütend oder traurig?« Ich reagierte nicht.
»Es tut mir leid, aber ich muss jetzt zusperren und dich rauswerfen«, sagte Jeffery und es sollte wohl lustig klingen. Stumm stand ich auf und rannte wie ferngesteuert bis zur U-Bahn.

Ich hatte eine längere Hausaufgabe fertigzustellen. Dazwischen kam mir wieder Maurice in den Sinn. Meist hatte ich jedoch so viele Hausaufgaben, dass ich daheim nur wenig über Maurice nachdachte. Auf dem Schulweg dachte ich allerdings jedes Mal intensiv an ihn und wünschte mir Tag um Tag, dass die U-Bahn nicht käme. Aber das teilte ich niemandem mit.

Vielleicht, so überlegte ich, *ist es normal, dass Gewalt zur Schule gehört.*

Ich beschloss, etwas fernzusehen, um die Gedanken zu verdrängen, das klappte erstaunlich gut.
Meine Eltern waren an diesem Abend nicht zu Hause und hatten mich gebeten, nicht zu spät schlafen zu gehen.

Im Bett dachte ich an meine Träume. Es war faszinierend, was ich im Traum erlebte – und vor allem, dass es abgesehen von den Albträumen eine zusammenhängende Geschichte war, die inzwischen jedes Mal genau dort fortsetzte, wo der vorherige Traum geendet hatte.
Ich wollte Bonsaij finden, um ihn zu fragen, was das bedeutete. Ich erinnerte mich an das Ende meines letzten Traumes, wie ich in die Ferne schritt ...
Während ich die Szene vor meinem inneren Auge sah, schlief ich ein und fand mich mitten im Geschehen wieder.

Die Rotrigin

Der steinige Weg ging in eine weite Sandwüste über. Das machte das Gehen auf Dauer noch anstrengender. Ich fühlte mich auf seltsame Weise verfolgt und außerdem etwas hilflos, weil ich nicht wusste, ob es sich um eine Prüfung handelte.
Ich hatte keine Vorstellung, was mich erwartete und wie ich mich darauf vorbereiten sollte. Ich schleppte mich durch den Sand und war mehrmals versucht, aufzugeben. Vor Erschöpfung sackte ich zu Boden, denn ich hatte nichts zu trinken dabei. Immer wieder rief ich nach Bonsaij und Husky.

Plötzlich vernahm ich ein entferntes Schreien. Ich wirbelte herum und blickte angespannt in alle Richtungen, bemerkte aber nichts Beunruhigendes. So ging ich weiter und gelangte zu einem Platz, der von Felsen umgeben war.
Von hier aus schienen die Schreie zu kommen, da sie lauter wurden, und ich schlich hinter einen Felsen, um zu lauschen.
Ich sah drei Männer um ein Lagerfeuer sitzen und ein Mädchen, welches zusammengekrümmt am Boden hockte. Es hatte braune Haare, war in ein dünnes Gewand aus weißen Federn gekleidet und schrie wie von Sinnen:
»Nein! Bitte hör auf!«, und zwischendurch: »Ich sterbe!«
Von der Seite aus sah ich, dass die Arme des Mädchens hinter dem Rücken mit einem starken Strick zusammengebunden waren. Es versuchte heftig, sich loszureißen. Einer der Männer stand jetzt hinter dem Mädchen und hielt ihm mit seiner Hand den Mund zu. Der zweite bückte sich und schrie: »Sprich endlich oder müssen wir dich dazu zwingen?« Dabei nickte er dem anderen zu und dieser ließ daraufhin seine Hand sinken.
Das Mädchen schaute ihn stumm an, dann spuckte es ihm ins Gesicht

und fing wieder an zu schreien. Es klang gequält und ungewöhnlich schrill.
Einer der Männer nahm ein Tuch, band damit dem Mädchen den Mund zu und zog so fest daran, dass sich die Wangen des Mädchens rot färbten. Dann sagte er: »Das wirst du noch bereuen!«

Ich ging in die Knie, drückte mich an den Fels und hoffte, dass mich niemand sehen würde.
Der Mann wischte sich die Spucke aus dem Gesicht und sah so grimmig drein, dass ich dachte, er würde gleich anfangen, um sich zu schlagen. Er brüllte: »Wenn sie nicht bald spricht, verliere ich die Geduld!« Auch der dritte Mann meldete sich zu Wort: »Wenn sie sowieso nicht spricht, könnten wir sie doch einfach töten!«
Das Mädchen richtete den Blick auf ihn und ich konnte in den Augen pure Angst und Verzweiflung ablesen.
Der Mann, der sich inzwischen sein Gesicht abgewaschen hatte, brüllte: »Du hirnverbrannter Idiot! Wenn wir sie töten, kann sie uns nichts mehr sagen! So besteht wenigstens die Chance, dass wir sie dazu zwingen können. Und so wahr ich hier stehe, ich werde nicht ruhen, bis sie mit der Sprache herausrückt und uns endlich zu dieser Höhle bringt!«
Er lachte bitter. »Wenn du mir nicht helfen willst, wirst du der Erste sein, der hier stirbt!« Der angesprochene Mann nickte stumm. »Aber für heute sind es genug Versuche. Es wird Zeit, uns auszuruhen. Morgen früh können wir fortfahren.« Dann schüttete er den Inhalt seines Wasserbehälters auf das Feuer und gab dem Mädchen einen Stoß mit dem Fuß, sodass es nach hinten in den Sand fiel.

Ich wollte dem Mädchen helfen, aber mir war klar, dass es sinnlos wäre, sich alleine auf einen der Männer zu stürzen. So hielt ich mich weiter versteckt und blieb stumm.

Die Männer bereiteten sich gemeinsam einen Schlafplatz, bald darauf schliefen sie tief und schnarchten laut. Ihre Waffen hatten sie vor sich liegen.

Das Mädchen schlief nicht, sondern starrte mit leerem Blick auf den Sand.
Im Mondschein konnte ich sehen, dass ab und zu Tränen die Wangen des Mädchens hinunterliefen. Es wand sich vor Schmerz, rüttelte mit den Füßen, die mit einer hauchdünnen aber scheinbar unzerreißbaren Silberkette gefesselt waren und wurde andauernd von Weinkrämpfen geschüttelt.
Ich spürte, dass ich nicht zu schlafen brauchte, da sich mein Erdenkörper gerade ausruhte, während ich mit meinem Traumkörper hier war. Ich nahm mir vor, später mit Bonsaij darüber zu reden.
Bald war mein Wunsch, das Mädchen zu befreien, sehr stark geworden und ich musste mich zurückhalten, um mich nicht in Gefahr zu bringen. Ich überlegte fieberhaft, was ich tun könnte, ohne dass mich die Männer bemerken würden.
Das Mädchen drehte den Kopf in meine Richtung und ich versteckte mich schnell wieder hinter dem Felsen. Durch einen Spalt im Stein sah ich die Augen des Mädchens. Sie waren schwarz wie die Nacht. Ich verschluckte mich, hüstelte und hielt mir schnell die Hand vor den Mund. Vermutlich wusste das Mädchen nun, dass sich jemand in unmittelbarer Nähe versteckt hielt.

Jeffery betrat während einer Pause unsere Klasse. Er merkte, dass ich in mich versunken auf meinem Platz saß. »Hey, könntest du mir einen Gefallen tun?
Geh bitte ins Lehrerzimmer und leg mir diesen Stoß Heftmappen auf den Tisch neben den Kopierer.« Ich nahm die Mappen entgegen und ging damit trödelnd ins untere Stockwerk. So erhoffte ich mir, die Pausenzeit zu verkürzen.
Zurück im oberen Stock, lehnte ich mich gegen das Stiegengeländer und hoffte, dass die Pause bald vorbei wäre.
Ich schaute auf die unteren Stockwerke hinab, als mir jemand auf die Schulter tippte. Ich drehte mich zur Seite und hatte dabei das beklem-

mende Gefühl bereits zu wissen, wer da stand. Das nahm mir die Luft zum Atmen.

Da bekam ich einen kräftigen Stoß und flog etliche Stufen hinunter. Ich zog mir dabei Schürfwunden zu und mein Arm tat unfassbar weh. Mein Handy war aus meiner Hosentasche gerutscht.
Maurice und seine Freunde saßen auf den wenigen Stufen zum obersten Stock, wo sich nur eine Tür befand, die vermutlich aufs Dach führte. Maurice kam auf mich zu, während ich versuchte aufzustehen, um über die Stiege hinunter zu flüchten. Aber ein Tritt von ihm traf mich und ich stolperte.
Wie so oft brachen alle in Gelächter aus. Maurice zog mich hoch.
»Oh, bist wohl hingefallen?!« Er hielt mich jetzt am Nacken fest und stieß mich so kräftig gegen das Treppengeländer, dass es wackelte. Pascal, der ebenfalls auf der Stiege saß, spuckte zu mir herunter und ich konnte gerade noch ausweichen.
Dann flog etwas an mir vorbei – ich erkannte, dass es mein Handy war. Es lag in mehrere Teile zerfallen im untersten Stockwerk.
Eine Putzfrau schaute zu mir hoch, schüttelte mit wütendem Gesichtsausdruck den Kopf und schrie: »Pass gefälligst auf!«
Erschrocken wich ich zur Seite und sah in Pascals Gesicht, der mich fragte, warum ich so blöd gucken würde.
Es läutete und alle verzogen sich allmählich in die Klasse.

Jeffery erbat sich besondere Aufmerksamkeit, um uns etwas Wichtiges mitzuteilen.
»Es hat einige Vorfälle gegeben, die nicht in Ordnung sind. Lehrer haben gesehen, dass sich zwei Schüler am Flur geschlagen haben, außerdem gibt es Beschwerden von Eltern, in denen über ähnliches berichtet wird. Wir Lehrer haben gemeinsam darüber konferiert und beschlossen eine Regel einzuführen, die sogenannte *Stopp-Regel*. Es geht darum, dass ihr, wenn euch jemand zu nahe tritt, einfach laut und klar *Stopp* sagt. Und alle müssen das respektieren. Sollte das missachtet werden, ist es den Lehrern zu melden! Habt ihr das alle verstanden?«

Nachdem das alle bestätigt hatten, setzte Jeffery den Unterricht fort.
Die meisten fanden die Idee der *Stopp-Regel* blöd und machten sich darüber lustig, indem sie ständig zueinander *Stopp* sagten. Die Schüler aber, denen wirklich jemand zu nahe trat, sagten meistens gar nichts – und wenn doch mal ein *Stopp* fiel, wurde es absolut nicht ernstgenommen. Fabian probierte es einmal aus, als er festgehalten und in den Bauch geschlagen wurde, aber es reagierte niemand darauf.

Als Maurice mich einmal bei der U-Bahnstation Richtung Sperrlinie zog und drohte: »Wenn du nicht machst, was ich sage, schmeiß ich dich da runter!«, sagte ich *Stopp*.
Er lachte nur und meinte: »Die *Stopp-Regel* ist was für Kleinkinder. Außerhalb des Schulgebäudes gilt sie gar nicht und innerhalb der Schule halte ich mich auch nicht dran!«

Der Morgen dämmerte und ich hockte immer noch versteckt hinter dem Felsen. Das gefesselte Mädchen lag unverändert da. Die Männer waren inzwischen wieder wach, sie grillten Fleisch und tranken aus dem Wasserbehälter, obwohl mir nicht aufgefallen war, dass ihn jemand wieder aufgefüllt hätte. Einer der Männer stand auf, ging zu dem Mädchen und band das Tuch los.
Der Blick des Mädchens war leer und teilnahmslos, als wäre ihr schon alles egal. »Willst du was trinken?«, fragte der Mann brummig. Das Mädchen gab ihm keine Antwort und krümmte sich auf dem Boden zusammen. Es ließ zwei gellende Schmerzensschreie hören – so laut, dass sie mir in den Ohren wehtaten und ein banges Gefühl in meiner Brust erzeugten. Ich dachte, man würde sie bis zu mir nach Hause hören können.
Der Mann rief: »Ach, diese elenden Opfer des *Essarz*! Das Wesen mit den tausend Namen geht mir langsam auf die Nerven! Wenn wir ein Mittel hätten, um die Schmerzen des Mädchens zu beseitigen und dann unsere gewöhnlichen Methoden anwenden könnten, würden wir bestimmt etwas herausbekommen.«

Der Schmerz des Mädchens schien nachgelassen zu haben, denn es war inzwischen ganz ruhig geworden. Etwas kratzte in meinem Hals und mir stiegen Tränen in die Augen, so sehr versuchte ich, den Hustenreiz zu unterdrücken. Doch irgendwann hielt ich es nicht mehr aus und hustete laut hörbar.
Was nun? Weglaufen? Versuchen, das Mädchen zu befreien?
Ich traute mich nicht, durch den Felsspalt zu blicken, und blieb ganz still sitzen, während ich hörte, dass die Männer näherkamen.
Dann muss ich irgendwie mein Bewusstsein verloren haben, denn als ich wieder zu mir kam, lag ich neben dem Mädchen, ebenfalls an ein silbriges Seil gefesselt.
Ich erschrak und seufzte laut. *Ich habe versagt! Ich komme hier niemals mehr weg! Andererseits ist das Seil so dünn, vielleicht kann man es doch zerreißen.*

Die Männer starrten abwechselnd auf mich und auf das Mädchen. Ich zerrte nun an dem Seil. Es zerriss relativ schnell in der Mitte und ich stand ruckartig auf, um davonzulaufen. Aber nach wenigen Schritten schlängelte sich das Seil wieder um meine Fußgelenke, sodass ich stolperte und in den Sand fiel. Resigniert gab ich auf. Einer der Männer lachte, doch als der zweite ihm gebot zu schweigen, schaute er betreten zu Boden.
Ängstlich fragte ich: »Werdet ihr mich töten?«
Ich erhielt aber keine Antwort, stattdessen fragte einer der Männer: »Kennst du dieses Mädchen?« Die Frage schien irgendwie an mich und das Mädchen gleichermaßen gerichtet zu sein. Beinahe wie aus einem Mund antworteten wir: »Nein!« Dabei sahen wir einander direkt in die Augen.
Der Mann schrie: »Ihr wollt mir also erzählen, dass ihr euch nicht kennt?« Er ging auf das Mädchen zu und schlug ihr mit der flachen Hand ins Gesicht. Reflexartig wich ich zurück. »Verdammt, wenn mir nicht bald jemand erklärt, was hier gespielt wird, setzt es was! Ihr seht beide aus wie *Rotrigen*, behauptet aber, euch nicht zu kennen!«
Das Mädchen antwortete ganz ruhig: »Wir sind keine *Rotrigen* und es ist wirklich unfair, jemanden, der sich in dieser Realität nicht auskennt,

mit einem Begriff von hier anzusprechen! Außerdem: Ich möchte jetzt doch Wasser, bitte.«

Während der Mann Wasser holte, wandte sich das Mädchen mir zu und begann zu erklären: »Als *Rotrigen* bezeichnen wir Gleichäugige, also zwei Personen, welche die gleichen Augen besitzen. Die Farbe ist dabei nicht von Bedeutung, weil die Augen ständig ihre Farbe wechseln, von blau auf dunkelgrün bis gold oder schwarz. *Rotrigen* gibt es selten, sie sind Gleichgesinnte und verstehen sich durch Gedanken. Er meint, dass wir zwei *Rotrigen* sind.«
»Wäre es möglich, dass er recht hat?«, wollte ich wissen.
»Ich denke das nicht, denn dann hätte sich deine Augenfarbe längst ...« Das Mädchen stockte mitten im Satz und zeigte auf meine Augen. »Grün, dunkelgrün!«
Mir wurde mulmig zumute. »Ich bin kein Rotri- ... Dings, ich bin ein gewöhnlicher Mensch und meine Augenfarbe ist blau.«
Einer der Männer hielt mir einen Spiegel vor die Nase und ich sah, dass meine Augen eine dunkelgrüne Farbe angenommen hatten.
Das Mädchen sagte: »Bonsaij hat dir gesagt, dass du ... eine Sucherin bist?«
Erstaunt fragte ich: »Woher weißt du das?«
Das Mädchen meinte: »Es stimmt also, wir sind wirklich *Rotrigen*! Ich kann deine Gedanken hören.«
»Aber ich nicht«, entgegnete ich, »und jeder Mensch wird mir bestätigen, dass ich blaue Augen habe!«
Das Mädchen wurde nachdenklich. »Wie viele Menschen hast du denn schon nach deiner Augenfarbe gefragt? Du wirst sehen, bald werden dich verschiedene Leute auf Veränderungen deiner Augenfarbe aufmerksam machen. Dass du meine Gedanken nicht hören kannst, kann ich gut verstehen, ich habe sie ja unlesbar gemacht.«
»*Was* hast du? Wie kann man denn so etwas machen?«
»Man kann trainieren, seine Gedanken für *Leser* unsichtbar zu machen. Das wirst du von deinem Traumlehrer noch lernen.«
»Er ist also wirklich mein Traumlehrer?«

»Was dachtest du denn?«
Ich sah dem Mädchen tief in die Augen und fragte weiter: »Was sind *Leser*?«
Ruhig und geduldig kam die Erklärung: »*Leser* kommen in unserer Realität ziemlich häufig vor, genauso zahlreich sind allerdings die *Tschekutheen* vertreten. Diese verstehen es, ohne es lernen zu müssen, ihre Gedanken für andere zu verschleiern.«

Die Männer hatten uns die ganze Zeit über beobachtet, nun machten sie Anzeichen, sich auszuruhen. So konnten das Mädchen und ich uns weiter unterhalten. Ich fragte, was es mit dem silbernen Seil auf sich hätte, und erfuhr, dass es sich dabei um ein besonderes Material handelte, das nur von den Pfoten eines Traumtieres oder mit einem sofortigen speziellen Gegenmittel gelöst werden konnte. Das Mädchen fing an zu singen:

> Der silberne Knoten des Seils, des Seils,
> schließt sich einmal der silberne Knoten des Seils,
> dann brauchst du die Kraft der Tierpfoten
> oder das Wasser des Windes,
> denn sonst ist es vorbei, vorbei.

> Der silberne Knoten des Seils, des Seils,
> schließt sich einmal der silberne Knoten des Seils,
> dann brauchst du des Käfig-Vogels Ei.

> Ji simne wule di jüd, di jüd,
> zon dije adre ji simne wule di jüd,
> de bred delu si krede ji tirden
> odne tij küne di wüde,
> sen sol isit esse vorneb, vorneb.

> Ji simne wule di jüd, di jüd,
> zon dije adre ji simne wule di jüd,
> de bred delu di gnöd – jassenne ie.

»Du hast eine wunderschöne Stimme! Aber ... von welchem Ei singst du? Und was war das für eine Sprache?«, platzte es aus mir heraus.
»Um das Seil zu lösen, mit dem ich festgebunden bin, benötige ich das Ei eines bestimmten Vogels – denn es ist kein gewöhnliches Seil und kann nicht einfach durchtrennt werden. Für dich hingegen ist es ganz einfach, dich vom Seil zu lösen, denn du lebst ja nicht hier und wirst sogleich befreit sein, sobald du erwachst.
Ich sehe den Vogel vor mir, er wird in einem Käfig gefangen gehalten und wird von Tag zu Tag schwächer. Jemand muss den Vogel finden und befreien, damit das Ei zu mir gelangen kann.
Unsere Realität ist eigentlich friedlich. Viel mehr Liebe findet man hier, alles ist bunter und fröhlicher als bei euch. Doch auch die traurigen Gefühle sind hier vorhanden. Tragisch ist es, wenn Menschen aus eurer Realität hierher gelangen und diese Orte auf negative Art nützen. Sie wollen unsere Realität nicht so *sehen*, wie sie ist, wollen unseren Frieden zerstören und sich alles zu Nutzen machen. Solche Menschen nennen wir *Oquits*. Manche von ihnen versuchen, erst möglichst viel über unsere Realität herauszufinden und meinen dann, Macht über sie zu haben. Sie glauben, alles ihrem System unterordnen zu müssen.
Das Lied war in *Liebkolinfal*, das ist eine Mischung aus *Liebkosisch* und *Lielfanisch*, bei euch würde das als Dialekt gelten. Die verschiedenen Sprachen, die es bei uns gibt, heißen *Liebkosisch, Lielfanisch, Labonisch und Centrilonisch*. Keine Angst, damit du dir die Namen der Sprachen nicht merken musst, gebe ich dir etwas.«
Das Mädchen reichte mir ein in hellgrünen Blättern gebundenes Buch und sagte, ich dürfe es erst lesen, wenn ich in Sicherheit wäre. »Du bist schon zu lange hier, du wirst mich jetzt nicht befreien können. Denke immer daran: Schütze deine Augen vor *Farberkennern*, dann werden wir uns wiedersehen. Falls ich sterbe, wirst du es wissen, weil deine Augen dann auf Dauer blau bleiben. Auf dass wir uns bald wiedersehen!«

Mir schwirrte der Kopf. Ich hatte den Worten des Mädchens so gespannt gelauscht, dass ich ganz vergessen hatte, nach dessen Namen zu fragen.

Die Welt verschwamm vor meinen Augen und meine Hände wurden durchsichtig. Ich hörte das Mädchen noch rufen: »Halte das Buch gut fest!«

Ich wachte schweißgebadet auf. Was für ein Traum!
Da fiel mir plötzlich das blättergebundene Buch aus den Händen und mir wurde klar, dass das Erlebte mehr als ein Traum gewesen war.
Neugierig schlug ich das Buch auf und staunte. Seite um Seite konnte man unzählige, fantastische Dinge lesen, von denen ich nie zuvor etwas gehört hatte. Das faszinierte mich. Manche Seiten vergrößerten sich beim Lesen plötzlich, sodass sie über den Buchrand hinausragten. Auf anderen klebten echte Kräuter und es wurde genau deren Wirkung beschrieben. Die Glaskugeln, die ich bereits in der Lagerhalle gesehen hatte, waren ebenfalls abgebildet.
Eifrig las ich die Beschreibung über die schwarze Kugel, an der ich mir den Daumen verletzt hatte:

Hüte dich vor der Macht des Essarz – oder es wird versuchen, dich zu zerstören. Essarz, auch als das Wesen der tausend Namen bezeichnet, kann starke physische und psychische Schmerzen verursachen. Es erzeugt Extremzustände, sorgt für wüste Gedanken und verkörpert das Wunschverderben. Durch Angstzustände, die man entweder selbst hat oder die durch das Essarz verursacht werden, verschafft es sich Zugriff auf die Gefühlswelt.
Auf diese Weise manipuliert es Gedanken und Wünsche, die das Opfer dann als eigene ansieht.
So zwingt das Essarz demjenigen seinen Willen auf und verstärkt das Negative um ein Vielfaches, was den Charakter einer Person immens erschüttert. Die Opfer des Essarz benötigen einen unbändigen Lebenswillen und Kampfgeist, sonst können sie nicht überleben.
Zu einem leichteren Opfer wird, wer eine geliebte Person verliert oder dem sonst etwas passiert, das mit Trauer und Schmerz verbunden ist.

Das Essarz greift meist an, wenn es demjenigen bereits schlecht geht, weil er seelischen Kummer oder eine körperliche Krankheit hat.
Jeder Kampf hat eine spezielle Bedeutung für den, der ihn aufnimmt. Kaum jemand schafft jedoch die Auseinandersetzung, weil das Essarz einen vorher dazu bringt, aufzugeben. Es wird von vielen unterschätzt. Man kann das Essarz in eine schwarze Kugel einfangen, dann ist es einem zu Diensten verpflichtet. Dies gelingt allerdings äußerst selten, daher rate ich von direkter Berührung mit dem Essarz oder einer Essarzkugel ab.

Ich musste dringend mit Bonsaij reden, um ein paar Antworten zu bekommen und nahm mir deshalb vor, bald wieder nach ihm zu suchen.

Im Musikunterricht saß Jeffery wie immer mit seiner Gitarre auf dem Lehrertisch. Zwei Schüler teilten Zettel mit Songtexten aus. Jeffery stimmte ein Lied an und immer mehr von uns sangen mit. Bald sangen alle, weil es einfach lustig war und gute Stimmung verbreitete. Wir probierten das Lied sogar dreistimmig, was noch mehr Spaß machte. So entstand die Idee, dass wir damit gemeinsam bei der nächsten Monatsfeier auftreten könnten.
Bei den Monatsfeiern traten alle Klassen unserer Schule mit verschiedenen Darbietungen wie zum Beispiel kurzen Theaterstücken oder Musikauftritten auf. Zu den Feiern wurden Freunde und Verwandte eingeladen, aber auch alle Lehrer und die Schüler der anderen Klassen saßen im Publikum des großen Festsaales.
Wir übten unser Lied oft und ich sang es sogar zu Hause, weil es mir so gut gefiel. In der kommenden Musikstunde brachte Jeffery einen Korb voller Klanginstrumente mit und jeder suchte sich eines oder zwei davon aus. Mit rhythmischer Begleitung hörte sich unser Lied noch toller an.
Die Leute, die zur Monatsfeier kamen, waren davon begeistert und wurden gleich von der guten Stimmung mitgerissen. Nach dem Auftritt

lobten mich meine Eltern. Mit Coras Sohn Boris, der auch mitgekommen war, ging ich während einer Pause zum Buffet. Wir quatschten, bis ich Maurice, Samuel und Mike aus dem Saal kommen sah. Nervös wollte ich Boris auffordern, mit mir zu flüchten, bevor sie uns entdecken würden, doch Maurice starrte mich bereits an und tuschelte mit seinen Freunden. Ich merkte aber, dass er sich nicht an mich herantraute, weil Boris bei mir war.
»Was ist los?«, fragte Boris und folgte meinem Blick. »Gehen die mit dir in die Klasse?«
»Ähm ... nein«, stammelte ich, »lass uns mal zurück zum Platz gehen, bestimmt tritt gleich die nächste Klasse auf.« Ich drängte in den Saal zurück und Boris folgte mir. Er sah mich noch immer ganz verdutzt an. So eingeschüchtert hatte er mich wohl zum ersten Mal gesehen.
Während wir dem Flötenspiel einer Klasse zuhörten, hoffte ich, dass mir Maurice heute nicht mehr begegnen würde. Zum Glück fuhr ich später zusammen mit meinen Eltern und Boris nach Hause.

Ein paar Tage später holte mich meine Mama von der Schule ab und wir gingen griechisch essen.
Mama erzählte mir, wie sie den Vormittag verbracht hatte und fragte mich dann, wie es in der Schule gewesen sei. »Geht so. Wir haben in Musik wieder Lieder gesungen, das war schön. Turnen war blöd, wie fast immer, weil wir Ball spielen mussten«, erklärte ich ihr. Das Essen schmeckte hervorragend und wir entschieden, bald wieder hierherzukommen.
Bevor wir das Restaurant verließen, sagte Mama: »Wir fahren noch kurz bei Mikes Mutter vorbei ...«
Ich wurde hektisch: »Was machen wir denn dort? Warum müssen wir da hin?«
»Mikes Mutter hat mich bei der Monatsfeier gefragt, ob ich Äpfel möchte, weil sie so viele in ihrem Garten geerntet hätte.«
»Ach so«, antwortete ich erleichtert und war bemüht, mich unauffällig

zu verhalten. Insgeheim hatte ich kein gutes Gefühl, schließlich zählte Mike zu den Freunden von Maurice. »Soll ich nicht einstweilen heimfahren?«, fragte ich deshalb.
»Nein, wir brauchen doch nicht lang«, antwortete Mama.
Vor Mikes Haustür raste mein Herz vor Aufregung. Mike öffnete und ich starrte ihn wie elektrisiert an. Alles war klar. Sein Blick signalisierte mir, dass ich nichts Falsches sagen sollte. Er begrüßte meine Mama und grinste. Seine Mutter bat uns herein. »Ich warte lieber draußen!«, rief ich und ging weg. Mit schnellen Schritten huschte ich um die Ecke und lief bis zur nächsten Gasse. Dort wartete ich, bis mich Mama anrief und fragte, wo ich denn sei.
Ich kam ihr entgegen und sah sie mit zwei Säcken voller Äpfeln dastehen. »Schau mal, so viele Äpfel! Ist halt ein Hit, wenn man einen Garten hat!«
»Die sind bestimmt gut«, meinte ich.
Ich war froh, dass Mike mich nicht angesprochen hatte und wir endlich heimfuhren.

Wissen und Schweigen

Die jährliche Schullandwoche in Grauforst stand an. Ich teilte mir ein Zimmer mit Sophie, Aisha und Pia. Die Zimmer der Jungs waren einen Gang entfernt.
Als wieder einmal ein gemeinsamer Ausflug auf dem Programm stand, versammelten sich alle vorm Weggehen im Garten. Mir fiel auf, dass ich meinen Rucksack im Zimmer stehengelassen hatte und ich gab Bescheid, dass ich ihn holen gehen würde. Auch einige andere hatten etwas vergessen und mussten zurück. Jeffery wollte mit den übrigen Kindern einstweilen langsam vorgehen und wir sollten nachkommen.
Ich lief die Treppe hoch und merkte oben, dass mir Maurice hinterhergegangen war. Ich tobte innerlich, weil ich den Rucksack vergessen und Maurice somit diese Chance gegeben hatte. Ich lief ins Zimmer, aber bevor ich die Tür schließen konnte, hatte Maurice schon seinen Fuß dazwischen. »Mach die Tür auf!« Seine Stimme hatte wieder diesen Befehlston.
Ich drückte von innen gegen die Tür, aber sie gab immer weiter nach und Maurice versuchte sich durchzuzwängen. »Mach jetzt sofort die Tür auf!«, wiederholte er drohend. Ich sah ein, dass ich ihm nicht mehr länger standhalten konnte, er war ohnehin fast schon im Zimmer. Ich ließ die Tür einfach los und Maurice stolperte in den Raum. Ängstlich zog ich mich in die hinterste Ecke zurück, war aber um eine sichere Stimmlage bemüht: »Was machst du hier? Was willst du?«
Darauf ging Maurice nicht ein, sondern fragte direkt: »Wo ist euer Geld?«
Entsetzt antwortete ich: »Keine Ahnung, woher soll ich das denn wissen?«
Er kam langsam näher. »Du wirst es schon wissen! Ich brauche es für einen Freund.«
Verzweifelt drückte ich mich ganz dicht an die Wand. »Nein ... ich weiß

es nicht." Maurice verpasste mir einen Faustschlag, der mich mit solch einer Wucht im Gesicht traf, dass ich am Boden landete. Es folgte ein Tritt. Zunächst verzerrte sich alles vor meinen Augen, dann wurde es schwarz, als sei ich in ein Loch gefallen.
Nachdem ich die Umgebung wieder wahrnehmen konnte, hielt ich benommen meine Hände vors Gesicht.
»Wo?«, flüsterte Maurice.
»Weiß nicht...«, brachte ich zitternd hervor. Er zog mich an den Haaren hoch und stieß mir mehrmals seinen Ellbogen in die Seite. Hustend versuchte ich mich loszureißen, aber sein Griff war zu fest.
»Du bleibst hier und hörst mir ganz genau zu!« Seine Stimme zischte wie Feuer. »Hör auf zu husten und mach, was ich sage!«
Ich sah lauter tanzende Punkte in der Luft, während ich versuchte, den Hustenreiz zu unterdrücken. Maurice ließ mich los und fuhr fort: »Jetzt leg sofort das Geld hier aufs Bett, ich warte! Mach schon, los!«
Aus Angst hielt ich meinen Arm vors Gesicht, während ich aus sämtlichen Taschen Geld zusammensuchte und es zögerlich aufs Bett legte.
»Arm runter!«, befahl Maurice und sah dann aufs Geld. »Ist das alles?«
»Ja, das war bestimmt alles ...« Durch Maurices Schweigen stieg meine Angst ins Unermessliche und ich stand mit gesenktem Blick da und wartete.
»Mach genau, was ich sage! Wenn du nachher bei den anderen bist, wirst du niemandem ein Wort von dem hier erzählen! Außerdem, falls jemandem auffällt, dass sein Geld weg ist, wirst du behaupten, du wüsstest von nichts. Ist ja nur ein bisschen Geld, mach kein Drama daraus!« Dann zog Maurice mich an sich ran. »Ein falsches Wort und dir kann keiner mehr helfen!« Kurz ließ er mich los, packte mich aber direkt wieder. Ich hatte mit einem Schlag gerechnet und war sichtlich erschrocken, was Maurice natürlich nicht entging. Er lachte mich aus, bevor er ernst wurde: »Denk nicht, du kannst mich verarschen! Egal wo du hingehst, ich finde dich, also verärgere mich lieber nicht, klar?« Stumm nickte ich und damit ließ er endlich von mir ab und verließ das Zimmer.
Benommen ging ich ins Badezimmer und ließ mich zwischen Tür und Waschbecken auf den Boden sinken. Aufgewühlt suchte ich nach einer

Möglichkeit mich zu beruhigen. Eine Stimme in mir redete mir tröstend zu: *Alles wird gut.* Eine andere schrie dazwischen: *Wie konntest du nur deinen Rucksack vergessen! Du bist dumm, du bist schuld!*
Ich stand auf und sah meinem Spiegelbild eine Weile stumm in die Augen. Das tat ich öfters, um mich zu sammeln und zu meiner Mitte zurückzufinden. Danach wusch ich mir lange mit kaltem Wasser das Gesicht und trug etwas von Aishas Puder auf.
Während ich meinen Rucksack schnappte und den Raum verließ, fühlte ich eine unglaubliche Leere in mir.

»Meine Güte! Was ist denn mit dir passiert?« fragten mich meine Freundinnen. Ich log: »Äh ... ja, das ist dumm gelaufen. Ich hatte mich beeilt und bin aus Versehen einen Stock höher und dort in ein falsches Zimmer gelaufen. Gerade als es mir auffiel, öffnete eine Frau vom Zimmerservice die Tür und ich knallte dagegen.« Einerseits war ich erleichtert, dass sie mir glaubten und keine weiteren Fragen stellten, andererseits brannte die Lüge förmlich ein Loch in mein Herz.

Nach dem langen Ausflug ging ich direkt in den Speisesaal. Einige liefen in ihre Zimmer und kamen nach.
Wir begannen zu essen. Jeffery drehte seinen Stuhl in unsere Richtung. »Es gibt Beschwerden, dass einige Dinge gestohlen wurden.« Ich verschluckte mich beim Trinken. »Falls jemand von euch etwas mitbekommen hat, bitte ich ihn, zu mir zu kommen. Ich wäre echt enttäuscht, wenn jemand aus unseren Reihen Dinge nimmt, die ihm nicht gehören!«
Maurice sah zu mir her und in seinem Blick lag eine unglaubliche Drohung. Die meisten hatten dem Lehrer gar nicht zugehört. »Wüsste ich, wer das war, würde ich ihm eine runterhauen!«, ereiferte sich Sophie. Ich starrte auf meine Spaghetti und stocherte mit der Gabel darin herum.

Nach dem Essen hielten sich die Mädchen aus meinem Zimmer alle draußen auf. Ich wollte allein sein und schob den Grund vor, noch duschen zu gehen.

Genau in dem Moment, als ich nichts anhatte, klopfte es an die Tür. »Es geht gerade nicht!«, rief ich. Als wäre dies absichtlich überhört worden, ging die Tür auf. Jannik spähte herein, betrat den Raum und sah, dass ich nichts anhatte. Daraufhin lachte er quietschend auf, zeigte auf mich und konnte sich kaum mehr beruhigen. Ich verstand überhaupt nicht, was er so lustig fand. »Raus!«, rief ich. Er verließ das Zimmer und knallte die Tür zu.

Ich verdrehte die Augen und atmete durch. *Das kann echt nicht wahr sein! Zum Glück war es nicht Maurice!* Rasch versperrte ich die Zimmertür und öffnete sie erst nach dem Duschen wieder. Es gab eigentlich die Regel, die Zimmertür gar nicht zuzusperren; die Badezimmertür hatte gar kein Schloss. Außerdem war eigentlich ausgemacht worden, dass niemand ungebeten in ein Zimmer kommen durfte.

Dass mich Jannik nackt gesehen hatte, erfuhren natürlich alle seine Freunde. Er drehte die Geschichte so, wie sie für ihn am besten aussah, und erzählte, dass ich mir vor ihm die Hose ausgezogen hätte. Jeder, der davon wusste, schaute mich blöd an und es wurden immer mehr, die lachten, wenn sie an mir vorbeigingen.

Ab diesem Tag dachte ich, es sei verboten nackt zu sein!

Das Zimmer von Jeffery lag im untersten Stock. Vor der Tür hielt ich kurz inne, bevor ich anklopfte. »Ja, bitte?«, kam es von der anderen Seite, ehe Jeffrey die Tür öffnete.

»Ähm ... also ...« Vor Aufregung brachte ich keinen ganzen Satz zustande.

»Ja?«, fragte Jeffery nach. »Ajena, was brauchst du?«

Ich fasste meinen ganzen Mut zusammen: »Jannik hat mich nackt gesehen, als er in mein Zimmer kam. Und er hat es allen seinen Freunden erzählt und ...«

Jeffery schaute mich fragend an. »Hattest du die Türen denn offenstehen?«

Mir kam es so vor, als würde er die Schuld bei mir suchen, daher wechselte ich schlagartig das Thema: »Ich weiß nicht ... Na, egal. Eigentlich wollte ich nur fragen, was wir als Nächstes vorhaben.«

Er berichtete mir dann genau, was wir die nächsten Stunden machen würden. Eigentlich interessierte mich das recht wenig, aber ich ließ mir nichts anmerken. Zurück in meinem Zimmer setzte ich mich auf den Boden und lehnte mich mit dem Rücken an die Tür. Ich saß nicht lange, da wurde von außen wild an der Türschnalle gerüttelt. Ich erschrak und stemmte mich gegen die Tür, während ich versuchte, mit einer Hand den Schlüssel zu erwischen, der auf dem Nachtkästchen lag. Ich berührte ihn schon mit den Fingern, verlor dann aber das Gleichgewicht und stolperte gegen die Nachttischlampe, die laut polternd zu Boden stürzte. Der Glasschirm und die Glühbirne zersprangen in Scherben und ich verletzte mich dabei, sodass Blut über meinen Arm rann. Die Tür öffnete sich langsam. Ich schloss die Augen und stellte mir vor, tot zu sein. Langsame Schritte, die immer näher kamen, hallten wie in Zeitlupe in meinen Ohren. Ich hatte das Gefühl, in einen Abgrund zu stürzen. Eine Hand rüttelte an meiner Schulter, das holte mich ruckartig aus meinem kurzweiligen Trancezustand heraus. Ich schlug die Augen auf und erblickte Sophie. Ich starrte sie an wie einen Geist.
»Hey, du hast mich ganz schön erschreckt!« Ich lachte sie erleichtert an.
Sophie regte sich auf: »Warum hältst du denn die Tür zu, es ist schließlich nicht alleine dein Zimmer!«
»Tut mir echt leid«, versicherte ich.
»Du hast eine Lampe kaputt gemacht«, fiel ihr dann auf.
»Ja. Ich räume mal die Scherben weg.«

Am nächsten Morgen, als ich gerade meinen Rucksack packte, wurde die Zimmertür aufgerissen und Maurice stürmte mitsamt ein paar Freunden herein. Er packte mich am Arm und zog mich Richtung Tür. Aber dieses Mal war auch Sophie im Zimmer und sie mischte sich gleich ein: »Was soll das? Bist du bescheuert? Gehst du immer so mit Mädchen um?«
Maurice giftete laut: »Verpiss dich, fette Sau!«

»Tzzz, Idiot!«, schimpfte Sophie.
Er drohte: »Pass bloß auf! Sonst komme ich nachts noch mal und schneide dir deine fettigen Haare ab!«
Sophie bemühte sich weiterhin selbstbewusst auszusehen, schwieg aber eingeschüchtert. »Schon okay«, sagte ich zu Sophie und versuchte sie aufmunternd anzusehen.
Maurice zischte mich an: »Du hast nichts zu sagen, wenn ich dich nicht auffordere!« Er zog mich nach draußen und seine Freunde schlossen prustend vor Lachen die Tür. Er zwang mich, mit ihnen aufs Zimmer zu gehen. Dort riss er mich direkt zu Boden, drückte sein Knie in meinen Bauch und schrie: »Woher wusste Jeffery so schnell Bescheid?«
Ich schnappte nach Luft. »Es fiel den andern halt schnell auf, dass ihr Geld weg war ... Ich ... Ich habe nichts gesagt.«
Kurz darauf packten mich Samuel und Mike. Maurice sagte abfällig zu mir: »Du bist Scheiße. Und die sollte im Klo sein.« Seine Freunde bekamen sich vor Lachen kaum noch ein. Ich stemmte mich mit den Füßen gegen den Boden, Panik schnürte mir die Luft ab. Kurz vor der Toilettenschüssel ließen Samuel und Mike mich unerwartet los und rannten aus dem Badezimmer. Ich prallte auf den Fliesenboden. Die Tür wurde geschlossen und das Licht abgedreht. Ich zwang mich ruhig zu atmen und tastete im Dunkeln umher. Das Licht ging jetzt an, aus, an ...
Maurice betrat das Bad und lachte höhnisch. »Jeffery kam grad vorbei, der meinte, wir sollten uns mal beeilen. Der ist so dumm, hat nichts gemerkt.« Er stand nun dicht vor mir, als er forderte: »Steh auf! Sag danke!«
Ich murmelte ein »Danke« und dachte dabei: *Wofür eigentlich? Spinner! Du bist doch krank!*
Lässig meinte er zu mir: »Ich habe Jeffery gesagt, dass wir noch fünf Minuten brauchen. Also beeil dich mal, den Saustall hier aufzuräumen!«
Zögernd sammelte ich Sachen vom Boden auf, aber ständig warf mir jemand neues Zeug vor die Füße. Maurice trat mich wiederholt und stachelte auch seine Freunde dazu an. Dabei schossen sie Worte wie Pfeile auf mich ab: *Putzmädchen! Gefangene! Bleichgesicht! Vogelscheuche! Hässliche Drecksau!*

Diese Minuten kamen mir wie eine Ewigkeit vor. *Ich hasse euch alle!*, schrie ich in Gedanken, bis Maurice mich Richtung Tür stieß. »Jetzt hau ab, bevor ich's mir noch mal überlege!«
Ich rannte nach draußen, am Haus vorbei und versteckte mich hinter einem Baum, wo ich weiterhin innerlich schrie. Als ich mich einigermaßen beruhigt hatte, holte ich meinen Rucksack und tat wieder, als wäre nichts passiert.

Der Rest der Schullandwoche verlief zum Glück ohne weitere Zwischenfälle. Ich hielt mich so oft es ging draußen auf. An einem der Tage fand Sophie ein kleines abgemagertes Kätzchen, das wir heimlich mit aufs Zimmer nahmen. Wir gaben ihm Trockenfutter, das Sophie irgendwo aufgetrieben hatte. Als es dem Kätzchen besser ging, brachten wir es zurück in den Garten. Sophie fiel das gar nicht leicht, weil sie es so süß fand und am liebsten behalten hätte.

Einmal saßen wir alle um ein großes Lagerfeuer. Jeffery spielte Gitarre und wir sangen dazu. Ich versuchte Maurices Gegenwart einfach auszublenden. So blieben mir doch ein paar schöne Erinnerungen an die Schullandwoche.

Die Nadel im Getränkebecher

Jannik war jemand, von dem alle wussten, dass er schnell mal ausrastete, weswegen er sich bereits in psychologischer Betreuung befand. Im Gegensatz zu Maurice hatte er es jedoch nie auf jemanden speziell abgesehen. Janniks Hass richtete sich auf fast alle Personen, die er länger um sich hatte, sogar auf seine Mutter. Immer, wenn sie ihn von der Schule abholte, schrien sie einander an. Jannik wollte nie mit ihr mitgehen und schleuderte ihr meist wilde Beschimpfungen entgegen. Fast jede Stunde wurde er aus der Klasse geholt, weil er sich nicht mehr beherrschen konnte. Es genügte der kleinste Auslöser, dass er seine Wut wieder herausließ.

In unserer Klasse gab es ein körperlich und geistig behindertes Mädchen namens Clara. Ich fand sie hübsch und kreativ, trotz ihrer eingeschränkten Fähigkeiten. Leider war ich mit dieser Ansicht beinahe allein. Viele in unserer Klasse machten sich über Clara lustig, stießen sie durch die Gegend und nahmen ihr Dinge weg.
Ich erinnere mich, dass sie Jannik einmal mit einer Kleinigkeit verärgerte. Ich glaube, sie schaute sich eine seiner Zeichnungen an und fragte ihn, was er da gezeichnet hätte. Das reichte aus und er schrie, schmiss seine Sachen durch die Gegend und wurde danach von der Direktorin aus dem Zimmer geholt.

Jeder in unserer Klasse hatte einen eigenen Getränkebecher, jeweils in einer bestimmten Farbe. Clara trank besonders viel Wasser, auch während des Unterrichts. Niemanden hatte das bisher gestört und deshalb nahm keiner Notiz davon, als sie während einer Zeichenstunde wieder etwas trank. Wir waren in unsere Arbeiten vertieft, deshalb bekamen wir nicht gleich mit, dass Clara plötzlich neben dem Waschbecken auf dem Boden lag.

Die Lehrerin stürzte auf sie zu, um ihr zu helfen. Clara weinte. Sie blutete aus dem Mund und fasste sich mit den Händen an den Hals. Die Rettung wurde gerufen, während Clara langsam keine Luft mehr bekam. Sie erinnerte mich an Schauspieler, die eine Szene spielen müssen, in der sie ersticken. Ich wusste nicht, was ich machen sollte. Einige starrten zu ihr hinüber, manche kümmerte dies alles nicht und sie zeichneten einfach weiter.

Nach wenigen Minuten kamen die Rettungsleute die Stiegen herauf gerannt. Clara hatte die Augen geschlossen, sie war wohl ohnmächtig. Die Ärzte stülpten ihr eine Maske über Mund und Nase. Dann trugen sie Clara auf einer Bahre hinaus. Ich wusste nicht, was mit ihr geschehen würde. Viele fragten sich, was eigentlich passiert war.

Nach ungefähr zwei Stunden klingelte das Handy unserer Lehrerin. Am Klang ihrer Stimme merkte man, dass die Lage ernst war. Sie teilte uns mit, was sie soeben von Claras Mutter erfahren hatte: »Clara hat eine Nadel verschluckt. Sie musste operiert werden und es ist nicht sicher, ob sie bleibende Schäden davonträgt. Ihre Mutter kann sich nicht erklären, dass Clara so unvorsichtig gewesen sein soll.«

Es wurde vermutet, dass die Nadel in Claras Getränkebecher war. Da sich die Werkgegenstände und das Bastelzubehör in den hinteren Kästen befanden, fragten sich einige, wie eine Nadel in den Becher kommen konnte.

»Hat jemand von euch etwas gesehen? Vielleicht, wie Clara den Becher gefüllt hat?«, fragte die Lehrerin. Es herrschte Schweigen, niemand rührte sich. Die Lehrerin untersuchte daraufhin jeden einzelnen Becher, dabei fiel ihr einer zu Boden.

Als sie ihn aufheben wollte, fand sie unter dem Waschbecken ein Plastikdöschen mit Nadeln. Sie hielt es hoch. »Ist das etwa Zufall?«

Sie holte die Direktorin in unser Klassenzimmer. Diese musterte uns mit einem ernsten Blick, der grimmig, vorwurfsvoll und traurig zugleich schien, bevor sie zu sprechen begann: »Im Direktionsbüro meldete sich ein Schüler aus eurer Klasse, der angab zu wissen, was genau geschehen ist. Er will anonym bleiben, um nicht in die Sache mit hineingezogen zu werden, erzählte mir aber, was er gesehen hat. Er beobachtete, wie ein Mitschüler, dessen Namen er nicht nennen wollte, absichtlich die Nadel in Claras Getränkebecher geworfen hat. Ich fordere denjenigen, der das getan hat, auf, in der nächsten Pause freiwillig zu mir zu kommen, um mir die Wahrheit zu sagen! Ansonsten muss die ganze Klasse die entsprechenden Konsequenzen tragen. Ich nehme an, wir wollen alle, dass so etwas nie wieder passiert. Die Getränkebecher wurden entsorgt.«

Ich hatte Angst und fragte mich, wer das getan haben könnte. Ich hätte es mehreren zugetraut, aber keiner benahm sich besonders auffällig. Nach der Pause kam die Direktorin wieder zu uns. »Ich bitte um Ruhe. Der Schüler hat sich inzwischen bei mir gemeldet und ausgesagt, dass er es getan hat. Falls es euch aufgefallen ist, ein Schüler sitzt nicht auf seinem Platz. Er wartet vor der Tür und wird gleich hereinkommen, um euch etwas zu sagen.«
Alle starrten gespannt zur Tür, als Jannik den Raum betrat. Ein Gemurmel ging durch die Klasse, als er zu sprechen begann: »Ja, ich habe Clara eine Nadel in ihren Becher gegeben und wollte, dass sie diese verschluckt. Es war meine Absicht und ich gebe zu, dass ich sie verletzen wollte, weil ich wütend auf sie war.«
Daraufhin verließ die Direktorin mit Jannik wieder den Raum. Nur kurz blieb alles still, dann ging das gewohnte Lärmen wieder los.

Jannik blieb Mitschüler unserer Klasse und es wurde kein einziges Wort mehr über den Vorfall verloren. Clara kam allerdings nicht mehr zurück. Ich habe sie nie wieder zu Gesicht bekommen und mich auch nicht getraut, mich nach ihrem Befinden zu erkundigen.

Ich suchte intensiv nach Bonsaij und rief immer wieder seinen Namen. Ich kam in eine felsige Umgebung, die Fortbewegung war nicht gerade einfacher als auf dem Sandboden. Auch wenn meine Beine nachgeben wollten, machte ich keine Pause und schleppte mich weiter dahin.

Plötzlich hatte ich das Gefühl, es sei jemand hinter mir, tat aber so, als würde mir das gar nicht auffallen, schluckte meine Angst hinunter und schlich weiter. Dann musste ich innehalten. Ein stechender Schmerz fuhr mir in den Rücken, mir wurde schwindlig und ich sah alles nur noch verschwommen. Wie betäubt sackte ich auf den Boden.

Ich erwachte in einem sehr hellen Raum, der noch stärker als der Raum oberhalb der Lagerhalle nach Eukalyptus roch. Verwirrt sah ich mich um und erblickte Bonsaij, dessen Gesicht ich dieses Mal klar und deutlich erkannte. Er kam mit einer Tasse aus Blättern auf mich zu. »Geht es dir besser?«, fragte er mich besorgt.
»Was ... ist passiert?«, wollte ich wissen.
»Du wurdest vom *Essarz* berührt!«
Ich überlegte laut: »Von dem Wesen, welches im Buch beschrieben wird, das mir die *Rotrigin* gegeben hat?«
»Genau«, antwortete Bonsaji und fuhr fort: »Du erinnerst dich bestimmt an deinen ersten Besuch bei mir. Du hast eine meiner schwarzen Kugeln in die Hand genommen und bist dadurch in Berührung mit diesem Wesen gekommen. In der Kugel ist es für denjenigen ungefährlich, der es darin eingeschlossen hat. Einem gewöhnlichen Menschen würde es nichts ausmachen, eine solche Kugel anzufassen, sehr wohl aber einem Sucher. Dieser wird augenblicklich körperlich verletzt und die Essenz des *Essarz* dringt in seinen Körper ein, um einen Machtkampf mit ihm zu beginnen. Von diesem Zeitpunkt an ist das Wesen hinter dem Sucher her.
Aber keine Angst, du bist am Anfang deiner Ausbildung als Sucherin, das *Essarz* kann dich nur bedingt angreifen, du kannst vorerst beruhigt sein.
»Was? Wieso nur vorerst?«, fragte ich aufgebracht.
»Das ist eine lange Geschichte. Wichtig ist: Je mehr du mit deiner Angst umzugehen lernst, desto weniger kann das *Essarz* dir etwas anhaben. Irgendwann wirst du ihm dann in einer Auseinandersetzung bewusst begegnen. Das wird die letzte Prüfung sein. Mach dir keine Sorgen! Ich erzähle dir heute nur das Wichtigste. Erklärungen haben nur den Sinn, das Erfahrene und Bewältigte des anderen zu verstehen. Es liegt aber

ein großer Unterschied zwischen *erklärt bekommen* oder *selbst erfahren* ... Dreh dich bitte auf die Seite, ich muss eine Salbe auf deinen Rücken geben.«

Ich stöhnte gequält auf. Dann fiel mir das Mädchen wieder ein. »Bonsaij! Das Mädchen, das mir sagte, ich sei eine *Rotrigin* – warum hatte es solche Schmerzen?«

»Hm ... Du vermutest richtig, es ist vom *Essarz* befallen. Dieses Wesen kann bei den Bewohnern unserer Realität, die du im Traum besuchst, starke körperliche Schmerzen verursachen und sie sogar töten, wenn sie nicht entsprechend auf so eine Begegnung vorbereitet sind. Ebenso können die Bewohner deiner Realität vom *Essarz* angegriffen werden, was auf der psychischen Ebene sehr gefährlich werden kann. Auf körperlicher Ebene kann es jedoch nur leichte Verletzungen wie etwa Kratzspuren verursachen. In beiden Realitäten kann man eine betroffene Person an deren Augen erkennen. Einem Sucher fallen bei *Essarz*-Befallenen meist deren pechschwarze Augen auf. Genauer gesagt erscheinen nicht nur die Pupillen tiefschwarz, sondern auch die Iris und die Netzhaut des Auges. Andere Menschen bemerken nur einen boshaften Ausdruck im Blick.

Bei *Rotrigen* ist es schwerer festzustellen, ob sie betroffen sind. Als *Rotrigin* spürst du übrigens, ohne in einen Spiegel zu blicken, wenn sich deine Augenfarbe verändert. Achte bitte darauf, dass dies niemandem auffällt, ansonsten würdest du bald mit Fragen dazu konfrontiert werden. Verstehst du, was ich meine?«, fragte Bonsaij abschließend.

Ich nickte und nutzte die Gelegenheit, um ihn gleich noch weiter zu befragen: »Was hat es mit der Höhle auf sich, von der die Männer gesprochen haben? Wo findet man sie? Was ist mit dem Ei, von dem das Mädchen sprach? Und wie finde ich den gefangenen Vogel?«

»Meine kleine Sucherin, nicht so schnell und nicht alles auf einmal. Verstehen kann man nur, wenn man die Dinge langsam und geduldig erklärt bekommt. Viele Wesen versuchen die Höhle der aus Kristall bestehenden *Blickkugeln* zu finden. In unzähligen Büchern wird geschildert, was man dort vorfindet und erlebt. Nur: Die Höhle und ihre Bewohner möchten unentdeckt bleiben. Man muss einiges wagen, um

dorthin zu gelangen. Niemand, der dort war, würde freiwillig preisgeben, wo sich die Höhle befindet.
Auch ich war vor Längerem an diesem unbeschreiblichen und einzigartigen Ort. Der Weg dorthin birgt Gefahren, doch hat man sie überwunden, ist es wunderschön in der Höhle. Sie ist von abertausenden Kristallen erleuchtet, die in allen Farben hell erstrahlen.
Der Vogel, von dem dir das Mädchen erzählt hat, er ist sehr schwer zu finden. Nicht einmal ich kann dir sagen, wo du ihn findest. Durch das Ei könnte das Seil, mit dem das Mädchen gefesselt ist, gelöst werden. Ansonsten bleibt das Seil verschlossen. Den Vogel findest du dort, wo dich dein Schicksal hinführt. Das kann an jedem Ort der Welt sein. Keiner kann dir den Weg leiten, du musst ihn selbst finden. Aber du kannst von jemandem begleitet werden, wenn du das willst. Halte die Augen offen und nütze Gelegenheiten, wenn du vorhast, das Mädchen zu befreien! Mehr kann ich dir nicht dazu sagen.«

Ich überlegte, was ich Bonsaij noch fragen wollte, aber mir fiel nichts ein. So schaute ich mich in dem hellen Raum um, in dem ich lag. Hinter mir erblickte ich ein riesiges Glastor, das von der einen Ecke des Raumes bis zur anderen reichte und in dessen Mitte ein großes Yin-Yang-Zeichen prangte. Das Tor führte auf einen Balkon. Mir gegenüber gab es ein weiteres Tor, es war gelbgrün und zwei Mistelzweige hingen daran. Direkt neben mir stand ein holzumrundeter Glastisch mit einem Hohlraum, der bis zum Rand mit schwarzen und weißen Kugeln aufgefüllt war. Neben dem Tisch stand ein hohes Bücherregal. Auf beiden Seiten davon befanden sich Pflanzen, die ich nicht kannte. »Ist das hier deine Wohnung?«, fragte ich Bonsaij neugierig.
»Ja, das ist einer meiner Aufenthaltsorte. Das Haus, in dem du warst, wo sich auch die Lagerhalle befindet, ist ein weiterer. Allerdings halte ich mich lieber hier auf, wo wir jetzt sind. Dieses Haus nennen wir *Das Haus der Gefühle*. Für einen Außenstehenden ist es ein nicht ungefährlicher Ort. Wenn man noch nicht gelernt hat, mit seinen Gefühlen umzugehen, ist man hier nicht sicher. Du wirst es noch lernen, bis dahin kannst du nur mit mir gemeinsam hier sein. Begleite mich bitte auf den

Balkon hinaus, ich will dir die Aussicht zeigen, damit du dir einen Überblick verschaffen kannst.«
Bonsaij hielt mir seine Hand entgegen, half mir auf und geleitete mich zum großen Glastor. Mein Rücken tat nicht mehr weh, die Salbe hatte gewirkt. Die ganze Anspannung und Angst in mir löste sich langsam auf. Das gläserne Portal öffnete sich von selbst, ich blieb nach einem Schritt stehen. Der Ausblick war so gigantisch, dass mir der Atem wegblieb.

»Schon gut, komm weiter.« Bonsaij führte mich auf den Balkon. Ich ließ den Blick über die endlose Weite dieses Reiches schweifen. Ich sah eine bunte Welt vor meinen Augen, die alle belastenden Gedanken beiseite schob.
»Es sieht so anders aus … Nicht so … wie meine Welt.« Bonsaij nickte mir stumm zu. Fasziniert meinte ich: »Es ist bunter und es riecht alles intensiver. Es ist wirklich wunderschön. So, als würde ich nur träumen«
»Nur träumen?«, schmunzelte Bonsaij.
»Nun ja … Es ist nicht Wirklichkeit, oder? Es ist eher … träumen eben«, vermutete ich.

Bonsaij antwortete nach einer Weile: »Das glaubst du vielleicht im Moment. Du wirst ebenso vom Gegenteil überzeugt werden wie einige andere vor dir. Man lehrt euch von Kindheit an, was *wirklich* und *nicht wirklich* ist. Ihr wisst es aber nicht, sondern behauptet es einfach, weil ihr manches nicht erklären könnt oder gar nicht erst herausfindet.«
Ich entgegnete: »Ich bin aber nicht wie alle Menschen und weiß, dass es mehr Faszinierendes gibt, als man zu sehen glaubt! Gib mir doch ein wenig Zeit!«
Bonsaij wiegte bedächtig den Kopf hin und her. »Keine Eile, du kannst hier genau wie alle anderen in deinem eigenen Tempo lernen. Ich sehe, dass du bereits intuitiv erkannt hast, dass es mit dem Begriff *Zeit* eine besondere Bewandtnis hat: Zeit ist relativ, also ein dehnbarer Begriff, den man bei euch gerne mit *Uhrzeit* gleichsetzt.
Die Uhrzeit wurde von den Menschen erdacht, um die Abläufe in der Natur in eine messbare Form zu bringen und sich untereinander auf diese zu einigen. Bei der sogenannten *Winter- und Sommerzeit* wird klar: Wenn es möglich ist, die Uhrzeit zu verändern und diese trotzdem für alle wieder stimmt – dann handelt es sich bei der menschlichen Vorstellung von Zeit nur um eine Maßeinheit und nicht um die Zeit selbst. Ebenso gibt es verschiedene Kalendersysteme, die eine Möglichkeit für die Menschen sind, ihr Leben scheinbar besser zu organisieren.
In Wahrheit ist die Uhrzeit nur eine minimale Annäherung an die wirkliche Zeit. Die Zeit stellt den allgemeinen Ablauf der Natur dar. Ein besonderer Aspekt dabei ist, dass die Zeit für nahezu jeden anders abläuft, für den einen schneller und den anderen langsamer. Das ist nur eines der Phänomene, welche die wahre Zeit beinhaltet. Es ist sinnvoll, die Zeit zu beobachten und ihr eigenes System und ihre Geheimnisse zu erfassen. Durch die Gewöhnung der Menschen an ein Messsystem haben sie leider aufgehört, *Zeit* zu begreifen.«
Ich überlegte: »Aber ... Ohne Uhrzeit kann man sich mit niemandem treffen, denn man weiß doch nie, wann der andere kommt, oder?«
»In unserer Realität schon. Bei uns sagt man, wir treffen uns zum Sonnenaufgang, zu Mittag oder zum Sonnenuntergang. Man vertraut hier außerdem auf die innere Leituhr. Das wird übrigens eine deiner Aufga-

ben sein: Du wartest, bis dich jemand anruft, um dich zu treffen. Sobald derjenige über eine Uhrzeit nachdenkt, hältst du das Handy weg und sagst: ‚Okay, wir treffen uns um diese Zeit', und legst auf. Am vereinbarten Tag hörst du auf dein inneres Gefühl und gehst außer Haus, wenn du denkst, es ist passend. Vertrau auf dich und schaue, ob du zur richtigen Zeit ankommst. Du musst das nicht immer so handhaben, aber es lehrt dich den Umgang mit der wirklichen Zeit.«

Ich dachte nach. Eigentlich erschienen mir Bonsaijs Erklärungen einleuchtend, aber ganz fassen konnte ich sie noch nicht. Allerdings freundete ich mich schnell mit dem Gedanken an, dass die Uhrzeit nicht so wichtig wäre. Ich hatte sie sowieso nie verstanden. Wenn jemand sagte, du musst um viertel vor sechs dort sein, verstand ich nicht, was er meinte. Viertel … vor … sechs. Was bedeutete das? Ich verstand den Sinn nicht. Ich war stets bemüht, dass das keinem auffiel, weil es mir bisher immer peinlich war.

Das Wetter war typisch spätherbstlich. Es hieß, dass es in den nächsten Tagen schneien würde. Am späten Vormittag zeigte sich aber noch mal die Sonne, deshalb gingen wir zum Sportunterricht in den Park.

Dort konnten wir allerdings tun, was wir wollten, so musste ich wenigstens nicht Ball spielen. Es gab in diesem Park eine große, rauhe Steinplatte, die kreisförmig aus dem Boden ragte. Wozu sie eigentlich gedacht war, wussten wir nicht, nannten sie aber scherzhaft Ufo-Landeplatz.

Einige von uns waren hinaufgeklettert, ich saß auch oben und quatschte mit Aisha. Sie naschte Süßigkeiten aus ihrer Jausenbox und reichte mir welche davon. Als ich meinen Blick über den Park schweifen ließ, sah ich die Lehrer auf einer Bank sitzen und hörte, wie sie sich lautstark unterhielten.

Jannik kletterte zu uns herauf. Er fragte Aisha, ob er etwas von den Süßigkeiten haben könne. Sie verneinte und redete einfach weiter mit mir. Jannik stützte sich auf ihre Schultern und wiederholte seine Frage. Aisha wandte sich daraufhin zu ihm: »Wieso sollte ich jemandem wie dir etwas schenken?«

Jannik wurde wütend und schubste sie. Ruckartig stand ich auf, stellte mich ihm entgegen und rief: »Verschwinde!«

Jannik sagte: »Deine Freundin will mir nichts von ihren Süßigkeiten geben, ist das nicht unhöflich?«

»Nein, es ist nicht ihre Pflicht, dir etwas zu geben. Und wenn du das nicht verstehst, solltest du dich mal mit jemandem darüber unterhalten!«

Jannik wurde noch wütender: »Willst du dich mit mir anlegen? Das ist ein Fehler!«

Ungewohnt selbstsicher entgegnete ich ihm: »Droh mir doch, wie du willst, aber ich hatte gar nicht die Absicht, mich mit dir anzulegen. Du sollst nur akzeptieren, dass du nichts bekommst!«

»Und was geht dich das an? Misch dich gefälligst nicht in meine Sachen ein!«

Ich warf einen Blick zu den Lehrern, die sich immer noch unterhielten. »Wenn du nicht willst, dass ich einem Lehrer davon erzähle, dass du andere durch die Gegend schubst, rate ich dir, meine Freundin in Ruhe zu lassen!«

Daraufhin gab mir Jannik einen Stoß, sodass ich fast von der Steinplatte stolperte. »Du hast mir gar nichts zu befehlen!«, donnerte er mir entgegen. Ich war erstaunt darüber, dass sich keiner der Lehrer dazu beauftragt fühlte, einzuschreiten. Sie lachten und bekamen offenbar nicht mit, was sich vor ihrer Nase abspielte. »Hör einfach auf! Nimm dir doch eigene Sachen mit!«, sagte ich bestimmt.

Meine Freundin schaltete sich ein: »Hört bitte auf zu streiten, ich kann ihm ja etwas geben, wenn er es unbedingt will.«

Genervt meinte ich: »Nein, das kannst du nicht! Sonst wird er nie lernen, dass er bestimmte Dinge einfach nicht haben kann!« Es ärgerte mich, dass Jannik Aisha so leicht unter Druck setzten konnte, obwohl ich mich ja in anderer Lage ganz genauso einschüchtern ließ. Aber vor Jannik hatte ich keinerlei Angst. Als Aisha ihre Jausenbox öffnete, um Jannik etwas abzugeben, ging ich dazwischen: »Wenn du ihm nichts geben willst, dann gib ihm doch nichts!«

Jannik kam auf mich zu und packte mich. Er zerrte mich in die Mitte der Platte und wir fingen an, aufeinander einzuschlagen. Er drückte mich auf den Stein und versuchte mir sein Knie in den Bauch zu rammen. Ich hielt sein Bein fest und stieß ihn von mir weg. »Hört sofort auf!«, brüllte Aisha, aber wir hörten nicht auf sie. Jannik holte mit der Faust aus, ich wich zur Seite und boxte ihm in die Hüfte. Wir rollten dabei auf den Rand der Steinplatte zu und fielen beide hinunter. Das war nicht so schlimm, denn die Erde war weich. Am Boden rauften wir weiter, bis einer der Lehrer auf uns aufmerksam wurde und zu uns herüberkam. Ich hatte gerade meine Hand auf Janniks Schulter und hielt in der Bewegung inne. »Lasst den Quatsch!«, meinte der Lehrer und kümmerte sich, nachdem Jannik und ich einander losgelassen hatten, nicht weiter um uns.

Aisha und ich setzten uns auf eine Parkbank. »Cool, dass du dich so gegen Jannik gewehrt hast. Obwohl er sich wohl nicht ändern wird.« Sie seufzte.

In dem Moment kam Maurice mit ein paar Freunden und setzte sich uns gegenüber auf eine Bank. Sie aßen Brote und tuschelten. Maurice starrte mich an und von meiner Selbstsicherheit blieb nichts übrig.

Nach dem Aufenthalt im Park hatten wir Russisch-Unterricht. Heute würde nicht die Ersatzlehrerin kommen, sondern erstmalig die eigentliche Russischlehrerin. Sie ließ auf sich warten. Es war wie immer sehr laut in der Klasse.

Ich konnte hören, wie Jannik einem Freund eine Fantasiegeschichte auftischte: »Urgeil, ich saß gerade gemütlich neben meinen Kumpels, aß eine Semmel, da kam Ajena auf mich zu, tippte mir auf die Schulter und als ich mich umdrehte, schlug sie mich!«

Dann redete er über nackte Frauen aus irgendwelchen Pornoheften. Er kramte eine Zeitung aus seiner Schultasche, zeigte auf eine nackte Frau und sagte: »Ich werde später einmal Frauen vergewaltigen!« Dann nahm er eine Schere und schnitt das Bild aus. »Sammelst du etwa diese Bilder?«, fragte sein Freund.

»Ja«, grinste er.

Dann betrat die Lehrerin endlich den Raum. Alle machten sich sofort über ihren Namen lustig – Uralzewa.

Sie fragte, was wir von der vorigen Russisch-Stunde noch wüssten und Jannik nuschelte: »Gar nichts, los, tragen Sie mir gleich ein Minus in ihre Liste ein und bringen Sie mich zur Direktorin oder gleich in die Psychiatrische Anstalt!« Er hatte den Kopf auf seine Hände gestützt.

»Benehmen, junger Mann, wenn ich bitten darf!« Das war alles, was die Lehrerin zu ihm sagte. Sie trug ihm zwar ein Minus ein, wie ich sehen konnte, schrie ihn aber nicht an, ihr Tonfall war lediglich bestimmt. Ihre Ruhe fand ich erstaunlich. Jannik legte provokant seine Füße auf den Tisch und Uralzewa sorgte umgehend dafür, dass er das unterließ.

Sie schrieb eine neue Sitzordnung auf die Tafel. Aisha saß ab jetzt weiter hinten und ich neben Jannik. In der Pause bemitleideten mich alle Mädchen, weil ich neben ihm sitzen musste. Mich störte es nicht weiter.

Ich freute mich auf die folgende Zeichenstunde. Zeichnen gehörte zu meinen Lieblingsfächern. Wir sollten einen Lebensbaum malen, nach unserer Fantasie. Ich ging zum Waschbecken und wusch meine Pinsel säuberlich aus. Beim Umdrehen stieß ich mit Jannik zusammen, der einen vollen Wasserbecher, eine schmutzige Schere und mehrere mit Farbe beschmierte Pinsel in der Hand hielt.

Jannik verschüttete die Hälfte des Wassers und sah mich wütend an. Auf einmal stieß er mich gegen die Tafel. Er nahm die Schere und richtete sie gegen meinen Körper. Blitzschnell hob ich meinen Arm und hielt seinen in der Bewegung fest.

Jannik drückte dagegen, wodurch sich die Schere bedrohlich näherte. Mit voller Kraft versuchte ich die Attacke abzuwehren. Jannik wollte meinen zweiten Arm in seinen Griff bekommen, da packte die Zeichenlehrerin seinen Arm von hinten und entwendete ihm die Schere. Sie zerrte Jannik von mir weg, hielt ihn mit beiden Händen fest und wollte ihn nach draußen bringen.

»Ich scheiß auf Sie, Sie blöde Schlampe, nehmen Sie ihre dreckigen Finger weg!«, schrie er und wehrte sich mit Händen und Füßen. Die Lehrerin verschwand mit ihm, vermutlich schleppte sie ihn zur Direktorin.

Die meisten in der Klasse malten unbeirrt weiter. Aber Maurice starrte mich wieder mal an und lächelte dabei genüsslich. Es sah für mich so aus, als würde er es genießen, dass er, im Gegensatz zu Jannik, Kontrolle über mich hatte.

Silvesternacht

Ein würziger Geruch zog durch unsere Wohnung und verführte dazu, das vermeintlich köstliche Etwas probieren zu wollen. Während meine Eltern in der Küche ein herrliches Gericht zauberten, konnte ich meine Vorfreude kaum zurückhalten. Heute war Silvester und ich freute mich total, weil fast meine ganze Familie und viele Freunde bei uns eingeladen waren. Ich hüpfte durch die Zimmer, lachte und turnte herum. Immer wieder rannte ich in die Küche und fragte: »Wann kommen denn endlich alle?«
Mama sagte: »Na, ich hoffe, nicht zu früh, denn wir sind noch nicht ganz fertig, aber sicher bald.« Papa rührte mit dem Kochlöffel in der Pfanne, mit einer Ruhe, die ich immer an ihm bewundert hatte. Ich fand, meine Eltern stellten das perfekte *Yin Yang* dar, denn sie ergänzten sich wunderbar. Ihre Beziehung war immer ein Geben und Nehmen, genau das faszinierte mich so.
Papa verkündete stolz: »Es ist fertig!« Er hielt Mama einen Löffel hin, damit sie kosten konnte. Natürlich wollte ich ebenfalls probieren und nahm gleich nach dem ersten Löffel heimlich einen zweiten.
Wie bestellt, klingelte es an der Tür. »Machst du auf, Ajena?«, bat mich Papa, aber ich war längst zur Tür gestürmt und drückte den Knopf der Sprechanlage.
Cora und Boris waren die ersten, die eintrafen. Boris zeigte mir voll Stolz einen Haufen Silvesterraketen, die er zu Mitternacht abschießen wollte.
Bald läutete es wieder. Dieses Mal war es mein Onkel Eduard, den ich lange nicht gesehen hatte. Ich sprang ihm entgegen, er hob mich leicht hoch und gab mir ein Bussi. Papa umarmte ihn herzlich. »Hey, Don Eduard, alles klar?«
»Ja, alles bestens, Bruderherz«. Eduard nickte bestätigend. Er war eine der wenigen Personen, denen ich die Bedeutung des Kopfnickens wirk-

lich glaubte, bei den meisten anderen wirkte das Nicken für mich immer so gekünstelt.
Nach und nach trudelten alle anderen ein. Schließlich fehlte nur noch meine Oma Zelma. Wir warteten mit dem Essen auf sie, da kam sie endlich zur Tür herein. Bevor sie etwas sagen konnte, rief ich lachend: »Entschuldigt, der 23er ist nicht gekommen!« Das war für gewöhnlich ihre Ausrede fürs Zuspätkommen.
Sie lachte ebenfalls. »Joh, genau, meine kleine Ajena kennt mich gut.« Sie strich mir über die Wange. »Joh, mein Besili!« Ich verzog etwas das Gesicht, weil ich es nicht mochte, wenn sie mich so nannte. Zelma nahm in Fensternähe Platz, wo alle saßen, die rauchten.
Der Tisch war mit dunkelrosa Tischsets und Kerzen festlich dekoriert. Ich setzte mich neben Boris. Mama servierte höchst konzentriert die Teller mit dem schön angerichteten Essen. Mehrere Krüge mit Fruchtsaft standen auf dem Tisch und zwei verschiedene Arten von Wein. Ausnahmsweise durften Boris und ich heute ein bisschen von dem Wein probieren. Ich wollte den Rotwein testen.
Als Boris gefragt wurde, was er trinken möchte, sagte er nur: »Das ist mir egal.«
Seine Antwort wurde ignoriert. »Nein wirklich, was willst du trinken?« Es wurden ihm verschiedene Getränke angeboten, aber er meinte immer wieder, es sei ihm egal.
Ich konnte es nicht leiden, wenn er die Wahl zwischen etwas hatte und sich nicht entschied! So ein kleiner Grund reichte, um mich ziemlich wütend zu machen und ich war gleich eingeschnappt. Boris nervte mich in dieser Hinsicht.
Steve, ein Freund meiner Eltern, fing ein Gespräch mit mir an. Ich hatte nicht wirklich Lust, mit ihm zu reden. Es bedurfte einer besonderen Stimmung, um mit Steve reden zu können, ohne dabei den Kürzeren zu ziehen. Er brachte einen gerne soweit, dass man keine Antwort auf seine komplizierten Ansichten wusste. Es machte ihm Spaß, andere ein bisschen zu verunsichern. »Was regt dich denn so auf, Ajena?«, fragte er und sah mich dabei so abgeklärt an, als wäre er ein tibetischer Mönch. »Ich weiß nicht. Ich mag es nicht, wenn jemand die Möglichkeit zu ei-

ner Entscheidung hat und sie nicht nutzt! Oder wenn jemand gar keine eigene Meinung hat!«
»Vielleicht zeigt jemand ja bloß nach außen hin keine eigene Meinung, jedoch weiß er eigentlich, was er will, deshalb muss er ja eine Meinung haben, oder? Vorausgesetzt, er glaubt nicht nur, dass er weiß, was er will, sondern er weiß es tatsächlich. Was meinst du?«
Ich hatte keine Ahnung, was ich auf diese Frage antworten sollte. Steve lächelte wie ein frisch Erleuchteter. »Ich glaube weder, dass Boris keine eigene Meinung hat, noch, dass ihm nichts Spaß macht. Ich denke, er weiß nur manchmal einfach nicht weiter, so wie du!«
Das ärgerte mich. Ich rannte ins Badezimmer und sperrte mich dort ein, bis ich mich beruhigt hatte. Eigentlich wollte ich den Abend genießen und mich nicht streiten.
Wieder zu Tisch hörte ich amüsiert den Gesprächen der anderen zu. Nur Zelma redete mit niemandem, ich ging daher zu ihr und quatschte ein bisschen mit ihr. Danach stellte ich mich auf die Couch und fing an, auf den Sprossen des Hochbetts und an den Seitenpfosten herumzuturnen. Das entspannte mich, allerdings schockierte es meist alle, die mir zum ersten Mal dabei zusahen.
Eduard hatte Angst, dass ich runterfallen könnte, während ich mit dem Kopf nach unten hing und mit den Händen und Füßen entlang kletterte. Mich amüsierte das aber umso mehr und ich verschärfte meine akrobatischen Kunststücke, damit es gefährlicher aussah.
Um Mitternacht ging ich mit Papa und Boris auf die Straße, um beim Feuerwerk dabei zu sein. Mir gefielen die bunten Lichtmuster, während Boris die laut knallenden Raketen cool fand.

Ich hätte am liebsten für immer schulfrei gehabt und genoss die sorgenfreien Weihnachtsferien. Leider vergingen sie viel zu schnell.

Unsichtbar sein

»Wie wäre es, wenn wir heute statt des Turnunterrichts eine Schneeballschlacht machen würden?«, fragte Jeffery am ersten Schultag nach den Ferien. Alle stimmten begeistert zu. »Okay, dann gehen wir jetzt in den Park und die beiden, die heute die Klasse aufräumen müssen, kommen nach!« Das waren Isa und ich. Mir war es ganz recht länger hierzubleiben, denn ich hatte sowieso keine Lust auf eine Schneeballschlacht. Schon gar nicht wollte ich im Durcheinander auf Maurice treffen – ich hatte ja öfters erlebt, was dabei herauskommen konnte.

Im Freien blies mir der kalte Wind unters Gewand. Während Isa Richtung Park lief, schlich ich leise wieder die Stufen hoch Richtung Klasse. Mir würde bestimmt eine passende Ausrede einfallen, wieso ich nicht nachgekommen war. Da hielt mich eine Lehrerin am Arm fest. »Wohin des Weges? Geh zu den anderen! Du kannst doch froh sein, wenn du nicht in der Klasse hocken musst, oder?!«
Ich stand also wieder unschlüssig vor der Tür und ging zögerlich los. In der Nähe des Parks lehnte ich mich an eine Hauswand und versuchte mir vorzustellen, unsichtbar zu sein. Ich hatte die Augen geschlossen, als mir plötzlich jemand die Nase zuhielt. Ich erschrak und mein Mund öffnete sich reflexartig. Als ich die Augen öffnete, sah ich Maurice, der mir gerade eine Hand voll Schnee in den Mund schob. Ich spuckte ihm die ganze Ladung entgegen. Er verzog wütend das Gesicht, wischte sich den Schnee von Wangen und Nase und packte mich am Kinn. Vier seiner Freunde standen um ihn rum und verspotteten mich.
»Hör bitte auf«, bat ich fast tonlos.
»Die sollte lieber aufpassen, was sie sagt!«, meinte Mike.
Maurice stieß mich mit voller Wucht gegen die Mauer. Kraftlos durch den Schmerz sank ich in die Knie. Er schrie mich an: »Ich hab' hier das Sagen und ich mache, was ich will!« Er zog mich hoch und nahm mich

in den Schwitzkasten. »Was machste jetzt, ha?«, fragte Maurice angriffslustig. Das Gefühl der Ausgeliefertheit machte sich in mir breit und ich schämte mich dafür. Maurice ließ mich los und seine Freunde befetzten mich mit eiskalten Schneebällen. Fieses Lachen dröhnte wie Echo an meine Ohren.

Ich wartete, bis Maurice und die anderen nicht mehr zu sehen waren, bevor ich in den Park ging. Jeffery unterhielt sich mit einem anderen Lehrer, während die Schneeballschlacht in vollem Gange war. Ich setzte mich auf eine Bank neben zwei Mädchen, die ebenfalls keine Lust auf die Schneeballschlacht hatten.

Dort wartete ich, bis die Schulstunde vorüber war. Hier konnte mir nichts passieren, doch ich fühlte – wie immer – Maurice' stechenden Blick.

Schwimmunterricht

Für die kommenden Wochen war im Rahmen des Sportunterrichts ein Schwimmkurs organisiert worden. Schwimmen mochte ich sehr gerne, vor allem zusammen mit meinen Freunden und Eltern. Die Vorstellung, mit meiner Klasse schwimmen gehen zu müssen, bereitete mir hingegen Panik. Ich fürchtete mich davor, mich im Badeanzug zu zeigen, denn schon in den normalen Sportklamotten fühlte ich mich schutzlos.

Heute fand der Schwimmunterricht zum ersten Mal statt. Ich plauderte mit Aisha, um mich von meiner wachsenden Angst abzulenken.
Vor den Kassen bildeten sich Warteschlangen. Unsere Lehrerin holte je einen Schlüssel für die Mädchen- und Jungengarderobe, danach war sie nicht mehr zu sehen.
Als in dem ganzen Gedränge im Unkleideraum endlich ein Platz frei wurde, zog ich mich zögerlich um. Gleich danach kam eine Frau hereingestürmt und schrie: »Beeilt euch gefälligst ein bisschen, ich habe nicht vor, den ganzen Tag warten zu müssen!« Wie sich rausstellte, war sie unsere Schwimmlehrerin. Während die meisten Mädchen an ihr vorbeiliefen, musterte sie mich und sagte: »Du solltest dir besser einen Zopf machen.« Ich nickte eingeschüchtert. Die Lehrerin eilte davon und ich stand vorm Spiegel und bekam es aus Nervosität nicht hin, meine Haare zu binden. Aisha half mir, fragte aber, ob ich scherzen würde, weil das doch jeder könne.
Wir zwei waren die Letzten, die in der Schwimmhalle ankamen. Alle anderen standen bereits ungewohnt ruhig in einer Reihe. Die Schwimmlehrerin hatte ihre roten Haare inzwischen zu einem kurzen Zopf geflochten. Ich starrte auf die Kacheln am Boden, während sie näher kam, und spürte ihre Hand, die sich unsanft unter mein Kinn legte und mich zwang, sie anzusehen. Widerwillig blickte ich in ihre Augen, sie schienen mich durchbohren zu wollen. Die Lehrerin machte Aisha

und mir eine Szene, weil wir zu spät gekommen waren. Die anderen fanden die Ermahnungen belustigend. Ihre Stimme klang laut durch die Halle: »Hab ich euch gebeten zu sprechen? Ruhe!« Das Echo hallte mir schmerzend in den Ohren. Die Aufmerksamkeit der anderen Badegäste richtete sich bereits auf uns. Dann teilte uns die Lehrerin in Gruppen ein. Ich kam ausgerechnet in die, in der Maurice und viele seiner Freunde waren.

Die Lehrerin organisierte verschiedene Spiele, als erstes ein Wettschwimmen. Nach einem schrillen Pfiff als Startsignal sollten wir die Länge des Schwimmbeckens so schnell wie möglich durchschwimmen. Die Lehrerin rief uns vom Beckenrand aus zu: »Schneller! Los! Das geht schneller, los, los!«

Auf halber Strecke war ich erschöpft und wurde etwas langsamer. Maurice schwamm dicht neben mir und stützte sich auf einmal auf meine Schultern. Sein Gewicht war so schwer, dass ich es nicht tragen konnte und unter Wasser gedrückt wurde. Ich kämpfte, um wieder an die Oberfläche zu kommen, aber er drückte mich weiter nach unten. Völlig panisch versuchte ich aus der Lage rauszukommen, weil das aber nicht gelang, geriet mir Wasser in Nase und Luftröhre. Es brannte so unerträglich, dass ich glaubte, die Besinnung zu verlieren. Maurice ließ endlich los. »Willkommen zurück«, grinste mir Samuel entgegen.

Ich atmete gerade einmal tief durch, da drückte Maurice mich direkt wieder unter Wasser. Dieses Mal stützte er sich nicht nur ab, sondern setzte sich auf meine Schultern, sodass ich nicht mehr auftauchen konnte.

Ich zappelte in Panik unter Wasser, um ihn abzuschütteln, bis er mich endlich in Ruhe ließ. Ich hustete und atmete tief aus und ein, weil ich nicht wusste, ob ich gleich wieder unter Wasser sein würde. Irgendwie schaffte ich es, mich recht schnell zu beruhigen und weiterzuschwimmen, war aber unter den Letzten, die im Ziel ankamen.

Sie hat bestimmt gesehen, dass Maurice mich unter Wasser gedrückt hat. Jetzt muss alles gut werden. Maurice würde ...

Die Lehrerin riss mich aus den Gedanken: »Ihr habt eine überaus schlechte Kondition.« Ich sah sie mit gerunzelter Stirn an und schwieg enttäuscht. Meine Hoffnung platzte wie eine Seifenblase. Die Lehrerin bemerkte mein Husten – und alles, was ihr dazu einfiel, war, dass ich beim nächsten Mal lieber zu Hause bleiben solle, wenn ich krank sei, sonst würde ich nur alle anstecken. Ich wäre gern im Boden versunken. Am liebsten hätte ich mich ausgeruht, aber die Schwimmlehrerin war der Meinung, wir hätten sportliche Übung nötig. »Sucht euch bitte einen Partner.« Alle quengelten durcheinander und stellten sich zu ihren Lieblingspartnern. Ich unterhielt mich gleich mit Aisha. Die Lehrerin fuchtelte mit den Armen. »Nein, so geht das nicht! Ich möchte jeweils ein Mädchen und einen Jungen! Du und du!«, befahl sie. Ich blieb wie angewurzelt stehen. »Mädchen, ist da wer zu Hause?«, fuhr sie mich an. Kopfschüttelnd schob sie mich zu dem mir zugeteilten Partner, der ausgerechnet Maurice war.

Ich bin verflucht, dachte ich.

Vermutlich teilte sie jeweils Mädchen und Jungen ein, welche nahe beieinander standen.

»Du sollst dich hier hinstellen!« Die Lehrerin wirkte so gereizt, dass ich mich noch mehr vor ihr fürchtete als zuvor. Sie zeigte uns im Wasser verschiedene Übungen vor. »Als erstes soll euer Partner euch den Rücken stützen und ihr sollt die Füße so weit wie möglich gerade nach vorne strecken.«

Ich schüttelte kaum merklich den Kopf, da ging es auch schon los. Beim kleinsten Fehler, schrie die Lehrerin uns an. Sie kam zu mir und führte Maurice' Hände auf meinen Rücken. Ich machte die Übung, obwohl mir dabei sehr unwohl zumute war, und sie meinte: »Es ist verbesserungswürdig, aber nicht schlecht.«

Gleich wandte sie sich dem nächsten Paar zu. Kaum hatte sie sich weggedreht, ließ ich die Füße nach unten gleiten. Ich bemühte mich um einen teilnahmslosen Tonfall: »Lass mich los.« Maurice drehte sich mit mir in eine andere Richtung und lachte seinen Freunden zu. Mit den Händen umfasste er meine Brüste und Samuel und Pascal grinsten breit. Kaum wandte sich die Schwimmlehrerin uns zu, ließ er mich ruckartig los.

Ich wollte nur noch weg, aber ich traute mich nicht, einfach in die Garderobe zurückzurennen. Als bei der Übung die Rollen getauscht wurden, sodass nun ich Maurice stützen sollte, weigerte er sich mitzumachen. Ich schaute zu Aisha hinüber, die genervt auf ihren Partner zeigte. Bei der nächsten Übung sollte Maurice mich an den Armen halten. Anstatt auf ihn zuzugehen, wich ich aber eher zurück. Als die Lehrerin das sah, fuhr sie mich an: »Hat das blonde Mädchen mich verstanden? Wenn du nicht tust, was ich sage, wirst du nicht zur Schwimmprüfung antreten können!«

So streckte ich widerwillig meine Arme zu Maurice hin. Er packte meine Handgelenke und hielt sie so fest, dass ich das Gesicht verzog. Die Lehrerin kam näher und sagte zu ihm: »Nicht zu fest drücken, schön locker lassen!«

»Geht klar, Frau Lehrerin!«, säuselte er und tat, als würde er lockerer lassen, dabei drückte er mein anderes Handgelenk fester als zuvor. »Ich hoffe, es passt so für dich.«

Ich wand meine Hände hin und her, entriss mich seinem Griff und rieb mir die Handgelenke, auf denen rote Spuren zu sehen waren.

Maurice flüsterte: »Ich hab' nicht gesagt, dass du dich bewegen sollst«, er legte den Kopf schief und knackste mit seinen Fingern. Mir wurde ganz kalt.

»... und haltet den Partner an den Hüften fest, damit er nicht abrutscht, während er die Übung macht!«, rief die Schwimmlehrerin derweil.

Vor lauter Unwohlsein spürte ich mein Gesicht blutleer werden, ich konnte mich nicht auf ihre Erklärungen konzentrieren. Sie kam erneut zu mir und Maurice. »Dieses Mal hält das Mädchen den Partner!« Ich legte meine Arme vorsichtig auf Maurice' Hüften, um ihn zu stützen.

»Gut!«, lobte die Lehrerin und schwamm zum nächsten Paar. Blitzschnell ließ ich von Maurice ab und wich zurück. Er fasste mich an den Oberarmen. Ich schob seine Hände nach unten, aber er erhob sie gleich wieder und packte nun fester zu. Er meinte lächelnd: »Sei mal ruhig, sonst kriegen wir beide Ärger.«

Unmittelbar neben uns schwamm eine ältere Frau vorbei und sah uns verschmitzt an. Sie glaubte wohl, ich würde mit meinem Freund rumalbern. Ich schüttelte den Kopf, weil ich von ihrer Reaktion ent-

täuscht war. Maurice' Lächeln verschwand und seine Hände schlossen sich plötzlich um meinen Hals. Ich erfasste seine Handgelenke, rüttelte daran und versuchte seinen Griff dadurch zu lockern, aber das klappte natürlich nicht. Ängstlich hielt ich nach der Lehrerin Ausschau und sah, wie sie aus dem Wasser stieg und davonging. Ich fühlte mich wie ein kleines Tier, das in die Gewalt eines größeren geraten war. Obwohl ich die Lehrerin nicht leiden konnte, hätte ich sie jetzt gerne in meiner Nähe gehabt.
Ich versuchte etwas zu sagen, aber meine Stimme versagte. Das nutzte Maurice – und er presste seine Lippen auf meine. Ich verzog mein Gesicht, schließlich stieß er mich von sich weg. Wie zu Stein erstarrt stand ich da, bis die Lehrerin zurückkam.
Für die nächsten Übungen benötigten wir zum Glück keinen Partner, trotzdem kam mir die Zeit elend lange vor. Ich schwamm hinüber zu Aisha, die sich über ihren Übungspartner von zuvor sowie über die Schwimmlehrerin beschwerte: »Ja, das hätte uns die Tussi doch gleich sagen können, dass wir Jungen als Partner brauchen. Dann hätte ich mir einen anderen gesucht, denn so einen Trottel kann man doch vergessen! Du schaust auch nicht gerade glücklich aus.«
»Ich hasse es hier!«, antwortete ich.
Die Schwimmlehrerin kündigte an, was wir nächstes Mal machen würden. »Dann haben wir zwei Stunden zur Verfügung und außerdem werden die Übungen bereits Teil der Schwimmprüfung sein!«
Bei der Vorstellung wurde mir ganz anders, vorerst war ich aber erleichtert, dass der heutige Schultag überstanden war.
Ich beeilte mich mit dem Umziehen, stürmte durch die Eingangshalle nach draußen und rannte zur U-Bahn.

Zu Hause konnte ich mich endlich entspannt zurücklehnen, obwohl sich in meinen Gedanken die Szenen des Schwimmunterrichts nochmals abspielten und mir dabei schauderte. Aber sobald ich an Maurice' Blick dachte, war es mir unmöglich, über die Geschehnisse zu sprechen.

Vorm nächsten Schwimmunterricht hatte ich mir bereits zuvor von meiner Mama die Haare zu einem Zopf flechten lassen, obwohl ich meine Frisur so überhaupt nicht leiden konnte. Es war, als würde man mir den einzigen Schutz nehmen, den ich hatte. Aber ich wusste auch, mit der Lehrerin war nicht zu spaßen.
Schnell zog ich den Badeanzug an und wickelte mich in ein Badetuch. Meine Beine fingen unkontrolliert zu zittern an. Ich wartete, bis sich alle umgezogen hatten, und blieb unsicher bei der Tür stehen.
»Was ist denn?«, fragte Aisha und sah mich erwartungsvoll an.
»Nichts«, log ich und presste die Lippen zusammen. In der Schwimmhalle spürte ich die feuchte Wärme auf meiner Haut.
Tue ich mir das echt nochmal an? Hab ich eine Wahl? Ich versteckte mich hinter den Mädchen, die alle in einer Reihe standen, und wartete angespannt auf das Eintreffen der Jungs. Die Lehrerin war bereits auf dem 1-Meter-Sprungbrett und spielte unruhig mit ihrer Pfeife herum, die sie auf einer Kette um den Hals trug. Ich schloss die Augen, schluckte meine Ängste hinunter und es gelang mir das Zittern vollständig zu unterdrücken.
»Alle springen zuerst von hier«, forderte uns die Lehrerin auf.
Sie gab zu jedem Sprung einen Kommentar ab und alle lachten die Springer aus, die kritisiert wurden. Nachdem alle gesprungen waren, befahl die Lehrerin: »Rauf aufs 3-Meter-Brett!«
Ich hatte Angst und keine Lust, von da oben zu springen. Unschlüssig blieb ich unten stehen und ließ erst mal die anderen vor. »Brauchst wohl Hilfe, ha?«, hörte ich Maurice neben mir. Schnell eilte ich die Stufen hinauf. Auf dem Sprungbrett standen schon alle dicht aneinandergedrängt und warteten. Die Lehrerin bestimmte, wer als Nächstes an die Reihe kam. Es schien mir, als würde sie genau die Schüler als erste aussuchen, denen die Angst ins Gesicht geschrieben stand. Ich versteckte mich weit hinten, sodass ich ihrem Blick erst mal ausweichen konnte.

Eine Hand legte sich auf meine Hüfte, ich wirbelte herum und sah in das Gesicht von Maurice. Er umkreiste langsam mit der Zunge seine Lippen. Seine grinsenden Freunde drängten sich neben ihn. Meine Lippen fingen an zu zittern und ich blinzelte unkontrolliert. Ich drehte mich nach vorn und versuchte alles andere um mich auszublenden. Maurice hatte wohl das Zittern bemerkt. Er und Samuel tuschelten darüber, dass ich mich anscheinend vor ihnen fürchten würde.

Ich spürte, wie ich von hinten in den Schenkel gekniffen wurde. Jetzt konnte ich es kaum erwarten hinunterzuspringen und fragte Isa, die vor mir stand, ob sie mich vorlassen würde, was sie aber nicht wollte. Maurice legte seine Hände auf meine Schultern. Ich zuckte zusammen, drehte mich um und schubste ihn leicht nach hinten. Maurice wechselte einen raschen Blick mit Samuel und fasste mich erneut an. Ich bekam eine Gänsehaut, trotzdem sah ich Maurice mit vorgetäuschter Selbstsicherheit ins Gesicht.
Pascal meinte spöttisch: »Was guckst du so, findest du ihn so schön?« Ohne darauf einzugehen, drehte ich mich wieder nach vorn. Sofort legte Maurice seinen Arm um meinen Hals und flüsterte: »Noch mal, damit wir uns verstehen: Schau mich nicht an!«
Die Situation wurde zum Glück durch die Schwimmlehrerin unterbrochen. Sie zeigte mit dem Finger auf mich. »Du bist als Nächstes dran!« Als ich zögerte, schaute sie mich fordernd an. Ich stieß mich kräftig vom Sprungbrett ab und ließ mich in die Tiefe fallen. Es war gar nicht so schlimm, wie ich es mir vorgestellt hatte.
»Jetzt 5 Meter!«, verkündete die Schwimmlehrerin. *Oh nein!* hallte es in meinen Kopf. Ich ließ mich von der Menge mitziehen. Die Lehrerin blieb unten stehen und beobachtete uns.
Die meisten sprangen, ohne lange zu überlegen, aber ich traute mich nicht. Maurice nutzte die Gelegenheit und blieb in meiner Nähe. Ich ging bis zum Rand des Brettes vor. Beim Anblick der Tiefe wurde mir mulmig zumute, ich wollte auf keinen Fall hinunterspringen. Einige Jungs hüpften auf dem Brett herum, wodurch es stark auf und ab wippte.
Ich kann nicht springen, dachte ich und trat einen Schritt zurück.

Maurice fasste mir an die Hüfte. Ich nahm meinen ganzen Mut zusammen und sagte: »Hör endlich auf oder ich ...«
Er unterbrach mich: »Was? Was machst du denn dann? Was auch immer, ich rate dir davon ab!«
Er legte erneut seinen Arm um meinen Hals und zog mich so zur Seite, dass die Lehrerin uns nicht sehen konnte. Er flüsterte: »Siehst du da unten die Fliesen?« Ich starrte wortlos hinab. Er zerrte mich bis an den Rand des Sprungbretts und wiederholte die Frage. »Wenn du mir noch mal drohst, wirst du da unten landen.«
Er zog mich bis ans vordere Ende des Sprungbretts und ich stand wie angewurzelt da.
»Was dauert denn da oben so lange?«, rief die Lehrerin.
Während ich überlegte, was ich tun könnte, spürte ich plötzlich einen kräftigen Fußtritt im Rücken und fiel. Ich fiel viel länger, als ich es mir gedacht hatte, dann schlug ich auf der Wasseroberfläche auf. Das tat sehr weh und meine Haut brannte vom heftigen Aufprall. Schockiert zog ich mich auf dem Beckenrand hoch.

Am Ende bestand ich die Schwimmprüfung. Wir bekamen unsere Abzeichen im Sportunterricht, der in Zukunft wieder wie gewohnt in der Schule abgehalten wurde.

Beinahe hätte ich alles erzählt

Eines Abends saß ich mit Papa vor einem Lagerfeuer und wir redeten lange miteinander. Offenbar merkte er mir an, dass ich verzweifelt war. Er meinte: »Du kannst mir immer alles erzählen, auch wenn dich etwas bedrückt.«
Ich konnte die Tränen nicht mehr zurückhalten, mein Papa nahm mich in den Arm und fragte: »Was macht dich denn so traurig?«
Ich spürte, dass ich Papas Fragen nicht mehr ausweichen konnte. Aber ich beschloss, ihm nur einen kleinen Vorfall zu schildern, damit Maurice nicht völlig ausrasten würde, sobald er mitbekäme, dass ich darüber gesprochen hatte. Mehr schaffte ich nicht zu erzählen.
Papa zögerte nicht und rief meine Lehrerin Gundula an, obwohl mir das gar nicht recht war. Er redete kurz mit ihr, bevor er mir das Handy gab.
Ich schilderte Gundula: »Wir waren auf dem Weg von der Turnhalle in die Klasse zurück und Maurice hat mich getreten und gesagt, dass ihm das Spaß macht.«
Sie meinte mit ruhiger Stimme: »Na, das darf er aber nicht! Wir werden gleich morgen Früh gemeinsam mit ihm reden.«
Nach dem Telefonat wollte Papa meine Mama informieren, aber ich bat ihn, es nicht zu tun. Ich hatte Angst, dass sie womöglich alle Vorfälle herausfinden würde.

Diese Nacht lag ich schlaflos im Bett, denn mir wurde klar, dass ich einerseits viel zu wenig, andererseits schon zu viel gesagt hatte.
Maurice wird mich umbringen!
Bei diesem Gedanken bekam ich eine Gänsehaut am ganzen Körper.
Am folgenden Morgen raste mein Herz so schnell wie nie zuvor und mir war kotzübel. Ich wartete gemeinsam mit Papa in einem leerstehenden Klassenzimmer, bis Gundula mit Maurice hereinkam. Sie setzte

sich neben mich und Papa. Maurice saß uns gegenüber und mich befiel die gleiche Angst wie immer, sobald er anwesend war.
Er hatte die Hände ineinander gefaltet und schaute mich nicht an. Nun bekam ich richtig Panik und meine Gedanken lähmten mich.
Er bringt mich um, er bringt alle hier um! Und ich werde schuld sein!
Gundula sagte: »Ajena, erzähle bitte, was geschehen ist.«
Es fiel mir schwer zu sprechen und ich brauchte eine Weile, bis ich annähernd schildern konnte, was vorgefallen war. Auch jetzt erwähnte ich nur den einen Vorfall.
Gundula musterte Maurice, der sich offensichtlich ertappt fühlte. »Schau Ajena bitte in die Augen und sag ihr, dass so etwas nicht mehr vorkommen wird!«
Maurice hob seinen Blick zögerlich, auf eine schüchterne Art, wie ich sie nie zuvor bei ihm gesehen hatte. Er schaute mir jetzt direkt in die Augen. Dabei schlug mein Herz so schnell und laut, dass ich dachte, die anderen würden es mitbekommen. »Tut mir leid, dass ich dich geärgert habe, ab jetzt werde ich dich in Ruhe lassen.« Er reichte mir seine Hand. Flüchtig ergriff ich sie und ließ schnell wieder los.
Nach der Unterhaltung verabschiedete sich Papa und ich ging mit einem höchst unguten Gefühl in die Klasse.
Maurice ließ mich den ganzen Tag in Ruhe – kein Schlag, kein Stoß, kein Tritt und keine Beleidigung. Aber ich fühlte mich alles andere als wohl, denn ich rechnete nach wie vor mit dem Schlimmsten. Ich glaubte, dieses Schulgebäude womöglich nicht mehr lebend verlassen zu können. Doch Maurice ließ mich in Ruhe. Ich konnte es kaum fassen, dass er seine Drohungen nicht umsetzte. Den ganzen Rest des Schuljahres ging er mir aus dem Weg, aber ich dachte, er würde bloß einen Plan schmieden, es mir zurückzuzahlen.

Albtraum

Gemeinsam mit mir unbekannten Schülern, war ich in einem Unterrichtsraum. Mir wurde schwindelig, ich fiel hin und konnte mich nicht mehr bewegen. Trotzdem bekam ich mit, wie ich auf einer Totenbahre abtransportiert wurde und die anderen Schüler schrien: »Sie ist doch gar nicht tot!«

Ich wurde in ein anderes Gebäude und dort in einen Raum getragen, der aussah wie ein Operationssaal. Dünne, menschenähnliche Wesen legten mich auf eine Liege und packten mich in Eis ein. Am Boden lagen lauter Tote aufgestapelt, davon viele mit zerhackten Körpern. Ich fing an zu schreien: »Ich bin nicht tot!«
Als Antwort erhielt ich: »Das ist egal, wenn man einmal in diesem Raum gelandet ist, kommt man nicht mehr lebend raus!«
Der Raum war nur schwach beleuchtet, bis auf eine Art Operationslampe, deren grelles Licht direkt auf mich gerichtet war. Die Zimmerwände waren schmutzig, im Raum verteilt standen weitere Liegen. Auf einem metallenen Regal lagen viele Operationswerkzeuge. Ich wollte aufstehen und weglaufen, doch man hinderte mich mit Gewalt daran. Dabei fiel eine Ladung Eis von mir herunter. Die undefinierbaren Wesen, die um mich herumstanden, wollten mich gerade mit Scheren aufschneiden, als sich die große Eisentür an der hinteren Wand öffnete und ein anderes, ähnlich furchterregendes Wesen hereinkam. Ich nutzte den Moment und sprang auf, wodurch das restliche Eis auf den Boden rieselte. Ich rannte zur Tür hinaus. Verschiedene Wesen, darunter auch menschliche, versuchten mich wieder einzufangen. Überall blinkten rote Lichter und ein lauter Alarm ging los.
Alle Türen, durch die ich laufen wollte, waren verschlossen und der Lift funktionierte nicht.
Nur eine Tür, die zum Dach führte, war offen und so konnte ich schließ-

lich über die Hausmauer hinabklettern. Am Ende meiner Kräfte schaffte ich es, aus dem Gebäude zu flüchten. Aber ich wurde weiter von Wesen verfolgt, die mir mit Scheren hinterherrannten.

Das Abschlussfest

Das Schuljahr neigte sich dem Ende zu und es gab ein Abschlussfest auf einer großen Wiese. Fast alle Lehrer, Eltern und Schüler waren gekommen. Jeder brachte etwas zu Essen und Trinken mit und legte es auf einen der beiden langen Tische, die dafür bereit standen.
Im Schatten eines großen Baumes hatte ich mich mit meiner Mama neben Gundula und einigen anderen auf einer großen Picknickdecke niedergelassen. Die meisten Schüler tobten sich nach dem Essen bei verschiedenen Spielen aus. Ich wollte alleine spazieren gehen, um meine Gedanken zu ordnen. Ich setzte mich auf einen großen Stein bei einem Brunnen. Nach einer Weile kamen einige von Maurice' Freunden ebenfalls dorthin, um ihre Flaschen mit Wasser zu füllen. Auch Maurice kam dazu. Samuel und Pascal kamen zu mir her und fingen an, mich nach hinten zu schubsen, sodass ich fast von dem Stein fiel. Als Samuel meine Arme festhielt, dachte ich, es würde die Rache für das Gespräch mit Gundula folgen. Pascal und Samuel schauten Maurice erwartungsvoll an. Zunächst reagierte er nicht und ich glaubte in Ohnmacht zu fallen, weil ich diese Anspannung kaum mehr aushielt.
Maurice schüttelte nur den Kopf. »Kommt, lasst sie einfach in Ruhe.« Die beiden ließen sichtlich erstaunt von mir ab. Maurice sah mich an und ich versuchte dem standzuhalten, mein Blick senkte sich aber immer wieder.
Bestimmt kommt er gleich her und schlägt meinen Kopf gegen den Stein. Ich werde, bevor ich sterbe, als Letztes sein Gesicht sehen.
Wenigstens darüber wollte ich entscheiden und schloss daher die Augen. Aber nichts geschah. Als ich mich traute die Augen zu öffnen, sah ich Maurice und seine Freunde vom Brunnen weggehen. Ich blieb verwirrt zurück.
Hat Maurice etwa doch Schuldgefühle? Bestimmt nicht. Vielleicht hat er Angst, dass ich mehr von seinen gestörten Aktionen verrate.

Ich ging zu Mama zurück, wir aßen Kuchen und ich hörte den Erwachsenen bei ihren Gesprächen zu. Später quatschte ich mit Aisha und kletterte auf den nahegelegenen Bäumen herum.

Am letzten Schultag wurde uns Latona, die Klassenlehrerin für das kommende Schuljahr, vorgestellt, denn Gundula ging in Pension. Latona war mir nicht sympathisch, ihr Lächeln war ähnlich wie das von meiner ersten Lehrerin Eberta.
Pia wollte die Schule wechseln und ab kommendem Herbst die private Waldorfschule »Am Heuhügel« besuchen. Nach einem Schnuppertag schwärmte sie von der neuen Schule. Pia schlug mir vor, mit ihr zusammen zu wechseln. Ich berichtete meinen Eltern davon und nach einigen Überlegungen entschieden wir uns dazu. Gemeinsam besichtigten wir die neue Schule. Mein Eindruck war gut, unter anderem gefiel mir die Holzwerkstatt, die es dort gab.
Also stand der Entschluss fest und ich konnte beruhigt die Sommerferien genießen!

La Palma

Cora hatte uns zu einem gemeinsamen Familienurlaub auf La Palma eingeladen. Es war bereits alles geplant, als ich gefragt wurde, ob ich überhaupt dorthin möchte. Zum Erstaunen aller wollte ich das ganz und gar nicht.
»Ach komm, es wird sicher lustig und schön«, meinte Papa. Doch ich blieb auf meinem Standpunkt, lieber zu Hause bei meiner Katze Gipsy bleiben zu wollen.
»Anna passt auf sie auf, Gipsy wird es gut gehen und wir bleiben ja nicht für immer«, wollte mich Mama überzeugen.
»Wieso willst du denn nicht fahren Ajena?«, fragte Papa.
»Ich will einfach nicht!«
Es war ein negatives Gefühl, so eine Art innere Stimme, die mir riet, zu Hause zu bleiben. Weil ich das selbst nicht deuten konnte, sagte ich: »Bestimmt werden wir mit dem Flugzeug abstürzen und alle sterben!«
»Sag doch nicht sowas. Es wäre wirklich Pech, wenn genau uns das passieren würde«, meinte Mama.
Jedenfalls wollte ich mich trotz allem Zureden nicht umstimmen lassen. Meine Eltern und Cora verstanden das überhaupt nicht. Sie nahmen meine Angst nicht ernst, da ich Neuem ohnehin oft ablehnend gegenüberstand.

Am Vorabend unseres Abfluges waren wir bei Cora und es wurden letzte Reisedetails besprochen. Sie versuchte mich wieder davon zu überzeugen, dass bei unserem Flug alles gut gehen würde und ich keine Angst haben müsse. Dass scheinbar keiner mein *Nein* akzeptierte, störte mich. Ich verstand nicht, wieso sie mich dann überhaupt gefragt hatten! Wahrscheinlich dachten sie ursprünglich, ich wäre so begeistert wie Boris, der sich von Anfang an auf die Reise gefreut hatte. Leonie, die ihre Freundin mitnehmen durfte, war ebenso voller Vorfreude.

Na toll, dachte ich, *alle freuen sich, nur ich nicht.*
Beharrlich wurde weiterhin versucht, mir die Reise schmackhaft zu machen. Papa wollte alleine mit mir sprechen und gab den anderen Bescheid, dass wir kurz nach draußen gehen würden.

Im gelblichen Licht der Straßenlaternen spazierten wir durch die Gassen. Ich hegte die Hoffnung, Papa davon zu überzeugen, dass die Reise für uns nicht gut wäre. Ich erklärte ihm, dass ich nicht so genau wüsste, warum ich lieber zu Hause bleiben möchte. Das verstand er zwar, meinte aber, er fände es schön, mal wieder mit uns allen gemeinsam einen Urlaub zu verbringen. Außerdem sei es doch toll, ein neues Land kennenzulernen. Das klang sehr überzeugend und ich war mir nicht mehr sicher, was ich dem entgegnen sollte.
Als wir zurückkamen, schleppte Cora gerade ihren Reisekoffer in den Vorraum. Mama war nach Hause gegangen, wahrscheinlich um ebenfalls fertig zu packen. Boris schien eingeschlafen zu sein und Leonie hatte sich mit ihrer Freundin in ihrem Zimmer eingeschlossen. Papa und ich verabschiedeten uns von Cora und gingen dann Hand in Hand nach Hause.

Den ganzen Weg zum Flughafen redete ich nicht und setzte einen bösen Gesichtsausdruck auf. Wahrscheinlich sah ich dadurch ungewollt eher niedlich aus. Ich war ziemlich verkrampft, denn ich wollte besonders wütend aussehen. Es gelang mir allerdings nur teilweise, denn ich fühlte auch Neugier.
Wir kamen drauf, dass wir viel zu früh dran waren. Also setzten wir uns in ein Restaurant mit Aussicht auf die Landebahn. Papa gab mir die Hand und sagte: »Sei nicht so eingeschnappt, es wird dir gefallen, da bin ich mir sicher.« Ich hatte gemischte Gefühle und überlegte sogar kurz, ob meine Ablehnung berechtigt war. Aber es war doch auch okay, etwas nicht zu wollen!

Nach scheinbar endlosem Rumsitzen gingen wir endlich zu unserem Flugzeug. Beeindruckt staunte ich, darauf bedacht, mich dabei nicht zu entlarven. Wir zwangen uns durch den langen Gang ins Flugzeug.
Ich konnte nicht leugnen, dass der Flug eine gewisse Faszination auf mich ausübte, vor allem die Nähe zu den Wolken.

Als das Flugzeug zur Landung in Teneriffa ansetzte, fragte ich mich, ob mein negatives Gefühl vielleicht unbegründet war.
Hat mich meine innere Stimme so getäuscht? Sollte ich mich einfach freuen wie die anderen? Wird es am Ende der schönste Urlaub meines Lebens?

Auf einmal hatten wir wieder festen Boden unter den Füßen. Die Reisenden drängten sich dicht aneinander zum Ausgang. Ich hopste die Treppe hinunter, dicht gefolgt von Boris. Unten angekommen, ging ich nur wenige Schritte und konnte schon aufs Meer sehen. So etwas Schönes hatte ich nicht erwartet!
Papa kam auf mich zu, legte den Arm um mich und wir gingen den anderen nach bis zu einem quietschgelben Taxi.
In dem Auto war es sehr stickig, was kein Wunder war, denn die Luft draußen war brütend heiß. Neugierig spähte ich durchs Autofenster. Wir hielten direkt vor einer großen Palme, sodass ich noch keinen Blick auf das Hotel werfen konnte. Ungeduldig stieß ich die Autotür auf und bevor die anderen ausgestiegen waren, lief ich schon durch den weißen, mit Holz umrahmten Torbogen in den Hotelgarten.
Überall waren dunkelgrüne Kakteen in allen Größen und Formen, rosafarbene Blumen stachen aus dem Grün heraus. Boris erkundete ebenfalls die Umgebung. Er stand vorm Eingang des Hotels auf einer hölzernen Brücke, die über einen Teich führte, auf dem rosarote Seerosen schwammen. Die anderen trugen das Gepäck auf die Zimmer. Meine Eltern und ich teilten uns ein Zimmer, ebenso Cora und Boris sowie Leonie und ihre Freundin. Unser Raum sah eigentlich recht langweilig aus, ein ganz einfaches Hotelzimmer mit drei Betten. Es wirkte etwas enttäuschend auf mich, weil ich mir im Vergleich zu dem schönen Gar-

ten eine fantasievollere Unterkunft vorgestellt hatte. Ich konnte es nicht länger aushalten und wollte unbedingt das Meer erleben. Da der Strand in unmittelbarer Nähe lag, konnte ich alle dafür begeistern, gleich hinzuspazieren.

Das Meer war faszinierend, es zu beobachten hatte etwas Befreiendes. Wir planschten alle barfuß herum, Boris und ich tauchten sogar mitsamt Gewand ganz unter Wasser. Es war ein herrliches Gefühl der Erfrischung. Die Wellen schaukelten Boris und mich hin und her, was großen Spaß machte. Langsam wurden sie aber immer stärker und höher. Uns machte das nichts, wir tauchten mit Absicht in die großen Wellen und ließen uns dann wieder hinauftreiben. Irgendwann wurden die Wellen noch stärker und schwebten über unseren Köpfen, um dann brausend über uns zu schwappen.

Es machte uns weiterhin großen Spaß, nur die Abstände zwischen den Wellen wurden geringer und es war schwerer, nach dem Auftauchen genügend Luft zu bekommen. Wir versuchten oberhalb der Wellen zu schwimmen. Das gelang aber nicht, sie waren viel stärker als wir und drückten uns beide unter Wasser. Das war zwar einschüchternd, machte aber andererseits total Spaß. Boris wurde von einer Welle unter Wasser gedrückt und ich sah ihn kurz nicht mehr. Als er wieder auftauchte, war er schon in Ufernähe und rief mir von dort etwas zu, das ich von dieser Entfernung aber nicht verstehen konnte. »Was?«, schrie ich.

Im nächsten Augenblick spürte ich unter mir einen starken Wasserdruck und über mir rieselte es Wassertropfen herab. Ich sah hinauf und in der gleichen Sekunde wurde ich eins mit dem Wasser und hinabgedrückt. Ich vergaß Luft zu holen und Wasser geriet mir in die Nase. Ich wollte an die Oberfläche und kämpfte mit aller Kraft gegen die Strömung. Der Wasserstrom zog mich immer tiefer ins Meer. Ich schluckte Salzwasser. Meine Augen brannten und ich sah nur ein tiefes, dunkelblaues Loch.

Die nächste Welle war so stark, dass sie mich gegen den Meeresboden schleuderte. Da vernahm ich unter Wasser Huskys ferne Stimme. Ich

fühlte mich leicht benommen und merkte plötzlich, dass ich Richtung Strand gespült wurde.
Gierig schnappte ich nach Luft.
Ich setzte mich neben Boris ans Ufer, der meinte: »Boah, das war die ur-arge Welle!« Begeistert schilderten wir einander unsere Unterwassererlebnisse, obwohl sie ganz schön gefährlich gewesen waren.

Es wurde langsam dunkel, die Erwachsenen hatten von unserem Abenteuer offenbar nichts mitbekommen.

Am folgenden Tag brachte uns eine Fähre nach La Palma. Mich beeindruckte deren Größe sowie der Ausblick aufs weite Meer. Leider wurde Mama und mir durch den starken Wellengang ziemlich übel, sodass wir die restliche Fahrt nicht mehr richtig genießen konnten und schließlich froh waren, wieder an Land zu sein.
Vom Vermieter unseres Ferienhauses wurden wir mit dem Auto abgeholt. Das letzte Stück des Weges zum Haus ängstigte uns etwas, es führte steil bergauf und war nur wenig breiter als unser Auto. Es gab kein Geländer, obwohl direkt neben uns der Abgrund war.
Unser Ferienhaus hatte zwei Stockwerke, meine Eltern und ich bezogen das obere. Vom Balkon aus konnte man bis aufs Meer sehen. Jetzt war ich doch froh, hierher mitgekommen zu sein.
Mit dem Vermieter war eigentlich ausgemacht, dass er Mama, die als Einzige einen Führerschein hatte, am nächsten Vormittag zu einem Autoverleih mitnehmen würde. Er hatte aber gleich früh am Morgen ein Auto besorgt und es direkt vor dem Haus abgestellt. Mama konnte sich darüber nicht freuen, sie war es nicht gewohnt, mit einem so großen Auto zu fahren und hätte gern alleine etwas geübt. Daraus wurde nichts, da alle gleich zum Supermarkt mitfahren wollten. Mama fuhr im Schritttempo den schmalen Weg hinunter und sagte: »Oh Gott, hoffentlich kommt uns wenigstens keiner entgegen.«

In den nächsten Tagen unternahmen wir verschiedene Ausflüge, unter anderem zu alten Höhlen, die mir sehr gefielen. Mittlerweile hatte sich Mama an das Auto gewöhnt, sodass sie sich längere Fahrten auf den schmalen Bergstraßen zutraute.

Caldera

Die Caldera ist der größte Naturpark von La Palma und wir hatten entschieden, diesen heute zu besichtigen. Im Mietwagen war es so heiß, dass man trotz aller geöffneter Fenster in Schweiß ausbrach. Leonie, ihre Freundin, Boris und ich hockten zusammengepresst auf der Hinterbank. Neben Mama saßen Papa und Cora. Ich saß ganz außen und wurde gegen die Tür gequetscht, sodass ich gleich auf den sandigen Weg plumpste, als Papa sie öffnete. Ich hatte zwar keine Ahnung, wie man den Platzmangel im Auto hätte lösen können, aber nervig war es trotzdem.

Wir wanderten über steinige Pfade und Felsen hinweg, kletterten über Schluchten und spazierten stundenlang einen endlos langen Weg entlang. Die Gegend hier erschien mir seltsam vertraut, obwohl ich nie zuvor hier gewesen war. Ich beobachtete die vielen kleinen Wasserfälle und die Rinnsale, die sich durch den steinigen Felsboden ihre Wege bahnten. Manche Bächlein waren seltsam rot gefärbt. Ich nahm eine Handvoll Wasser, es waren glitzernde rote Steinchen darin.

Die Erwachsenen waren sehr weit hinter mir, Leonie und ihre Freundin noch weiter zurück. Boris ging in knapper Entfernung vor mir her. Ich eilte zu ihm und zeigte ihm die roten Steinchen.

Rings um uns ragten Felswände in die Höhe, auf denen kleine Kakteen wuchsen.

Nach mehreren Stunden machten wir Rast. Die großen Steine hier hatten alle eine glatte Oberfläche und erschienen mir, als hätte sie jemand extra für uns als Ruheplätze bereitgestellt.

Es fing schon an zu dämmern, daher drängte Cora zum baldigen Aufbruch.

Am Rückweg vertieften sich die Erwachsenen in Gespräche, die mich nicht einmal im Ansatz interessierten. Es war weit spannender, mich mit Boris zu unterhalten. Wir redeten über allerlei Fantastisches: gute Riesen, gemeine Oberelfenköniginnen, den Allesschluckersee und böse Wesen, wovon sich eines Desilver nannte. Um ungestört zu sein, waren wir den anderen weit vorausgeeilt.

Mittlerweile war es so finster, dass man nur noch durch den Schein des Mondes etwas erkennen konnte. Papa rief nach uns, wir warteten und er meinte, dass es besser sei, näher beisammen zu bleiben. Leonie und ihre Freundin hielten allerdings weiterhin Abstand. An Coras Gesichtsausdruck sah ich, dass sie das nervte. Außerdem hatte es den Anschein, als hätten Cora und Papa schon zu lange keine Rauchpause eingelegt. Das erkannte ich immer daran, dass sie zunehmend genervt auf alles reagierten. Selbst eine winzige Kleinigkeit konnte dann genügen, damit einer von ihnen total aus der Haut fuhr.
Leonie fragte ständig, ob wir bald da seien. Wir kletterten über eine sehr steile Treppe, die in eine Felswand gehauen war. Ich hatte dabei ein mulmiges Gefühl und Angst, dass Boris über mir abrutschen und auf mich fallen könnte. Dann würden alle stürzen und ziemlich tief fallen. Ich verdrängte diesen Gedanken und setzte alles daran, schnell oben anzukommen. Cora und Papa, die ziemlich mies gelaunt waren, teilten sich die letzte Zigarette. Papa sagte: »Wir haben uns ein bisschen verlaufen, aber dieser Weg müsste zum Parkplatz führen."
»Was?!«, entfuhr es Leonie und sie verdrehte die Augen.
Um sie zu beruhigen, meinte Papa: »Wenigstens ist heute Vollmond, da finden wir den Weg auf alle Fälle.«
Mama mischte sich ein: »Heute ist doch gar nicht mehr Vollmond.«
Papa war der Ansicht, dass mehrere Tage lang Vollmond sein konnte. Mama und Cora widersprachen und die Stimmung heizte sich auf. Ich hatte Angst, alle würden gleich auszucken, und so ging ich ein Stück alleine weiter.

In der Dunkelheit erblickte ich vor mir etwas Weiß-Leuchtendes. Neugierig versuchte ich es genauer zu erkennen. Es schien ein schneeweißes Pferd zu sein, dessen Fell im Mondlicht schimmerte. Aus der Nähe hatte es den Anschein, als würde das Pferd durch und durch glitzern. Es trank aus einem Bach, hob langsam den Kopf und blickte mich mit seinen hellblauen Augen an. Erst jetzt bemerkte ich sein perlmuttfarbenes, gedrehtes, spitz zulaufendes Horn, das inmitten der Stirn herausragte. Mit offenem Mund stand ich da und war so verzaubert, dass ich keinen Laut herausbrachte. Mit behutsamen Schritten ging ich auf das prachtvolle Tier zu. Neben ihm standen zwei weitere Pferde. Sie hatten dunkles Fell und kein Horn. Ich näherte mich vorsichtig und versuchte, dabei so wenig Geräusche wie möglich zu machen. Ich schaute in die wunderschönen Augen, betrachtete das glitzernde Fell und das spiralenförmige Horn. Da wurde mir erst klar, dass ich vor einem Einhorn stand!

Langsam drehte ich mich um und sah in die staunenden Gesichter meiner Eltern. Ich hatte keine Ahnung, wo die anderen gerade steckten. Boris war doch andauernd in meiner Nähe gewesen, aber ich sah ihn nirgends mehr. Auch Cora, Leonie und ihre Freundin waren nicht in Sichtweite. Ich sah, wie Mama ihren Fotoapparat aus dem Lederbeutel nahm, den sie um den Hals trug. Im Vorhinein wusste ich, was gleich passieren würde, weil ich ähnliche Situationen schon öfters erlebt hatte: Die Batterie des Fotoapparates war natürlich leer und man konnte kein einziges Bild mehr machen. Ich seufzte leise und wollte eigentlich sagen: *Das war ja mal wieder klar, das passiert doch immer, wenn man unbedingt ein Foto machen will!*
Um das Einhorn nicht zu verschrecken, behielt ich das aber für mich. Man hörte nur das Plätschern des Baches. Der Anblick des Einhorns beruhigte auch Papa – mehr, als es je eine Zigarette gekonnt hätte! Keiner von uns brachte ein Wort heraus.

Wir hatten gar nicht bemerkt, dass man von hieraus schon den Parkplatz sehen konnte, ebenso wenig, dass die anderen inzwischen vorgegangen waren. Etwas stimmte nicht, denn Boris kam aufgeregt zurückgelaufen. Er rief: »Unser Auto ist nicht mehr da!«
Gemeinsam gingen wir zum Parkplatz. Papa rätselte: »Dann muss das Auto auf einem anderen Parkplatz stehen.« Mama war sich aber sicher,

es da abgestellt zu haben. Papa beharrte darauf, dass das Einbildung sei, aber alle anderen hatten den Parkplatz ebenfalls genau in Erinnerung. Das erzeugte wieder dicke Luft. Papa sagte: »Unser Auto kann ja nicht einfach so verschwinden!«, und stapfte einige Runden umher.

»Ihr habt recht, ich habe den grünen Wegweiser wiedererkannt, neben dem wir unser Auto abgestellt hatten«, erklärte er schließlich.

»Sag ich doch!«, antwortete Mama trotzig. Ich malte mir bereits aus, wie es sein würde, auf dem steinigen Weg schlafen zu müssen, während Leonie sich über die ganze Situation mächtig aufregte. Alle begannen gereizt zu diskutieren, als ich auf einmal das Auto sah. Es stand auf dem Platz, wo es die ganze Zeit hätte stehen sollen. Ich rief: »Hey! Da ist doch unser Auto!« Aber niemand schien mich zu hören, weil alle sich gegenseitig lautstark Vorwürfe machten. Nur Boris nickte mir erleichtert zu. Ich nahm mir einfach die Autoschlüssel aus Mamas Bauchtasche und ging mit Boris zum Wagen. Wir setzten uns hinein, zählten bis drei und knallten die Türen so heftig zu, dass alle sich verdutzt umsahen.

Nachdem endlich alle im Auto saßen, meinte ich sarkastisch: »Danke sehr fürs Zuhören!«

Mama startete den Wagen und mich übermannte bald die Müdigkeit. Wir hatten eine zwölf Stunden lange Wanderung hinter uns und waren total geschafft.

Des Käfig-Vogels Ei

Vogelgezwitscher drang durch die halb geöffneten Fenster, als ich erwachte. Es musste schon fast Mittag sein.
Ich ging ins Bad und nachher hinunter auf die Terrasse. Dort saßen alle zusammen um den Frühstückstisch versammelt. »Guten Morgen«, sagte Papa und alle machten es ihm nach, das führte zu einer Reihe an morgendlichen Wünschen und es hörte sich an, als würden kleine Kinder versuchen etwas nachzuplappern. Ich kicherte und setzte mich an den Tisch. Während ich mir ein Brot bestrich, wehte mir ein so heftiger Windstoß entgegen, dass mir vor Schreck das Messer zu Boden fiel.
Den anderen war schon früher aufgefallen, dass es heute trotz der Hitze heftige Windstöße gab, und sie meinten, es wäre besser, nicht zu weite Ausflüge zu machen. Mir war das ziemlich egal, denn ich wollte heute mit Boris auf Expedition durch die Kaktuswälder gehen und wenn ich mir einmal etwas vorgenommen hatte, war es so gut wie unmöglich, mich wieder davon abzubringen.

Die anderen waren beim Haus am Pool geblieben, während Boris und ich durch Büsche krochen, auf Bäume kletterten und gegen Kakteen kämpften, die uns den Weg versperrten.
Boris sagte: »Ich weiß gar nicht, was die anderen haben, es ist doch so herrlich hier draußen!«
»Und der kleine Lufthauch stört doch wirklich keinen«, fügte ich lachend hinzu.
Wir kletterten einen steilen Abhang hinunter, der mit Kakteen überwuchert war. Man musste dabei achtgeben, sich nicht zu stechen. Wir hielten Stöcke in der Hand, mit denen wir uns den Weg freikämpften, und fühlten uns dabei wie zwei Krieger auf geheimer Mission. Die Fransen meines T-Shirts verfingen sich an einer Pflanze und der Stoff riss ein Stück ein. Das störte mich weniger als die Dornen, die sich in meinen

Sandalen verfingen. Boris hatte ebenfalls mit den Pflanzen zu kämpfen. Ich grinste ein bisschen in mich hinein, weil er lustig dabei aussah.
Der Abhang endete auf einer ebenen Fläche, die mit unzähligen Butterblumen übersät war. Der orangerötliche Sandboden, die gelben Blumen und die grünen Grasbüschel dazwischen boten einen bezaubernden Anblick!

Nachdem wir eine Weile spaziert waren, wurde der Wind stärker und wir machten uns auf den Rückweg.
In der Nähe unseres Ferienhauses stießen wir auf ein verfallenes Häuschen, von dem nur noch eine Wand stand. Es lag ein Haufen Ziegelsteine herum und wir fingen an, das Häuschen wieder aufzubauen. Nach einiger Zeit sah es tatsächlich recht stabil aus, nur ein Dach fehlte. Wir setzten uns in unser Haus und redeten. Ein Windstoß fegte mir Sand in die Augen. Boris meinte: »Jetzt sollten wir vielleicht wirklich zurückgehen.«
Ich antwortete ihm: »Ja, das machen wir gleich«, und hielt kurz inne, denn ich hatte auf dem Nachbargrundstück einen Baum erblickt, auf dem ich etwas erspäht hatte, das ich mir genauer ansehen wollte. Wie in Trance stand ich auf.
»Kommst du?«, fragte Boris.
»Geh bitte vor, ich komme gleich nach!« Er murmelte irgendetwas, während ich bereits über die Mauer des Nachbarhauses kletterte und wie besessen auf den obersten Ast des Baumes starrte. Fieberhaft überlegte ich, wie ich hinaufklettern könne.
Da der Stamm sehr glatt war, würde dies schwer werden. Ich versuchte mich am Stamm hinaufzuziehen, rutschte aber ab und stürzte zu Boden. Boris, der jetzt auch über die Mauer geklettert war, rief mir zu: »Was machst du, kann ich dir helfen?« Irgendwie beruhigte mich seine Gegenwart.
»Sag mir bitte, falls jemand kommt.« Immer wieder versuchte ich auf den Baum zu klettern. Gerade als ich den ersten Ast erreicht hatte, hörte ich Boris rufen: »Beeil dich, es kommt jemand!«
»Verdammt!«, fluchte ich, doch anstatt hinunterzuklettern, beschleu-

nigte ich mein Tempo und zog mich geschickt von Ast zu Ast bis ganz hoch oben.

Dort hing an einem dünnen silbernen Seil ein kleiner Käfig. Wie bereits von unten vermutet, befand sich darin ein Vogel. Der Käfig war schmutzverkrustet und ausgefranste Zeitungsfetzen hingen am Rand heraus. Das Gitter war mit Sahne beschmiert und roch seltsam nach Alkohol. Der Vogel saß in der hintersten Ecke des Käfigs und hatte den Kopf in seine Federn gesteckt. So einen Vogel hatte ich noch nie gesehen. Sein buntes Gefieder war, obwohl verschmutzt, deutlich zu erkennen.

Ein Mann schrie mir derweil etwas in einer anderen Sprache zu, vermutlich auf Spanisch. Ich warf einen flüchtigen Blick zu Boris und sah, dass ihm mulmig zumute war.

In eiligem Tempo fuchtelte ich am rostigen Käfigtürchen herum und versuchte verzweifelt, es zu öffnen. Der Mann brüllte mir wieder zu. Ich zerrte wie wild an dem Türchen, bis es abriss. Der Vogel bewegte sich nicht und ich befürchtete, er wäre tot. Ich berührte ihn zart mit meinen Fingern, da hob er einen Flügel und bewegte seinen Kopf, als würde er mir zunicken. Kurz verweilte der Vogel am Käfigrand, flog dann los und ich sah ihm nach. Lautlos gleitete der kleine bunte Vogel davon, bis er sich scheinbar vor meinen Augen in Luft auflöste.

Ich konnte nicht mehr nachverfolgen, wohin er verschwunden war, denn der Mann kam auf den Baum zu.

»Lauf, los!«, rief ich Boris zu und er rannte weg. Ich bemühte mich, schnell vom Baum zu klettern, da knackste der Ast, auf dem ich mich festhielt, und brach. Während ich stürzte, versuchte ich mich irgendwo festzuhalten, als kurz vor dem Boden ein weiterer Ast meinen Fall bremste. Unverletzt kam ich unten auf, lief zur Mauer und überquerte sie, so schnell ich konnte. Ich rannte, bis ich Boris sah, der sich in einer Mauernische versteckt hatte. Nachdem wir reglos ein Weilchen abgewartet hatten, schlichen wir kichernd nach Hause.

Der Wind war inzwischen zu einem mächtigen Sturm geworden, der über die Landschaft fegte.

Den Rest des Tages wollten wir im Garten verbringen. Aber der Sturm wehte mir bald so heftig entgegen, dass ich das Gefühl hatte, ich würde gleich vom Boden abheben. Ich stemmte mich mit aller Kraft dagegen, doch der Sturm war dermaßen stark, dass er mich immer weiter rückwärts schob, bis ich nicht mehr dagegenhalten konnte und umgeworfen wurde. »Wow!«, rief ich. Boris hatte das bemerkt, aber er schien es nicht so ernst zu nehmen.
Eigentlich war Boris ganz anders als andere Jungs. Mit ihm hatte ich Spaß, er war für mich da, konnte zuhören – und das absolut Wichtigste für mich war, dass er kein Macho war! Er machte keinen Unterschied zwischen Jungs und Mädchen. Das Einzige, das mich etwas störte, war, dass Boris in manchen Situationen nicht zugab, Angst zu haben. Obwohl er es vor mir verbergen wollte, merkte ich es doch. Ich wusste genau, wie jemand aussah, der Angst hatte.
Papa kam in den Garten und forderte uns auf, nach drinnen zu gehen. Ich mochte es nie, wenn mir jemand sagte, was ich tun solle. Allein das Wort *soll* konnte ich nicht leiden.
Auf dem Weg nach drinnen spielten wir Fangen mit Papa.
Boris wollte dann ein Comic lesen und ich ging mit Papa die Treppe hinauf, blieb aber noch auf der Terrasse stehen. Von hier hatte ich freie Sicht auf das Nachbarhaus sowie auf den Baum, an dem der Vogelkäfig hing.
Ich suchte mit den Augen die Umgebung ab, um den Vogel vielleicht wiederzusehen, aber ich konnte ihn nicht mehr entdecken.
Ich war mir nicht sicher, ob es der Vogel gewesen war, von dem mir das Mädchen aus der anderen Realität erzählt hatte.

Am späteren Abend legte sich der Sturm, es drangen kaum mehr Geräusche zu meinem gekippten Fenster herein. Mitten in der Nacht erwachte ich plötzlich, mir war heiß und ich verspürte eine starke, unerklärliche Nervosität.

Am Morgen blinzelte mir die Sonne entgegen. Ich fühlte mich stark und hatte das Gefühl, nichts auf der Welt könne mir je wieder etwas anhaben. Ich beobachtete die Vögel, welche Blätter und kleine Äste sammelten und sich damit wieder in die Luft erhoben. Sicher würden sie damit ihre *Festungen* ausbauen und schmücken.

Ich ging auf die andere Seite des Balkons. Was für ein herrlicher Anblick! Die Wellen des Meeres spielten Fangen und glitzerten in der Sonne.

Fröhlich hüpfte ich die Stiegen hinunter. Es saßen bereits alle um den Frühstückstisch herum. Während des Essens merkte ich jedoch, dass sich die Stimmung der Erwachsenen verändert hatte. Ich wusste nicht warum, aber etwas war anders als an den vorigen Tagen. Während ich darüber nachdachte, meinte Boris, wir könnten nachher wieder auf Expedition gehen. Ich liebte es, mit ihm spannende Abenteuer zu erleben, und war sofort dabei.

⁓⁕⁓

Die Zeit in La Palma verflog im Nu. Ich hatte es genossen, alle um mich herum zu haben. Meine Familie war für mich die beste, die ich mir vorstellen konnte. Boris und Leonie waren wie Geschwister für mich. Nur Gipsy hatte mir in La Palma gefehlt und ich freute mich darauf, wieder mit ihr zu kuscheln.

Veränderung

Es war stickig und heiß im Auto meiner Eltern. Ich wartete darauf, dass sie endlich aus der Wohnung kommen würden. Vollbepackt mit zwei großen Rucksäcken kamen sie schließlich endlich daher.
Wir fuhren bei Cora vorbei, um sie und Boris abzuholen. Dort musste ich erneut warten. Ich freute mich schon aufs Schwimmen in meinem Lieblingsbadesee. Er lag mitten im Wald, es war dort immer sehr erholsam für mich.
Boris und ich vertieften uns während der Hinfahrt gleich in ein Gespräch. Es regte sich kein Lüftchen, als wir das Stück bis zum See spazierten.
Mama und Cora breiteten zwei große Decken aus und wir stellten unsere Sachen ab.
Ich blieb mit Boris fast den ganzen Tag über im Wasser, wo wir tauchten, Unterwasserkunststücke veranstalteten und herumalberten, bis es zu dämmern begann.
Später bat mich Papa, mit ihm einen kleinen Spaziergang zu machen, er wollte mit mir alleine reden. Das Gleiche hatte Cora mit Boris vor. Wir gingen in unterschiedliche Richtungen. Ich malte mir aus, was Papa mir wohl sagen würde. Eigentlich hatte ich keine Vorstellung, was es sein könnte, aber mich überkam das Gleiche ungute Gefühl wie vor der Reise nach La Palma.

Papa schwieg lange, bevor er zu sprechen begann: »Du und Boris, ihr habt vielleicht gemerkt, dass sich etwas verändert hat seit La Palma. Cora und ich … haben uns ineinander verliebt.
Es begann in einer Nacht in La Palma. Ich hörte jemanden weinen, schaute nach und sah, dass es Cora war, die vorm Haus saß. Ich fragte sie, warum sie so traurig wäre, und sie gestand mir, dass sie sich in mich verliebt hatte. Obwohl ich das in letzter Zeit irgendwie gespürt hatte, war ich dennoch über ihre Offenheit verwundert. Nach einer kur-

zen Stille antwortete ich ihr, dass ich eigentlich auch eine starke Anziehung für sie empfand. Diese Nacht war durchströmt von einer starken Energie. Im Laufe der darauffolgenden Tage entstand eine Verbindung zwischen mir und Cora, welche stärker war als die Freundschaft, die wir bisher hatten. Doch das hat nichts an den Gefühlen zu deiner Mama geändert. Trotzdem liebe ich sie, das weißt du. Ich kann mir vorstellen, dass es nicht leicht zu verstehen ist und sehr seltsam klingt, doch ich liebe beide. Wir haben gemeinsam in La Palma überlegt, ob es nicht am besten ist, wenn wir alle zusammenziehen. Ich kann selbst nicht fassen, wie das alles passiert ist, aber es ist nun einmal wie es ist. Und ich hoffe, dass du damit klarkommst« Er wartete, bis ich zu einer Antwort bereit war.

Mir gefiel zwar die Vorstellung, dass wir bald alle zusammenziehen würden, ich hatte aber auch Angst vor der Veränderung. Ich weinte. Um mich zu beruhigen, schilderte Papa, wie sich die Zukunft für uns positiv entwickeln könnte.

Langsam schlenderten wir zu unserem Platz zurück.

Cora und Boris waren bereits da. Boris und ich wussten nicht recht, wie wir reagieren sollten. Dass Papa und Cora mehr als Freundschaft füreinander empfanden, war uns unangenehm. Cora versicherte mir, dass sie mir meinen Vater auf keinen Fall wegnehmen würde und auch sonst alles so bleiben könne, wie es bisher war.

Am Heuhügel

Die ersten Tage in der neuen Schule fühlte ich mich sehr unsicher und bald zusehends unwohl. Pia widmete sich immer mehr ihren neuen Freundinnen und unternahm kaum noch etwas mit mir.

Die Lehrerin war extrem streng. Unter anderem verlangte sie, dass wir hundert Malreihen auswendig lernen sollten, die ersten zwanzig schon innerhalb der nächsten Woche. Mir wurde schlecht bei dem Gedanken, ich tat mir schon mit den ersten zehn schwer.
Der Religionslehrer wollte, dass wir die halbe Bibel auswendig lernen. Jede Stunde testete er, ob wir von ihm begonnene Bibelstellen fortsetzen konnten, und wenn jemand nicht weiterwusste, schrie er herum.
Ich stellte schnell fest, dass sich die Schüler, die alle aus wohlhabenden Familien stammten, sehr hochnäsig, oberflächlich und fies benahmen. Sie hielten sich für etwas Besseres. Alle hatten den gleichen Streberausdruck, trugen nur Markenkleidung und nutzten jede Gelegenheit, sich gegenseitig zu übertrumpfen.
Die Lehrerin übertrieb es mit ihrer Einstellung bezüglich gesunder Ernährung – nicht einmal einen Müsliriegel durfte ich essen, der wäre ungesund. Gleich in der Früh wurde kontrolliert, welche Jause wir mithatten, und in jeder Pause überprüft, ob wir auch nichts anderes aßen. Eigentlich durfte man nur Butterbrote und Obst essen.

Ich hielt es nicht lange dort aus und obwohl es mir unangenehm war, sagte ich es bald meinen Eltern. So schnell war kein Platz in einer anderen Schule zu finden, deshalb gab es offenbar keine andere Möglichkeit, als wieder in die Huckenbergstraße zurück zu wechseln.
Von Sophie erfuhr ich, dass Maurice nicht mehr an der Schule war. Obwohl er nicht mehr da war, steckte die Erinnerung an ihn in allen Räumen. Ich hatte Angst, dass sein Schulwechsel nur ein vorgetäuschtes

Spiel sein könnte und er womöglich zurückkäme, um mich umzubringen. Ich entwickelte einen regelrechten Verfolgungswahn. Wo immer ich hinging, vermutete ich Maurice. Bei jedem unerwarteten Geräusch geriet ich in Panik.

Leider waren Maurice' Freunde alle in der Klasse geblieben.

Einige Schüler hatten die Schule gewechselt, leider auch Aisha. Da wir in die Mittelschule aufstiegen, verabschiedete sich auch Jeffery. Das gefiel mir alles gar nicht.

Ein schockierender Unfall

Boris war bei mir zu Besuch. Wir machten unsere Hausaufgaben und ich bemühte mich besonders fehlerfrei zu arbeiten. Obwohl Mama mir alles gut erklären konnte, stritten wir häufig beim Lernen. Manchmal hatte ich das Gefühl, sie würde mich nur kritisieren und nie loben, zudem fühlte ich mich unter Druck gesetzt, weil ich die Aufgaben nicht ohne sie hätte lösen können. Es kam mir dann so vor, als würde ich überhaupt nichts wissen. Zum Glück stritten Mama und ich heute nicht miteinander.

Am frühen Abend besuchten wir in einem nahen Einkaufszentrum eine Vorstellung von Shaolin-Mönchen. Die Besucher drängten sich möglichst weit nach vorne. Wir hatten einen Stehplatz, von welchem wir gut auf die Bühne sehen konnten.

Ein glatzköpfiger Mann betrat die Bühne und verneigte sich tief, dann sprach er mit kehliger, ruhiger Stimme: »Willkommen, meine Damen und Herren, ich werde Ihnen heute zeigen, was man alles mit vollkommener innerer Ruhe und Kraft bewirken kann.« Er verbeugte sich und das Publikum applaudierte.

Ich lachte und meinte: »Die sind ja leicht zu unterhalten!«, woraufhin mich eine ältere Frau entrüstet anstarrte. Es kamen weitere Männer auf die Bühne, die sich gegenseitig Betonplatten und Eisenstangen auf die Köpfe donnerten. Übungen mit Schwertern und ähnlichen Waffen wurden auch vorgeführt. Boris fand es sehr toll, ich und Mama fanden es zwar nicht schlecht, aber wir konnten der Vorstellung nicht so viel abgewinnen.

Die Tatsache, dass man mit viel Körperkontrolle und einem ruhigen Geist so einiges bewirken oder ertragen konnte, war mir längst klar. Das Publikum schien mir übermäßig begeistert. Ich überlegte, ob alle ebenso ausgeflippt wären, wenn diese Vorstellung etwas gekostet hätte.

Die ältere Frau hatte mich seit meinem Kommentar unentwegt angestarrt. Ich hatte das Gefühl, ihre Augen waren eher auf mich gerichtet als auf die Vorstellung. »Kann ich irgendwie helfen?«, fragte ich die Frau daher irgendwann genervt. Sie gab mir keine Antwort und riss ihre Augen und ihren Mund weiter auf als zuvor. Ich mimte ihr Gesicht nach und wir standen voreinander wie zwei erschreckende Halloweenmasken. Ich fand die Situation amüsant. Eine jüngere Frau tippte der älteren auf die Schulter und fragte: »Gehen wir dann?« Die klappte den Mund zu und sah mich ein letztes Mal kopfschüttelnd an, bevor sie Richtung Ausgang eilte.
Mama schaute auf ihr Handy nach der Uhrzeit. »Oh, wir müssen uns beeilen, sonst geht mein Gitarrenschüler womöglich wieder nach Hause!«
»Wann kommt der denn?«, fragte ich.
»Na ja, eigentlich jetzt«, sagte sie. Um nicht allzu spät zu kommen, wollten wir die Straße direkt überqueren. Die Autos brausten nur so vorbei. Als auf unserer Seite keine mehr kamen, gingen wir bis zur Mitte der Straße.
Danach spielte sich alles wie in Zeitlupe vor meinen Augen ab.

Meine Mama rief laut: »Nein! Stopp, Boris!« Aber es war bereits zu spät. Boris wollte schnell über die Straße laufen – und ein Auto erfasste ihn. Er flog gegen die Windschutzscheibe und fiel zurück auf die Straße. Mama schrie laut auf. Bevor der Wagen zum Stillstand kam, rollte er über Boris! Einige Passanten stürmten auf die Straße und die Frau, die das Auto gelenkt hatte, stieg aus und hielt sich die Hände vor den Mund. »Nein, das darf nicht wahr sein!«, war alles, was sie hervorbrachte.
Meine Mama näherte sich schockiert und rief: »Oh Gott nein!« Ich stand wie gelähmt an Ort und Stelle und rührte mich nicht.
Im nächsten Moment kroch Boris unter dem Fahrzeug hervor! Alle Blicke richteten sich auf ihn. Einer der Passanten rief einen Rettungswagen. Boris stand unter Schock, meinte aber, dass ihm nichts fehlen würde. Aber alle anderen befürchteten, er könne innere Verletzungen haben, und bestanden darauf, ihn unverzüglich in ein Krankenhaus zu befördern.

Wir setzten uns auf einen Stiegenaufgang und warteten dort auf die Rettung. Boris und ich brachten beide kein Wort heraus. Mama hielt sich immer noch die Hand vor den Mund, ebenso wie die Fahrerin des Autos. Zwei Polizisten, die inzwischen eingetroffen waren, befragten die Fahrerin sowie Mama und verständigten Cora. Der Passant, der den Krankenwagen alarmiert hatte, redete unentwegt auf Boris ein, welche schlimmen Verletzungen er erlitten haben könne. Cora und Papa kamen mit dem Taxi an und stürmten gleich auf Boris zu. Kurz danach kam der Rettungswagen.

Papa musste noch zu einem PC-Job, Mama und ich blieben schockiert zurück.
Zu Hause angekommen fühlte ich mich leer. Um ein Haar hätte ich Boris verloren. Ich redete mit Mama darüber. Sie meinte: »Zuerst schauen wir uns eine Vorstellung der Shaolin-Mönche an, dann wird Boris überfahren und kriecht unter dem Auto hervor, als würde das alles noch zur Vorstellung gehören. Er hatte wirklich wahnsinnig großes Glück!«
»Ja, er ... Es war ... ich dachte, er stirbt vor meinen Augen!«, stotterte ich.
»Das dachte ich auch«, gab Mama zu.

Es klopfte an der Tür, Mamas Gitarrenschüler kam. Den hatten wir ganz vergessen, aber er hatte sich ohnehin verspätet.
»Wir reden nachher weiter und rufen dann Cora an, um zu fragen, wie es Boris geht.« Ich nickte nur und ging schweigend in mein Zimmer, wo ich zum Fenster hinausschaute und nachdachte.
Cora teilte uns später mit, dass Boris keine inneren Verletzungen habe und sich inzwischen etwas von dem Schock erholt hätte.
Auf jeden Fall ging er seit diesem Tag immer sehr vorsichtig über die Straßen.

Unfaires Verhalten

Nachdem die Lehrerin Latona wild nach Ruhe geschrien hatte, kehrte allmählich Stille in der Klasse ein. »Die Hausaufgaben bitte!«
Ich kramte in meiner Schultasche herum. »Nächstes Mal richtest du gefälligst deine Sachen vor dem Unterricht her, alle müssen wegen dir warten!«
Rasch zog ich mein Hausaufgabenheft aus der Tasche. Latona hatte die Stirn in Falten gelegt und durchbohrte mich mit ihrem Blick. »Hast du mich verstanden?«
»Ja, ich habe verstanden«, murmelte ich. Ihre Wangen färbten sich rot und ihre Mundwinkel zuckten nervös. »Hast du nichts vergessen?«, fragte sie eindringlich.
»Was meinen Sie?«, wollte ich merklich verwirrt wissen.
Latona wurde lauter: »Tu nicht so, als wüsstest du das nicht. Dein Ton ist mir zu frech und falls dir das auffallen sollte, deine Art ist nicht respektvoll!« Es war mir total unangenehm, dass sie so mit mir herumschrie, noch dazu vor allen anderen. Ich wusste nicht mal, wieso. Ich überlegte, was ich aus ihrer Sicht wohl falsch gemacht haben könnte. In Gedanken ging ich meine Worte nochmals durch.
Latona schrie: »Na schön, du bekommst gleich mal ein Minus in dieser Stunde, wähle deine Sätze mit Bedacht!«
Fragend sah ich Latona an. »Tut mir leid, ich weiß gar nicht, wovon Sie sprechen.«
»Tatsächlich nicht? Und was hast du in deinem Satz vorhin vergessen?« Ich dachte angestrengt nach.
»Was?!«, schrie sie. Jetzt fiel mir ein, was für ein winziger Fehler meinerseits sie so aufregte.
Ich hatte die Anrede in meinem Satz vergessen. Mit ruhiger Stimme sagte ich: »Entschuldigung, Frau Latona, nächstes Mal werde ich meine Unterrichtsgegenstände früher herrichten.«

»Geht doch, warum nicht gleich so?« Sie sammelte die Hausaufgaben ein.
Collin rief: »Ich habe die Hausaufgabe nicht, hatte keine Zeit und vor allem keinen Bock.«
»Bring sie dann aber morgen!«, sagte Latona nur.

Wut machte sich in mir breit.
Wieso lässt sie dem alles durchgehen, obwohl er so frech ist? Bei meinem klitzekleinen Fehler hat sie sich gleich so aufgeregt!
Grimmig starrte ich auf meinen Tisch.
Das Hausaufgabenthema war endlich abgeschlossen. Etwas später fragte ich, ob ich aufs Klo gehen dürfe. Latona zeigte auf die Uhr und schüttelte den Kopf. »Die Zeit, in der die Mädchen gehen dürfen, ist vorbei, jetzt ist Bubenzeit.«
Ich erfuhr, dass sie gleich zu Schulbeginn die Regel eingeführt hatte, wonach die Mädchen und Jungs nur zu getrennten Zeiten aufs Klo durften. Auf der Klotür hing ein Zettel, auf dem die genauen Zeiten standen. Latona meinte, diese Regelung wäre gut, um Unannehmlichkeiten zu vermeiden, da es keine Trennung zwischen Jungs- und Mädchenklos im Haus gab. Um nicht noch eine Stunde warten zu müssen, schlich ich in der Pause aufs Klo ins untere Stockwerk. Ich hoffte, Latona würde mich dort nicht sehen.

Mein Papa war jetzt nicht mehr so oft zu Hause wie früher. Weil er sozusagen eine doppelte Beziehung führte, wohnte er einzelne Tage und Nächte bei Cora.
Eines Nachmittags, als er bei uns war, bat er nach dem Essen Mama, sich zu uns zu setzen. Er atmete tief druch und teilte uns zögernd mit: »Cora und ich bekommen ein gemeinsames Kind.«
Mama und ich sahen Papa erst mal überrascht an. Aber in seinen Augen war eine so ansteckende Freude, dass sich dieses Gefühl auf uns übertrug.

Ich glaube, wir alle waren uns über die Bedeutung, welche Veränderungen dies nach sich ziehen würde, nicht wirklich bewusst.

Dieses Mal wollten wir Weihnachten alle zusammen bei Cora feiern. Der riesige Baum stand bereits im Wohnzimmer und es war ausgemacht, ihn gemeinsam zu schmücken. Doch dann waren Cora und Papa unerwartet unterwegs, Boris und Leonie verzogen sich in ihre Zimmer, sodass Mama und ich das Schmücken allein übernahmen. Zu guter Letzt hängte Mama zwei Engel auf den Baum, von denen einer eine Gitarre hielt, der andere eine Ziehharmonika. Sie sagte: »Die sehn aus wie Cora und ich.« Seufzend fügte sie hinzu: »Aber ich hab' so ein Gefühl, als wäre das unsere erste und letzte gemeinsame Weihnachtsfeier.« Ich konnte mir nicht erklären, wie sie darauf kam.

Bevor Cora und Papa zurück waren, übte Mama mit Leonie, Boris und mir Weihnachtslieder auf Flöte und Gitarre. Für mich hatte Mama über die Noten Punkte gezeichnet, die mir anzeigten, wie viele Löcher ich auf der Flöte zuhalten musste.

Ich erinnerte mich, wie das Latona einmal aufgefallen war, weil ich aus ihrem Notenheft nicht spielen konnte. Sie hatte mich abwertend angesehen. Es gefiel ihr nicht, dass ich quasi ohne Noten ebenso gut spielte wie die anderen. Aber sie fand keinen Grund, mir zu verbieten, auf diese Weise zu spielen.

Es wurde ein schönes Weihnachtsfest und ich wünschte mir, dass es so harmonisch zwischen meinen Eltern und Cora bliebe.

Skifahren

Ängstlich sah ich mich nach allen Seiten um, ich musste seit Stunden durch diesen dunklen Wald gewandert sein. Mehrmals hatte ich das Gefühl, als würde mich jemand verfolgen, aber das waren sicher nur die Blätter der Bäume, mit denen der Wind herumspielte.
Da hörte ich ganz in der Nähe ein Geräusch, das mir Angst einjagte. Es klang so schaurig, dass ich anfing zu zittern. *Was war das?*
Ich beschleunigte meine Schritte und suchte hinter einem der Bäume Schutz. Ich erspähte eine Gestalt, die an mir vorbeihuschte. Panisch drehte ich mich nach allen Seiten um, bis ich in zwei grau-schimmernde Augen blickte. Mein Mund öffnete sich zum Schrei, aber eine eiskalte, knochige Hand legte sich darauf. Sie roch nach Rauch, was mir den Atem raubte. »Wenn du schreist, stirbst du!«, drohte eine tiefe, rauhe Stimme.
Die Gestalt sah nicht menschlich aus, sie ließ sich mit nichts, was ich zuvor gesehen hatte, vergleichen. Ich nickte und das Wesen ließ seine Hand sinken. Entgegen unserer Abmachung fing ich an, laut zu schreien. Als das Wesen seinen Mund leicht öffnete, brachte ich keinen Ton mehr heraus, da es mir einen starken Rauchschwall entgegenblies. Ich musste nach Luft ringen. Instinktiv versuchte ich nach hinten auszuweichen, stieß dabei aber gegen den Baum.
»Was willst du?«, schrie ich das Wesen an und war selbst erstaunt über meinen Mut.
»Zieh alles aus, was deinen Körper bedeckt!«, forderte das Wesen.
Weil ich darauf nicht reagierte, packte es mich mit seinen knochigen Fingern: »Dann verschlinge ich dich eben mitsamt deiner Kleidung!«
Das Wesen öffnete den Mund ganz weit und ließ seinen Kiefer samt den übergroßen Zähnen herausschießen.
»Nein!«, schrie ich. »Neeeein!«

»Was hast du denn? Mein Gott, sei doch still, wir wollen schlafen!«, dröhnte es laut an mein Ohr und zwei Hände rüttelten mich.
»W-wa-was?« Ich zitterte am ganzen Körper. Als ich die Augen aufschlug, sah ich in Olivias verschlafenes, genervtes Gesicht.
»Schrei nicht so, es wollen auch andere hier schlafen!« Olivia kroch in ihr Bett zurück und schlug sich wütend die Decke über den Kopf. Ich starrte verwirrt auf den Holzrahmen meines Bettes.
Langsam kehrte meine Erinnerung zurück: *der Schulskikurs – ich bin gar nicht im Wald!*
Mein Nachthemd war schweißnass, ebenso meine Hände. *Wieso träumt mir so etwas Furchtbares?* Ich bekam Heimweh und Tränen stiegen mir in die Augen. Ich konnte die Tränenwellen nicht unterdrücken und so entwischte mir ab und zu ein Schluchzer, sehr zum Unwohl der anderen im Zimmer. Ständig regte sich eines der Mädchen darüber auf, dass ich zu laut wäre. »Ruhe!« kam es aus einer Richtung, »Schhh!« aus der anderen.
Ich versuchte die Tränen runterzuwürgen, aber es wollte nicht klappen. Ich fühlte mich schrecklich allein. Ohne Licht zu machen stand ich auf und schlich, leise wie ein Geist, zur Toilette. Jetzt ging es wieder los mit meinem Einschlafproblem. Stundenlang pendelte ich zwischen Bett und Klo, bis es langsam hell wurde.
Ich fühlte mich zwar müde, aber jedes Mal, wenn ich mit geschlossenen Augen im Bett lag, hatte ich das Gefühl, mich auf einem Karussell zu befinden und mir wurde total schwindlig. Ich wünschte mir, jemand würde mich trösten und umarmen.
Schließlich kramte ich mein Handy hervor und schrieb eine SMS nach Hause. Mein Papa rief mich kurz darauf an. Ich steckte den Kopf unter meine Bettdecke und flüsterte ins Telefon. Ich war mir sicher, er konnte nicht viel von meinem Genuschel verstehen aber ich schluchzte mich trotzdem aus.
Während des Telefonats bekam ich mit, wie sich die anderen im Zimmer gegen mich verschworen. Nur Lydia regte sich nicht auf, sondern stand auf meiner Seite. Sie schien sich durch mich nicht gestört zu fühlen.

Ich flüsterte: »Ich kann nicht reden, die anderen regen sich schon auf.« Durch Papas beruhigende Worte schlief ich ein.

Lydias gehetzte Stimme weckte mich: »Aufstehen, schnell! Wir beide kommen zu spät zum Frühstück, das gibt Ärger, Latona macht uns fertig!«
Ich blinzelte nur kurz, schloss die Augen und schlief gleich wieder ein. Als Lydia mir die Decke wegzog, bekam ich das nur gedämpft mit. »Wenn du nicht kommst, muss ich alleine gehen!« Ich ignorierte sie im Halbschlaf.
Keine Ahnung, wie lange ich weiterschlief, jedenfalls schreckte ich im Bett hoch, als die Tür zuknallte und Lydia wieder im Raum stand. »Latona ist stinksauer und will, dass du auf der Stelle zu ihr kommst!« Widerwillig und todmüde torkelte ich aus dem Bett ins Badezimmer. Dort wurde mir schwindlig und ich sank auf den Fliesenboden.
Trotzdem eilte ich kurz danach mit Lydia hinunter in den Speisesaal. Sie setzte sich auf ihren Platz. Alle hatten bereits zu frühstücken begonnen und starrten mich hämisch an.
Bevor ich mich setzen konnte, rief Latona durch den ganzen Raum zu mir: »Die zweite Zuspätkommerin soll augenblicklich bei mir erscheinen!« Ich ging zu ihr und sie erschien mir so groß, dass ich mir wie eine winzige Ameise vorkam, die zu einem Elefanten aufblickt. Durch die Glaswand hinter ihr schaute ich teilnahmslos auf den schimmernden schneebedeckten Wald.
»Nenne den Grund, warum du zu spät kommst! Ich rate dir, eine kluge Erklärung abzuliefern!«
»Darf ich Ihnen das persönlich sagen?«
»Ich wüsste nicht, was du vor den anderen zu verheimlichen hättest!« Latonas Stimme schrillte in meinen Ohren. Beschämt senkte ich den Kopf. »Also, ich warte!« Sie stand mit verschränkten Armen vor mir.
»Ich konnte in der Nacht kaum schlafen, ich ... ich habe verschlafen«, stotterte ich leise.
»So, so. Tatsächlich, verschlafen?« Latona runzelte die Stirn. »Du musst verstehen, dass ich deinen Grund des Zuspätkommens nicht gelten las-

sen kann. Du hast selbst zugegeben, verschlafen zu haben. Solange du nicht nachweisbar krank bist, muss ich dir dafür einen Eintrag machen, zudem erwarte ich bis morgen von dir eine Strafarbeit darüber, wie man sich auf einem Skikurs zu verhalten hat.«
Samuel spottete: »Aber sie ist doch krank. Im Kopf.« Gelächter brach aus.
Ich hielt die Situation nicht mehr aus und rannte ohne Frühstück aus dem Speisesaal.
»Ich bin noch nicht fertig! Du verlässt nicht den Raum, wenn ich mit dir rede!«, schrie mir Latona nach. Mir war egal, was sie mir nachrief, ich wollte nur möglichst schnell von ihr und den anderen wegkommen. Ich lief die Treppe hoch, knallte die Tür des Zimmers hinter mir zu und warf mich laut schreiend aufs Bett. Ich drückte den Kopf so fest in die Polster, dass ich kaum Luft bekam. Wieder telefonierte ich mit Papa. Ich erzählte ihm, dass ich eine Strafarbeit machen müsse, weil ich verschlafen hatte. Mein Papa ärgerte sich über Latona, da er ihr vor dem Skikurs extra von meinem Einschlafproblem berichtet und sie um Verständnis dafür gebeten hatte. Er versprach mir, ihr eine E-Mail zu schicken. Er schaffte es sogar, mich kurz zum Lachen zu bringen, obwohl ich bereits am Weinen war.

Die Mädchen kamen vom Frühstück zurück. Kurz danach klopfte es an die Tür und ich öffnete, da sonst niemand reagierte. Latona drängte sich in den Raum und schob mich beiseite. Sie verkündete rasch den Tagesplan und musterte mich dabei mit einem verachtenden Blick, bevor sie ins nächste Zimmer eilte.
Ich ging aus dem Zimmer, nachdenklich setzte ich mich auf die Treppe im unteren Flur. Lange saß ich nicht in Ruhe da, als mir jemand von hinten auf die Schulter tippte. »Wer immer du bist, lass mich in Ruhe!«, schrie ich gereizt.
»Wie bitte?«, fragte mich Latona entrüstet. Ich erschrak und wirbelte nervös herum. »Entschuldigung ... Ich dachte, Sie wären ... ähm ... jemand anderer.«
Sie setzte ihr unechtes Lächeln auf und zwängte sich an mir vorbei.

Kurz vorm Speisesaal drehte sie sich um und sagte kühl: »Denk an den Aufsatz, den ich morgen von dir haben will!«

Betreten richtete ich mich auf und huschte die Stiege hoch.
Die Zimmertür stand einen Spalt offen und ich konnte sehen, dass einige der Mädchen es sich auf meinem Bett bequem gemacht hatten. Ich erkannte, dass sie in meinem kleinen Notizheft herumblätterten. Mit einem Ruck stieß ich die Tür auf und schnappte mir mein Heft, das Olivia gerade in der Hand hielt.
»Finger weg von meinen Sachen!«, brüllte ich.
»Das ist aber total süß, was du alles aufschreibst!«, sagte Olivia.
»Deswegen müsst ihr es noch lange nicht lesen!«, kreischte ich.
»Reg dich doch nicht so auf, es ist ja nicht schlimm!«, versuchte Olivia mich zu besänftigen, aber das nervte mich umso mehr. Ich war richtig sauer, sodass ich kein Wort mehr mit den anderen wechselte.
Latona kam kurz darauf noch einmal: »In fünf Minuten unten und zum Aufbruch bereit!« Wir zogen uns in Windeseile um und liefen die Treppe schnellstmöglich hinunter. Um mir die Freude am Skifahren nicht nehmen zu lassen, verdrängte ich meinen Ärger, so gut es ging.

In einem übelriechenden Kämmerchen zogen wir uns auf Holzbänken die Skischuhe an. Der Boden war nass und ich musste aufpassen, nicht in die Lacken zu steigen. Draußen sollten wir die Skier anschnallen. Das gelang mir nicht auf Anhieb, ich war ja noch nie zuvor Skifahren gewesen. Latona kam zu mir und half mir in die Skier. »Du bist so unbeholfen! Müsstest dich eben mehr bemühen, damit du das allein kannst!« Lydia hörte das, zeigte kurz auf Latona und verdrehte die Augen. Wir stapften durch den Schnee.
Latona wollte, dass wir zwei Gruppen bilden, eine mit den Anfängern und eine mit den Schülern, die bereits Skifahren konnten. Latona und die zweite Gruppe fuhren gleich mit dem Schlepplift los. Ich blieb bei den Anfängern auf einem flachen Übungshang mit einem fremden Skilehrer.
Schon am nächsten Tag konnten alle außer Sophie und mir so fahren,

dass sie ebenfalls den Schlepplift benutzen durften. Der Skilehrer fuhr meistens mit ihnen mit, sodass Sophie und ich allein im Schnee herumrutschten und uns gegenseitig motivierten, nicht aufzugeben.

In der darauffolgenden Nacht wälzte ich mich unruhig im Bett hin und her.
Ich muss schlafen! Ich muss gar nicht aufs Klo! Ich muss schlafen!, redete ich mir in Gedanken ein. Verzweifelt versuchte ich mich dazu zu bringen, nicht dauernd aufzustehen und aufs Klo zu gehen. Eigentlich musste ich sowieso nicht, aber dieser innere Zwang dazu war drückend. Ich schlich mich immer wieder ins Badezimmer. Im Bett schossen mir Tränen in die Augen. Mittlerweile konnte ich so leise weinen, dass es niemand merkte – aber das war verdammt anstrengend und ich bekam heftiges Seitenstechen davon.
Bald schlief ich vor Erschöpfung ein. Ein paarmal schreckte ich aus dem Schlaf und sah mich ängstlich um, bevor ich zurück in den *Unruheschlaf* fiel.

Es duftete nach Rosen. Mir war, als läge ich in einem weichen Meer aus Blütenblättern, die mich ganz sanft berührten. Samtig strich mir eine Hand durch meine Haare. Ich ließ sie machen, obwohl ich nicht, wusste woher sie kam. Sie streichelte meine tränenfeuchten Wangen. Ein Gefühl von Trost kam über mich – wie eine Schutzhülle, die mich vor allem Bösen beschützen wollte.
Etwas ist seltsam ... Plötzlich wurde mir klar, dass ich im Bett lag.

Mit einem Ruck fuhr ich hoch und sah in zwei funkelnde Augen, die bläulich im dunklen Zimmer leuchteten. Im Mondschein konnte ich einen Jungen erkennen, der neben mir auf dem Boden kniete.
Er hatte blondes, gelocktes Haar und sah aus wie ein Engel, es fehlten ihm nur die Flügel. Etwas erschrocken flüsterte ich: »Bist du ein Engel? Kommst du etwa, um mich zu holen?«

Der Junge kicherte leise. »Und ich dachte, du seiest der Engel.« Seine Stimme klang wie Musik, zart und leise, fast wie das Flüstern eines Fauns.

Er holte etwas aus seiner Umhängetasche. Diese hatte auf der einen Seite die Form eines Halbmondes und auf der anderen die einer Sonne. Der Junge nahm einen Gegenstand heraus. Es war ein ovaler weißer Stein mit einem schwarzen Punkt in der Mitte, umrahmt von einem schwarzen Ring.

»Dicht bei dir behalten«, sagte er, »der Stein ist von Bonsaij.«

Ich war zu aufgeregt, um etwas sagen zu können.

Wer ist er nur? Woher kennt er Bonsaij? Irgendwie erinnert er mich an ihn.

Von einem glänzenden Schein begleitet, schwebte der Junge auf die Tür zu und öffnete sie. »Warte!«, versuchte ich zu flüstern.

Er drehte sich zu mir um, dabei verbreitete sich Wärme im ganzen Raum. »Sehen wir uns wieder?«, fragte ich zögernd. Er nickte und ein gütiges Lächeln erschien auf seinem Gesicht. Da verschwand er plötzlich. »*Sucherin* ...«, seine Stimme verhallte. Ich war mir nicht sicher, ob er durch die Tür gegangen war. Ich eilte zur offenen Tür und spähte auf den leeren, dunklen Gang.

Seltsam, dachte ich, *wo ist er so schnell hin?* Gedankenverloren sah ich auf die anderen Zimmertüren. Mir wurde etwas kühl und ich verzog mich ins Bett. Den Stein hielt ich weiterhin in der Hand und es war, als würde er beruhigend auf mich wirken. Ungewöhnlich schnell schlief ich ein.

Am Morgen kämpfte ich gegen meine enorme Müdigkeit und stand besonders früh auf, denn ich wollte pünktlich zum Frühstück erscheinen und nicht wieder Ärger kriegen.

Als ich gerade mit dem Essen begann, kam Latona zu mir. Sie setzte sich geräuschvoll auf einen freien Stuhl. »Und?«, fragte sie. Ich verstand nicht, was sie wollte und starrte sie nur verwirrt an.

»Wo – ist – der – Aufsatz?« Jedes ihrer Worte hallte verzerrt in meine Ohren.
»Tut mir leid, Frau Latona. Ich habe ihn nicht, ich war gestern Abend so erschöpft ...«
Sie unterbrach mich: »Deine Ausreden gehen mir auf die Nerven! Du hattest wirklich genügend Zeit und hättest das locker machen können. Das Problem ist, dass du faul bist! Wenn du so weitermachst, schaut es wirklich schlecht für dich aus, tut mir leid!« Sie stand auf und stolzierte aus dem Speisesaal. Ich schluckte meine Wut runter, obwohl ich bereits kurz davor war, zu explodieren. Mürrisch stopfte ich das Frühstück in mich hinein.
Latona kam wieder zurück. »Dein Vater hat mir eine E-Mail geschrieben.« Sie setzte ihr falsches Lächeln auf. »Du kannst den Aufsatz nach dem Skikurs schreiben.«
Von Papa erfuhr ich, dass sich Latona die Sache mit der Strafarbeit nur bedingt hatte ausreden lassen. Ich sollte den Aufsatz schreiben, aber nicht als Strafarbeit, sondern als Training für meine Rechtschreibung. Wenigstens konnte ich die Sache so auf später verschieben.

Zurück am Zimmer vertiefte ich mich in ein Buch, was mich zunehmend entspannte, bis Latonas Stimme heraufhallte: »In 10 Minuten, unten!«
Als wir alle versammelt waren, verkündete Latona, dass sie etwas zu tun hätte und wir in der Zwischenzeit einen der mitgebrachten Filme anschauen könnten. Es wurde abgestimmt und die meisten entschieden sich für den Film, den ich mitgebracht hatte, was mich freute.

Die folgenden Tage verliefen besser für mich. Weil ich das Skifahren endlich konnte, machte es mir Spaß. Trotzdem war ich froh, als der Skikurs zu Ende war. Ich konnte wieder in meinem eigenen Bett schlafen und nachts jederzeit aufstehen, wann ich wollte. Zudem hatte ich Latona nicht mehr ständig um mich.

Boris besuchte mich und wir wollten Eis laufen gehen. Das gefiel auch meiner Mama und wir machten uns zu dritt auf den Weg.

Ich glitt auf meinen Eislaufschuhen dahin und quatschte mit Boris, der neben mir fuhr. Da entdeckte ich ein mir bekanntes Gesicht in der Menge und erschrak. Ich merkte, wie die Angst mich wie ein Monster packte. »Oh nein!«, entfuhr es mir. Boris sah mich verwundert an. »Was ist denn?«
»Er ... ist hier«, flüsterte ich ihm zu.
»Wer?«, wollte Boris wissen.
»Maurice ... Und zwei seiner Freunde!« Boris sah mich verwirrt an. Ich murmelte: »Ach, ist nicht weiter wichtig.«
Ich hatte beschlossen, mir nichts anmerken zu lassen, behielt Maurice aber im Auge, bis er mich sah und unsere Blicke sich trafen.
Ich wusste nicht, wie ich reagieren sollte. Maurice flüsterte seinen Freunden etwas zu, danach verließen sie rasch die Eisfläche und rannten hinaus! Ich konnte es kaum glauben, war aber froh, dass es zu keiner Auseinandersetzung gekommen war.

Schluss damit!

Am ersten Schultag nach dem Skikurs war ich bei Alice zum Mittagessen eingeladen. Nach Unterrichtsschluss quatschten wir noch ein Weilchen, bevor wir uns auf den Weg zu ihr machten. Eigentlich dachte ich, alle anderen aus der Klasse wären bereits gegangen, bis Alice ein Stockwerk tiefer plötzlich auf die Stufen fiel. Durch einen Fußtritt in den Rücken schlug ich ebenfalls auf den Stufen auf.
Wir drehten uns um und Alice brüllte Pascal, Samuel, Georg, Collin und Mike ins Gesicht: »Hört auf jetzt!« Dabei zog sie die Vokale in die Länge, so wie sie es immer tat, wenn sie sich besonders aufregte. Genau das fanden die Jungs total lustig und schubsten sie erneut. Ich hoffte, sie würden endlich Ruhe geben, aber das taten sie nicht. Ich hatte große Angst.
Sie hören wohl nie auf. Wenn ich Alice verteidige, lenke ich die ganze Aufmerksamkeit auf mich. Bestimmt machen sie mich wieder fertig. Womöglich treffen sie sich mit Maurice ...
Nach wie vor hatte ich panische Angst vor ihm. Deshalb konnte ich meinen Impuls, Alice zu helfen, nicht in die Tat umsetzen.
Wir rannten, so schnell wir konnten, die Treppe hinunter. Aber die anderen waren zu fünft und schafften es, sich uns in den Weg zu stellen. Vor dem Schulgebäude wurde ich von Collin beiseite gestoßen. Georg hängte sich an Alice' Schultern, riss sie zu Boden und nahm ihr den Rucksack weg. Währenddessen schrie Alice ständig den gleichen Satz: »Hööört auf jeeetzt« – was alles nur schlimmer machte. Georg nahm einige ihrer Sachen aus dem Rucksack heraus und hielt sie ihr vor die Nase. Gleichzeitig spotteten die anderen über Alice. Mike nahm ihren rosafarbenen Lieblingsstift aus dem Federpennal und warf ihn auf die Straße. *Wie bei mir damals,* schoss es mir durch den Kopf.
Alice' Aufregung steigerte sich immer mehr. Sie war wütend und hilflos zugleich. Ich kämpfte innerlich gegen meine Angst, stand schließlich auf

und stellte mich vor sie. »Schluss damit!«, sagte ich laut. Mike starrte mich ungläubig an und Collin stieß mich weg. Sie flüsterten sich etwas zu und Mike sagte schließlich: »Hast du Bock, Maurice zu besuchen?« Mike hatte gemerkt, dass ich es vielleicht doch schaffen könnte, Alice zu verteidigen, aber mit dieser Androhung erstickte er jeden Hauch von Selbstsicherheit in mir. Samuel stimmte zu: »Ja, willst du das? Maurice freut sich bestimmt.«

Mit hängendem Kopf murmelte ich: »Nein ...«

Plötzlich hörte ich Maurice' Stimme hinter mir: »Hey Mike, was läuft so?« Ich fuhr herum und starrte wie elektrisiert zu Mike, der am Handy den Lautsprecher angestellt hatte und mit Maurice telefonierte. Das Gespräch kam mir ewig lang vor und ich explodierte innerlich fast, aber Mike erwähnte mich nicht. Zusammen mit Collin lachte er sich schlapp. »Ich will was Süßes!« sagte dieser nun.

Ich wurde festgehalten und vorwärts geschoben. Georg hielt Alice' Rucksack und wir gingen Richtung U-Bahn. Alice forderte mit dem Satz wiederholt erfolglos ihren Rucksack zurück. Beim Süßwarenladen ahnte ich, was passieren würde. Sie schoben Alice in den Laden und versperrten ihr die Möglichkeit wegzulaufen. Ich blieb draußen stehen und beobachtete das weitere Geschehen.

Jeder der Jungs suchte sich etwas aus, verstaute es in einem Säckchen, ließ dieses jedoch stehen. Der Verkäufer rief: »Wollt ihr nichts?« Die Antwort kam von allen gleichzeitig: »Nein!« Für sie war klar, dass Alice die ausgesuchten Süßigkeiten bezahlen müsse. Alice ging zur Kasse und ich kam zu ihr. Es war so viel in Säckchen gepackt, dass Alice gar nicht genug Geld hatte, um alles zu bezahlen. Ich beriet mich kurz mit ihr und übernahm die Hälfte.

Wir verließen den Laden und übergaben die Süßigkeiten.

»Oh, wie freundlich!«, sagte Collin affektiert.

Während Alice und ich schweigend auf die U-Bahn warteten, wurden wir weiter verspottet. In mir stieg die Angst hoch, dass einer der Jungs mich auf die Gleise stoßen könnte, deshalb wich ich etwas zurück. Collin fragte aggressiv: »Was ist?«

Zuerst versagte meine Stimme, dann brachte ich zaghaft ein *Nichts* heraus.
»Doch!«, widersprach er, packte mich bei den Schultern und zog mich bis zu der gelben Sicherheitslinie. Ich stemmte mich dagegen. »Angsthase! Die hat Schiss, dass wir sie da runterschubsen! Wir sind doch nicht lebensmüde!« Damit zog er mich wieder zurück. Einige Leute sahen bereits zu uns her. Ein älterer Mann sagte: »Passt bloß auf! Wenn ihr einmal da runterfliegt«, er deutete auf die Schienen, »könnt ihr sterben.« Die Art, wie er das gesagt hatte, war dermaßen beängstigend, dass keiner etwas erwiderte. Collin ließ mich los und grinste. Alice konnte ich nirgendwo sehen. Die U-Bahn kam endlich, ich rannte zu einem hinteren Waggon, dort traf ich Alice wieder und setzte mich zu ihr. Sie meinte: »Solche Arschlöcher!« Ich nickte nur und wusste nicht, was ich dazu sagen sollte. Ich lenkte die Aufmerksamkeit auf ein anderes Thema und nach und nach löste sich die Anspannung.

Zu Hause benahm sich Alice zwar, als wäre sie gut gelaunt, aber ich merkte genau, dass ihr die spottenden Worte im Kopf herumgeisterten. Wir malten zusammen und auch ich beschäftigte mich in Gedanken mit dem heutigen Vorfall. Ich machte mir Vorwürfe, dass ich nichts gegen die Jungs unternommen und Alice zu wenig verteidigt hatte. Bevor ich heimging, merkte ich, dass Alice kurz davor war zu weinen. Ich wollte sie trösten, sagte aber nur: »Wir sehen uns morgen, sei nicht traurig.«
Alice antwortete: »Es geht schon, bis dann.«

Am nächsten Morgen war Alice nicht in der Klasse. Das wunderte mich, da sie sonst immer früher kam als ich. Als es läutete, war sie noch immer nicht da. *Bestimmt verspätet sie sich nur,* dachte ich und machte mir gleichzeitig diese Hoffnung mit Zweifeln kaputt.
Latona betrat die Klasse. »Ich habe eine Mitteilung an euch. Wie ihr sicher bemerkt habt, ist Alice nicht da.« Mein Herz fing an wild zu pochen. »Sie wird nicht mehr kommen ...« Die Jungs, die Alice immer besonders

verspottet und niedergemacht hatten, sahen sich an. »Ihre Mutter hat mir diese Nachricht überbracht und der Grund ist Privatsache.«
Nach dieser Verkündung begann der Unterricht.

Ich dachte die ganze Zeit an Alice und wusste genau, warum sie nicht mehr kam. Ihr Limit war erreicht. Ich bereute es sehr, dass ich es nie geschafft hatte, sie wirkungsvoll zu verteidigen.
Nach der Schule rief ich sie an, erreichte aber nur ihre Mutter. Sie erklärte mir: »Alice braucht Ruhe. Sie hat heute Morgen viel geweint und sich in ihrem Zimmer verkrochen. Sie hat mich angefleht, dass ich sie nicht in die Schule schicken soll, weil sie so große Angst hat. Sie hat mir alles erzählt, deshalb habe ich beschlossen, dass Alice die Schule wechseln wird. Tut mir leid, du kannst uns ja besuchen, wenn du magst.«
Ich sagte: »Ja. Ich kann verstehen, dass sie nicht mehr kommen will. Alle sind so verdammt gemein. Es tut mir leid, dass ich ihr nicht helfen konnte.«
Alice' Mutter entgegnete sanft: »Du hattest ja genauso Angst. Ich frage Alice, ob sie mit dir reden will.«
Eine Weile blieb es still, schließlich ging Alice ran. An ihrer Stimme merkte ich gleich, dass sie total fertig war. »Du kommst nicht mehr in die Schule?«, fragte ich, weil mir nichts anderes einfiel. »Ja«, antwortete sie matt.
»Werden wir uns weiterhin sehen?«
»Vermutlich werde ich auf eine Schule gehen, die weiter weg ist und außerdem wohne ich ja nicht in deiner Nähe.«
»Was heißt das?«, fragte ich.
»Vermutlich sehen wir uns nicht mehr.«
Innerlich erschüttert meinte ich: »Du warst immer lieb. Ich werde dich nicht vergessen. Vielleicht sehen wir uns irgendwann wieder.«
»Vielleicht«, schluchzte Alice.
Ich war traurig und mir fiel erst nach einigen U-Bahnstationen auf, dass ich viel zu weit gefahren war.

Olympiade

Ich war aufgeregt, denn Latona kündigte an, dass uns die kommende Schul-Olympiade bevorstünde. Drei Tage lang würden sich dort verschiedene Schulen sportlich vergleichen. Übernachten sollten wir in mitgebrachten Zelten.
Ich beschloss, direkt nach dem Unterricht meine Freundin Pia anzurufen, denn ihre Schulklasse nahm ebenfalls an der Olympiade teil.
Ich konnte es nicht länger abwarten, übermittelte ihr per Telefon hastig alle Neuigkeiten und fragte sie, ob sie Lust hätte, sich dort mit mir zu treffen. Im Hintergrund hörte ich mehrere Stimmen, die lautstark zu lachen anfingen. Ich fragte Pia, ob sie noch dran sei und sie sagte: »Tut mir leid, dich enttäuschen zu müssen, aber wir werden uns dort nicht treffen, denn meine neuen Freunde wollen dich nicht dabei haben in unserer Gruppe.«
Ich war vollkommen perplex und geschockt von dieser Aussage. Pia fuhr fort: »Wir brauchen dich nicht, wir haben auch so Spaß, denn du bist unser Lieblingsthema!«
Ich war fassungslos und sehr enttäuscht, dass Pia sich aufgrund ihrer neuen Freunde nicht mehr mit mir treffen wollte! Ich verstand das nicht, weil wir öfters telefoniert und uns dabei gut unterhalten hatten.
Schnell musste ich jedoch einsehen, dass es einfach zwecklos war, mich darüber aufzuregen. Sie reagierte ab jetzt nicht einmal mehr auf meine Anrufe. Stattdessen rief sie mich jede Nacht an, um dann, wenn ich ran ging, zu lachen und aufzulegen. Ich fühlte mich verraten und im Stich gelassen – eigentlich war es ein einziger Schmerz, ganz tief in mir.
Mithilfe meiner anderen Freundinnen versuchte ich mich abzulenken, doch das gelang mir einfach nicht.

Latona hatte mir eine saftige Strafarbeit zusätzlich zur Hausübung aufgebrummt, weil ich das »Frau« vor ihrem Namen mal wieder verges-

sen hatte. Wir hatten 200 Englischvokabeln zu übersetzen und ich sollte jeweils einen Beispielsatz dazuschreiben.
Meine Mama war zwei Stunden lang mit Gitarrenschülern beschäftigt, mein Papa war bis Abends in der Cottage-City. Ich setzte mich vor den Fernseher und zappte mich durch alle Kanäle. Dadurch schaffte ich es, mich so abzulenken, dass ich kaum mehr an Alice oder Pia denken musste.

Nach ihren Gitarrelehrstunden kam Mama ins Wohnzimmer und meckerte: »Du würdest von selbst wohl nie auf die Idee kommen zu lernen! Fangen wir endlich an, oder willst du nie fertig werden?«
»Das stimmt doch gar nicht, ich habe nur gewartet, bis du fertig bist!«
»Du hättest wenigstens schon alles herrichten können, was wir brauchen, aber das muss ja sowieso immer alles ich machen!«
Ich verlor die Beherrschung und fing an zu schreien: »Ja, weil ich so faul bin und nie was mache!« Mein Gesicht war verzerrt vor Wut, eigentlich wollte ich nichts lieber, als Mama von mir zu überzeugen. »Ach, reg dich nicht so auf, sonst schmeißen die uns bald aus der Wohnung, wenn du immer so laut bist! Außerdem habe ich jede Menge andere Sachen zu tun!«
Sie drehte den Fernseher ab, was ich absolut nicht leiden konnte, wenn ich gerade schaute. Sie fing an, eine richtig lange Liste aufzuzählen, mit Dingen, die sie noch zu tun hätte. Die kannte ich ohnehin. Obwohl ich unzufrieden mit der Situation war, stand ich auf und ging zum Tisch.
»Was hast du auf?«, seufzte Mama. »Was, 200 Sätze?! Das kann doch nicht wahr sein, das glaube ich dir nicht, du musst dich verhört haben!«
Ich verriet ihr nicht, dass es zum Großteil eine Strafarbeit war.

Boris kam zu mir auf Besuch. Während ich weiterschrieb, lehnte er an meiner Schaukel, die am Türrahmen zum Wohnzimmer befestigt war, und langweilte sich. Während Mama etwas zu Essen kochte, warf sie einen Blick auf mein Heft. »Ohje, du hast eine Zeile ausgelassen.« Sie nahm den Korrekturstift und pinselte sorgfältig den Satz aus. »Schreib halt mit Kugelschreiber darüber, aber gut schaut das jetzt nicht mehr aus!« Ich bemühte mich, verschrieb mich aber. Mama besserte den Satz aus. Leider verschrieb ich mich an derselben Stelle erneut. Mama war am Rande ihrer Nerven und hob ihre Stimme: »So was ist doch nicht mehr normal, da sagt man dir extra, was falsch ist, und du machst es wieder falsch!«

Das traf mich ins Herz und in Gedanken hörte ich Maurice und Latona spotten: *Du kannst nichts! Du bist scheiße! Du bist faul! Aus dir wird nichts!*

Ich sprang auf, rannte in mein Zimmer und knallte die Tür zu, bevor ich den Schlüssel herumdrehte und laut schrie: »Ich brauch' deine Hilfe nicht!«

Mama rief zurück: »Ich muss dir ja nicht helfen!«

Danach realisierte ich einen Schmerz, der sich bereits tief in mir eingenistet hatte. Ich wusste genau, Mama meinte es nicht böse. Mir war auch klar, dass ich auf ihre Hilfe angewiesen war. Nur sie konnte mir die Aufgaben so erklären, dass ich sie verstand.

Tränen strömten über mein Gesicht. Ich verharrte lange an Ort und Stelle, bevor ich beschämt meine Zimmertür öffnete und tat, als wäre nichts passiert.

Nach dem Essen wollte Mama wissen: »Machen wir weiter?«

»Ja«, murmelte ich. Nach weiteren Stunden Arbeit war ich endlich fertig mit den 200 Vokabeln und Sätzen. Meine Finger schmerzten. Sie fühlten sich an, als ob tausend Nadeln in sie stechen würden, bevor sie ganz taub wurden. Doch an ein Ende der Hausaufgaben war nicht zu denken, obwohl es schon sehr spät war. Ich hatte nicht nur Englisch, es standen auch andere Fächer am Plan.

Heute hatte ich so viel zu tun, dass mir überhaupt keine Zeit mit Boris blieb. Er saß die ganze Zeit auf der Couch und las Comics. *Zum Glück übernachtet er bei mir und ist bis übermorgen noch da*, dachte ich.

Zwischendurch war ich öfters nahe dran, aufzugeben, aber Mama bestärkte mich, weiterzumachen. Also zog ich es bis zur letzten Seite durch und blendete meine Schmerzen in den Fingern und meine steigende Müdigkeit aus.

Nach beinahe endloser Schreibarbeit war ich endlich fertig.
Todmüde fiel ich ins Bett. Doch in dem Augenblick, als ich mich ausstreckte, fühlte ich mich wieder hellwach.

Am nächsten Morgen war ich so müde, dass ich am Weg in die Schule Kreislaufprobleme bekam.
In der Schule merkte ich erst, dass ich wieder mal zu spät dran war, denn die Tür zum Klassenzimmer war bereits geschlossen. Ich überlegte mir gerade eine gute Ausrede, als mir Latona entgegenkam.
Sie musterte mich abwertend: »Ah, wieder mal zu spät, das Fräulein. Vergiss nicht: Noch einmal und du kannst mir zum Direktor folgen!«
»Es tut mir leid, Frau Latona, ich ...«
Sie unterbrach mich: »Keine Ausreden, geh endlich in die Klasse, du strapazierst meine Nerven!« Ich schlüpfte rasch zur Tür hinein.
Zurückgekommen winkte Latona mich sofort zu sich: »Die Hausaufgabe bitte!« Ich legte sie ihr hin. Sie warf einen Blick darauf und sagte mit ihrem immer gleichen, falschen Lächeln: »Du hättest übrigens nicht mit jeder Vokabel einen Satz bilden müssen!«
Aber ich erinnerte mich genau, sie hatte es von mir verlangt und sogar eine weitere Strafe angedroht, sollte ich es nicht machen.

In der folgenden Pause schlich ich mich nach draußen auf den Gang, um heimlich aufs Klo im unteren Stockwerk zu gehen, da gerade wieder die Mädchen nicht gehen durften.
Vor der Stiege blieb ich stehen und sah mich gehetzt nach allen Seiten um. *Ist Latona in der Nähe und sieht mich? Hat sich Maurice vielleicht doch irgendwo versteckt?*

Die Glocke läutete und ich beeilte mich, vor Unterrichtsbeginn im Klassenraum zu sein, als ich Latona wie ein Nilpferd die Stufen heraufttraben sah.
Kurz vor der Klassentür entdeckte sie mich und schnauzte: »Was

machst du hier? Du solltest längst in der Klasse sein!« Missmutig ging ich auf meinen Platz.

In dieser Stunde hatten wir Mathematik. Ich war immer ängstlich, drangenommen zu werden, weil ich fürchtete, dass ich bei einer falschen Antwort spöttische Kommentare von Maurice' Freunden zu hören bekäme.

Ich mochte unsere Mathelehrerin ganz gern, war damit aber eine der wenigen. Als ich bei der letzten Schularbeit an den Beispielen zu verzweifeln drohte, verließ sie kurz mit mir die Klasse, um mir weiterzuhelfen. Eigentlich durfte sie das gar nicht, aber sie rettete mir damit die positive Zeugnisnote.

Heute hatte ich Glück und musste keine Aufgabe lösen.

Der Schultag war schneller vergangen als sonst, was auch daran lag, dass Turnen ausgefallen war.

Ich hatte wieder viele Hausaufgaben und obwohl es spät wurde, nahm ich mir danach Zeit, um mit Boris und Mama wenigstens etwas fernzusehen. Erst am nächsten Tag hatte ich endlich mehr Zeit, die ich mit Boris verbringen konnte.

Am Tag der Abreise zur Olympiade mussten alle früher aufstehen als sonst, da Latona einen Bus zum Veranstaltungsort organisiert hatte, der bereits vor Schulbeginn abfuhr. Unsere Zelte waren schon am Vortag aufgestellt worden. Lydia und ich hatten uns entschieden, miteinander ein Zelt zu teilen.

Es quälte mich der Gedanke, Pia und ihren neuen Freunden bei der Olympiade zu begegnen.

Nach einigen Stunden Fahrt kamen wir an, brachten unser Gepäck in die Zelte und gingen gleich Abendessen. Das Buffet befand sich in einem vom Zeltplatz ziemlich weit entfernten Raum. Ich wollte gerade für Lydia und mich Getränke holen, da kam mir Pia entgegen. Ich beschloss, sie zu ignorieren. Sie stieß mich *unabsichtlich* an, aber stark genug, dass

ich die Hälfte der Getränke verschüttete. »Ups, das tut mir aber leid«, sagte sie und grinste dabei. Es schoss aus mir heraus: »Pass doch auf!« Pia ging ohne zu antworten davon, während ich meinen Platz aufsuchte.
»Morgen geht's mit den Proben los, bist du auch so aufgeregt?«, fragte ich Lydia während des Essens.
»Ach, so schlimm wird's nicht werden, denke ich, wir sind doch ganz sportlich – rennen, Speer werfen, springen und so weiter, dürfte kein Problem für uns sein. Wird schon gut gehen.«

In dem stickigen Zelt konnte ich noch schlechter einschlafen als zu Hause, zudem war mir kalt und jetzt prasselte zu allem Überfluss noch der Regen an die Zeltwände.

Unter Wasser

Unter Wasser war es stockdunkel, aber in der Ferne konnte ich eine beleuchtete Stadt sehen. Ich erkannte, dass es die Stadt war, in der ich lebte! Ich wollte schreien, aber das würde wohl niemand hören. Über mir sah ich kein Ende des Wassers. Ich hatte alle Mühe, ruhig zu bleiben und nicht total in Panik zu verfallen.
Wo bin ich hier gelandet und wie kann ich diese Unterwasserwelt verlassen?
Ich erinnerte mich an die Stadt, als sie nicht unter Wasser stand, an den Himmel, die Sonne und das lärmende Leben. Aber jetzt war davon nichts mehr zu sehen und zu hören, es herrschte nur Stille. Ich wollte näher auf die Häuser zutauchen, tauchte und tauchte. Doch irgendwann fiel mir auf, dass ich keinen Zentimeter näher an die Stadt herankam, so sehr ich mich bemühte, im Gegenteil, sie entfernte sich sogar. Das war sehr beunruhigend.
Ist es vielleicht eine Prüfung, die Stadt zu erreichen oder davonzutauchen und alles hinter mir zu lassen? Oder ist es keine Prüfung?
Ich versuchte ein letztes Mal mit voller Kraft zur Stadt zu schwimmen, aber es gelang mir nicht. Also drehte ich mich um und tauchte in die andere Richtung, als ich ein Glucksen vernahm – zuerst kaum hörbar, dann immer lauter.
Ich drehte mich wieder Richtung Stadt, da sah ich einen Jungen. Er fuchtelte wild mit den Armen und versuchte offensichtlich verzweifelt nach oben zu gelangen. Er strampelte mit den Beinen und aus seinem Mund schossen Luftbläschen.
Als ich das sah, fiel mir auf, dass ich bisher überhaupt keine Luft geholt hatte und es scheinbar gar nicht musste. Der Junge aber brauchte Luft, das sah ich ihm deutlich an.
Wie kann ich ihm bloß helfen?
Auf einmal sank er zu Boden. Ich beeilte mich, zu ihm zu tauchen. Nun

erkannte ich, dass es derselbe Junge war, der mir beim Skikurs nachts im Zimmer begegnet war!

Da er bewusstlos war, ergriff ich seine Hand und zog ihn hinter mir her. Mein Tempo war sehr langsam, weil ich das Gewicht des Jungen mittrug. Ich versuchte, die Wasseroberfläche zu erreichen. *Eigentlich*, so dachte ich, *hätte ich sie doch* längst erreichen müssen! *Wieso komme ich denn nicht weiter?* Ich konnte die Antwort auf diese Frage nur erahnen und mir wurde klar, dass auch die Oberfläche sich immer weiter von mir entfernte, je näher ich ihr kommen wollte.

Ich entschied mich, mit dem Jungen ins Ungewisse zu tauchen, obwohl ich keine Ahnung hatte, wohin. Ich war mir nicht sicher, ob der Junge überhaupt noch lebte.

Wie lange ich so durchs endlose Wasser tauchte, weiß ich nicht mehr, aber es kam mir wie eine Ewigkeit vor. Es war, als würde alles Leben um mich herum stillstehen.

Wie Blitze am Nachthimmel tauchten in der Ferne Gestalten auf. Sie waren konturlose, rauchartige Wesen, nur ihre Gesichter waren deutlich zu erkennen. Es fiel mir auf, dass es dieselben furchteinflößenden Wesen waren, die mich damals am Friedhof in Furcht versetzt hatten.

Ich blähte die Wangen auf und ließ einen Schwall Luft aus dem Mund strömen. Ruckartig drehte ich mich, zog den Jungen näher an mich und versuchte von den Wesen wegzukommen. Das nützte mir gar nichts, denn sie waren dieses Mal viel schneller als bei unserer ersten Begegnung. Kaum hatten sie mich erblickt, schossen sie auf mich und den Jungen zu.

Ich versuchte wie damals an etwas Positives zu denken, aber das nützte nichts, also ließ ich mich zu Boden sinken, weil ich keine Chance mehr sah, ihnen zu entkommen. Als die Wesen ganz nahe bei mir waren, bildeten sie einen Kreis um mich.

Während eines der Wesen auf mich zukam, merkte ich, dass es sich von den übrigen unterschied. Es schien eher aus Nebel als aus Rauch zu bestehen und hatte keine hohlen Augen, sondern schwarze. Aus Furcht schloss ich die Augen, da forderte es mich auf, es anzusehen. Wider-

willig schaute ich in seine pechschwarzen Augen und was ich sah, war entsetzlich. Es formten sich Bilder darin. Ich sah Gestalten, die sich vor Schmerz hin und her wanden – und danach mich selbst, mit einem Messer in der Hand, das ich auf mein Herz gerichtet hielt.
Das brachte mich zum Weinen. Ich hätte nie gedacht, dass man das unter Wasser überhaupt konnte. Ich spürte ein Stechen in meiner Brust und fing an zu zittern. Plötzlich rührte sich der Junge, streckte sich mit unbändiger Wucht und schrie das Wesen an: »Aufhören! Du hast das Gesetz einzuhalten, unausgebildeten Suchern ihre Kräfte nicht zu rauben!«
Das Wesen ließ daraufhin abrupt von mir ab und die furchterregenden Bilder verschwanden. Es baute sich nun vor dem Jungen auf. »Ich wollte sie nicht töten, sondern nur vorwarnen und ihr einen Blick in die Zukunft ermöglichen. Aber bedauere, wenn du meine Arbeit stören willst, wirst du nicht mal eine Zukunft haben!«
Inzwischen hielten mich zwei der anderen Gestalten aus dem Kreis fest. Der Junge sah das Wesen entschlossen an. »Glaubst du, ich fürchte mich vor einem Schatten wie dir? Pah, so eine Gestalt zu sein ist doch das Letzte! Schämst du dich nicht für deine Taten? Willst du kämpfen, so soll der Kampf beginnen!«
Das Wesen verzog den Mund und in seinen Augen stand der pure Hass. »Ich kann alles sein!« Die Stimme des Wesens donnerte durch die Stille des Wassers: »Ich bezweifle, dass du es mit mir aufnehmen kannst, du bist doch nur ein jämmerlicher kleiner Junge mit einem Monster als Vater. Du sehnst dich wohl nach einem qualvollen Tod. Glaubst du wirklich, dass du mir auch nur einen Kratzer zufügen könntest?«
Unerklärlicherweise zog der Junge einen Dolch hervor und stieß ihn dem Wesen in die Brust, die kurz deutlich zu sehen war. Die Gestalt zog den Dolch mit Leichtigkeit heraus und warf ihn achtlos auf den Sandboden. »Du bist ungefährlich, Kleiner.«
Der Junge sah kurz schockiert drein, fasste sich jedoch schnell. Er zog wie aus dem Nichts ein Schwert, zielte damit auf den Kopf des Wesens und stach zu.
Der Junge fiel aber durch das Wesen hindurch, dessen Kopf kurz durch-

sichtig geworden war. Das Schwert rutschte dem Jungen aus der Hand und er selbst landete im Sand. Das Wesen stieg mit einem Fuß, den ich jetzt ebenfalls kurz sehen konnte, auf den Rücken des Jungen, nahm das Schwert blitzschnell an sich und höhnte: »Soll ich mit dir spielen?« Der Junge versuchte sich seinerseits aufzurappeln und es hatte den Anschein, als würde das Wesen das mit Absicht zulassen, um weiter seinen Spaß zu haben. Der Junge schnaubte und ging mit Händen und Füßen auf den Gegner los, welcher darüber nur lachte. »Also schön, langsam wird's langweilig!«
Der Junge entfernte sich kurz, nur um erneut anzugreifen, da sah ich, wie das Wesen die Hand hob und der Junge in der Bewegung erstarrte. Er fing an zu schreien: »Verdammt, das ist ungerecht!«
»Ach, und ist es gerecht, mit dem Dolch auf jemanden loszustürmen?«, konterte das Wesen und machte eine Bewegung, woraufhin sich der Junge aus seiner Erstarrung löste. Er rannte sofort wieder auf den Angreifer zu.
Dieser zückte das Schwert des Jungen und durchbohrte damit dessen Schulter. Ich schrie auf. Er aber blieb ganz ruhig, atmete nur schwer. In den Augen des Nebelwesens konnte ich erneut viele Bilder sehen.
Dieses Mal war es der Junge, der darauf zu erkennen war. Das Wesen zog sehr langsam und genüsslich das Schwert aus dessen Schulter. Der sank auf die Knie, er schien am Ende seiner Kräfte zu sein. »Wo bleibt dein Kampfgeist? Wer von uns ist jetzt stärker?«, spottete das Wesen. »Kämpfe nicht mit mir, sondern schließe dich mir an und ich werde dich verschonen!«
»Nein, niemals!«, schrie der Junge.
Eine kleine schwarze Kugel, die aussah wie eine *Essarzkugel*, tauchte in seiner Hand auf und er hielt sie dem Wesen entgegen, worauf dessen Augen wieder schwarz wurden. Das Nebelwesen kam auf den Jungen zu und strich ihm mit einer Hand über die Beine. Sogleich schrie er entsetzlich auf. »Du willst dich mir also nicht anschließen«, stellte das Wesen fest. Es spitzte die bleichen Lippen und blies einen schwarzen Schleier aus sich drehenden Nebelschwaden auf den Jungen zu. Diese saugten die schwarze Kugel in sich auf. Das Wesen hob das Schwert

über den Kopf des Jungen und schloss genussvoll die Augen. »Gut, dann hast du verloren!«

Der Junge rollte sich zur Seite und hielt jetzt eine weiße Kugel in der Hand. Dann ließ er ein pfeifendes Geräusch ertönen, worauf der Boden anfing zu beben. Das Wesen wirbelte herum. Da tauchte ein riesiger goldglänzender Engel vor ihm auf und leuchtete ihm mit überhellen Strahlen entgegen, die von seinen Flügeln ausgingen.

Das Nebelwesen winkte seinen Gefährten zu und verschwand mit ihnen zurück in den Tiefen der Unterwasserwelt, von wo aus man es brüllen hörte: »Du wirst mich noch kennenlernen, wenn du alleine bist und dir keiner mehr helfen kann! Es gibt Momente, da bist du meiner Macht nicht gewachsen!«

Ich wusste nicht genau, ob das mir galt oder dem Jungen, aber vermutlich uns beiden.

Kurz nach Sonnenaufgang spürte ich nasses Gras unter mir. Ich öffnete die Augen und es dauerte etwas, bis ich realisierte, dass ich mich vor unserem Zelt befand. Der Zelteingang war verschlossen. Verwirrt schaute ich mich um. Mein Gewand war durchnässt und mir war eiskalt. Offenbar hatte ich vor dem Zelt geschlafen und die ganze Nacht im Regen verbracht.

Ich zog mir schnell was Trockenes an, bevor Lydia hektisch wurde: »Wir kommen zu spät zum Frühstück!« Sie eilte zum Zelt hinaus, während ich mir eine Jacke überzog und ihr nachlief.

Schon am Anfang des Weges verlangsamte ich meine Schritte, denn um mich herum drehte sich alles. Lydia fragte, was ich hätte, aber nachdem ich nicht reagierte, ging sie weiter und rief, ohne sich umzudrehen: »Beeil dich!«

Antworten konnte ich ihr nicht mehr, alles wurde langsam dunkel um mich. Ich taumelte und stürzte zu Boden. Was danach passierte, weiß ich nicht.

Als ich die Augen wieder öffnen konnte, sah ich Lydia, die vor mir herumfuchtelte und auf mich einredete. In meinen Ohren klang ihre Stimme wie verzerrt. »Hallo, was hast du denn?«

»Nichts, ich war nur ein wenig schwindelig«, meinte ich leichthin.

Nach dem Frühstück wäre ich am liebsten gleich wieder ins Bett gegangen, aber Latona meinte, ich solle mich gefälligst zusammenreißen. Sie bestand darauf, dass ich wie alle anderen an den eben beginnenden Übungen auf der großen Wiese teilnahm. Es interessierte Latona nicht, dass es mir schlecht ging.

Am Ende der Übungsstunden lehnte ich mich an einen Baum und atmete tief durch. Ich sah Pia und ihre Freunde an mir vorbeigehen. Sie lachten spöttisch und redeten laut über mich. Ich reagierte nicht darauf.

Am Nachmittag war es dann soweit, der eigentliche Wettkampf würde gleich beginnen. Alle hatten sich wieder auf der großen Wiese eingefunden und warteten. Als erstes stand ein Wettlauf auf dem Programm. Ich rannte schnell und flink, obwohl es mir nicht gut ging. Pia und die anderen waren bereits hinter mir geblieben. Ich war unter den ersten, die im Ziel ankamen.

Nächster Programmpunkt war der Zweikampf. Darauf hatte ich überhaupt keine Lust! Lydia und ich saßen inmitten wartender Schüler und schauten bei den ersten Kämpfen zu. Als gefragt wurde, wer als Nächstes an die Reihe kommen möchte, forderte mich Lydia auf, gegen sie anzutreten. Mein Blick wanderte zu Pia und ihren Freundinnen, die gleich, nachdem wir aufgestanden waren, über uns zu tuscheln begannen. Am liebsten hätte ich einen Rückzieher gemacht, aber der Trainer erklärte uns bereits die Regeln. Ich glaubte, dass alle davon überzeugt waren, Lydia würde gewinnen, weil sie eine kräftigere Statur hatte. Allerdings konnte ich sie aus einem anderen Grund kaum angreifen.

Das Kämpfen erinnerte mich an Situationen mit Maurice, von denen ich gehofft hatte, ich würde sie bereits aus meiner Erinnerung verbannt haben.

Dann sah ich, wie Pia über uns lachte und lautstark über mein Aussehen herzog. Es brodelte in mir und ich begann anzugreifen, anstatt Lydia nur auszuweichen.

Der Kampf endete unentschieden und Pias Lachen zerschmolz wie Butter. Völlig erschöpft atmete ich durch und machte mich auf den Rückweg zum Zelt. Einige Mädchen aus der Schule am Heuhügel begegneten mir. Sie sahen mich merkwürdig an oder flüsterten einander etwas zu. Einige schüttelten den Kopf und gingen lachend weiter. Ich fühlte mich wie in einem Film, in dem ich eine Rolle spielte, aber nicht wusste, welche es genau war.
Ich kam an einem steinernen Brunnen vorbei und blieb dort kurz stehen, denn zwei Mädchen unterhielten sich mit Pia und ich wollte hören, worüber sie redeten. Sie bemerkten mich nicht, weil ich mich rasch hinter einem Baum versteckt hatte, wo ich ihnen heimlich zuhörte.
»Wie kann man nur solche Gedanken haben!«
»Wieso hattest du sie überhaupt als Freundin?«
»Na ja, es war eh nicht wirklich Freundschaft.«
Ich war enttäuscht, es war also keine Freundschaft für Pia gewesen! Ich kam hinter dem Baum hervor und stellte mich vor die Mädchen hin. Alle fuhren erschrocken auseinander und starrten mich an, als sei ich eine Mumie.
Ich machte einen Schritt auf Pia zu. »Worüber redet ihr?« Pias Freundinnen verabschiedeten sich gleich. »Was hast du denen für Dinge über mich erzählt? Hör zu, ich weiß ja nicht, was du auf einmal gegen mich hast, aber ich will, dass du wenigstens unsere Geheimnisse für dich behältst!«
Pia starrte mich an und sagte kein Wort. »Du musst mir nicht antworten, ich finde auch so heraus, welche Geschichte du verbreitet hast«, meinte ich und ging davon.
Bevor ich beim Zelt war, kamen mir wieder zwei Mädchen entgegen, die miteinander tuschelten und dabei meinen Namen erwähnten. Ich ging auf sie zu. »Hört mal, es wäre nett, wenn ihr mir sagen würdet, was hier vorgeht!«
Ein Mädchen verschwand schleunigst, das andere blieb stehen. »Sag mir, worüber ihr alle redet!«, schrie ich.
»Na ja Pia hat erzählt ...«
Es war eine Geschichte, die ich ihr mit der Bitte anvertraut hatte, sie

nicht weiterzuerzählen. Es ging darin um eine Gewaltfantasie von mir – gegen Maurice und seine Freunde.

Nach dem Abendessen beschloss ich mich gleich hinzulegen und schlief tatsächlich bald darauf ein.
Durch Gelächter wachte ich auf. Verschlafen spähte ich zu Lydias Platz. Collin lag neben ihr! Sie grinsten sich an und neckten sich. Collin versuchte Lydia zu küssen. Sie lachte. »Hey, lass das!«
»War nur Spaß«, sagte er.
Ich schloss schnell die Augen und tat, als würde ich schlafen, weil Collin zu Maurice' Freunden gehörte.
Eigentlich war es verboten, Jungs in die Mädchenzelte reinzulassen. Nicht auszudenken, wenn Latona das bemerken würde!
Ich hörte, dass jemand beim Zelteingang war. »Ach du, wenn das Latona ist!«, flüsterte Lydia nervös. Sie war es tatsächlich. Ich kniff meine Augen ganz fest zusammen. »Ich will euch nur erinnern, es herrscht bereits Nachtruhe, bitte seid etwas leiser«, sagte sie.
»Jupp, Frau Latona«, antwortete Lydia. Schritte entfernten sich.
Bald darauf hörte ich eine flüsternde Jungenstimme vor dem Zelt. Collin beruhigte Lydia: »Das ist nur Dave.« Er schlich ins Zelt und leuchtete mit einer Taschenlampe. Die drei fingen an Karten zu spielen. Es war mir rätselhaft, was Lydia und Dave an Collin mochten. Ich tat derweil weiterhin, als würde ich schlafen.
Dave saß direkt neben mir und mein Herz pochte schneller, aber nicht aus Angst, sondern weil ich heimlich in ihn verknallt war, zumindest ein kleines bisschen.

Der Streit

An einem Wochenende, als Boris mal wieder bei uns zu Besuch war, rief Papa an und fragte, ob wir mit ihm und Cora baden gehen möchten. Wir hatten ohnehin vor, an diesem Tag schwimmen zu gehen, und so beschlossen wir, uns im Freibad zu treffen.
Kaum angekommen, merkten wir, dass die Stimmung angespannt war, deshalb verzog ich mich gleich mit Boris ins Wasser.
Als wir wieder herauskamen, war ein Streit zwischen Cora und Mama entfacht. Wie schon des Öfteren war Cora eifersüchtig und wäre wohl lieber mit Papa alleine gewesen. Mama war verärgert, da Papa uns extra gebeten hatte zu kommen und sich jetzt herausstellte, dass Cora uns gar nicht hier haben wollte. Die Situation geriet außer Kontrolle und Cora und Mama beschimpften sich. Papa stand unschlüssig dazwischen. Wir beendeten den Ausflug und fuhren mit der U-Bahn nach Hause. Ich saß neben Mama, die weinte. Papa und Cora standen etwas weiter hinten im Waggon. Boris war mit der Situation überfordert und wollte allein sein.
Mama schimpfte vor sich hin, während ich versuchte sie zu beruhigen, doch sie tat sich schwer, mir zuzuhören. Ihre Augen wanderten aufgebracht hin und her und sie sagte oft: »Die Frau spinnt doch!«, und: »Gibt es so was? Das ist doch krank!«
Ich warf einen Blick zu Boris hinüber. Er spielte nervös mit dem Zipfel seines Rucksacks. Dann musterte ich Cora. Sie spitzte die Lippen, runzelte die Stirn und zuckte mit den Schultern. Mein Papa sah abwesend und resigniert aus dem Fenster. Ich kam mir irgendwie fehl am Platz vor und klinkte mich geistig aus. Alle störenden Geräusche empfing ich nur noch wie durch einen Schutzfilter.
Es machte mich sehr traurig, als ich merkte, dass sich die Freundschaft zwischen Cora und Mama mehr und mehr auflöste. Es gefiel mir nicht, dass Cora Papa so in ihren Bann zog, und ich fragte mich, wie es wei-

tergehen würde. Das Thema bedrückte mich, aber meine Hoffnung war, dass Cora und Mama sich wieder versöhnen würden.
Ich war überrascht, als Papa mit Cora und Boris ausstieg. Ich hatte nicht einmal mehr Gelegenheit, mich von ihm zu verabschieden. Mama und ich gingen wortlos nach Hause.
Nachdem ich Gipsy ein Küsschen gegeben hatte, verzog ich mich direkt in mein Zimmer. Ich setzte mich auf den Teppichboden und dachte nach. Während ich grübelte, bekam ich zwei SMS. Eine von Cora und eine von Papa.
In seiner stand: »Ich werde erst nach dem Wochenende wieder zu euch kommen, denn Cora geht's nicht gut.«
In Coras stand: »Tut mir leid, der Streit heute, ich denke es ist besser, wenn deine Mutter und ich uns vorerst nicht mehr sehen. Wir alle brauchen Abstand voneinander.«
Ich war verwirrt von dieser Aussage. Etwas war eben zerstört worden, ich wusste nur noch nicht genau, was. Aber es veränderte mich und ich fühlte mich nicht wohl dabei.
Ich ging raus und warf einen Blick in Mamas Zimmer. Sie schrieb und ich war beruhigt, dass sie nicht mehr weinte.
Ähnliche Streitsituationen hatte es schon einige Male gegeben.
Die Harmonie zwischen den Erwachsenen war seit La Palma verschwunden. Cora war die Eifersucht auf Mama ins Gesicht geschrieben. Papa wusste nicht, was genau er wollte, weil er sich keine Zeit für sich selbst nahm. Mama war traurig und lachte immer seltener. Papa rauchte mehr als früher und sah stets so aus, als würde er über tausend Dinge nachdenken. Ich versuchte, die angespannte Stimmung zu ignorieren, was mir aber kaum mehr gelang.

Klone?

Um auf andere Gedanken zu kommen, fuhren Mama und ich mit dem Zug zu Papas Schwester und blieben übers Wochenende.

Auf der Rückfahrt beobachtete ich durchs Zugfenster die Leute, die ein- und ausstiegen. An einer Haltestelle kamen zwei völlig gleich bekleidete Mädchen auf den Zug zu. Auch ihre Gesichter sahen wie Kopien voneinander aus.
Sie hatten sogar die gleiche Flechtfrisur. »Schau mal, Zwillinge«, sagte ich zu Mama, die gerade Zeitung las.
Sie warf einen Blick aus dem Fenster, nickte und meinte nur: »Schöne Frisur, irgendwie.« Da kamen sechs weitere, gleichaussehende Mädchen dazu. »Oha!«, rief ich verblüfft. Die acht Mädchen hielten alle ein Eis in der linken Hand. Ein Mädchen nach dem anderen stieg ein und während sie an uns vorbeigingen, schubste ich Mama leicht an. »Schau, noch mehr Zwillinge!«
Ein Mädchen sagte: »Hm, die blaue Eiskugel schmeckt lecker!« Wie ein Echo wiederholten es die anderen sieben! »Die reden alle gleich, hör mal zu!«, machte ich Mama darauf aufmerksam. Sie blickte hoch und war ebenso erstaunt wie ich. Immer mehr gleichaussehende Mädchen stiegen in den Zug und gingen an uns vorbei!
Wir konnten uns das gar nicht erklären, fanden es aber lustig.

Zu Hause konnte ich nachts wieder kaum schlafen, weil mir die Ereignisse der letzten Zeit keine Ruhe ließen.
Als Mama mich eines Morgens weckte, nahm ich das gar nicht richtig wahr. Schläfrig stand ich auf. Ich war so müde, dass ich für alles länger brauchte als gewöhnlich.

Die Zeit wurde so knapp, dass ich nicht wie gewohnt in Ruhe frühstücken konnte. Mir war bewusst, dass ich keine der zwei U-Bahnen versäumen durfte, wenn ich rechtzeitig in die Schule kommen wollte. Die erste erwischte ich knapp, in der zweiten stieg mir gleich beim Einsteigen ein unguter Geruch in die Nase. Es roch nach verbranntem Plastik. Da kam eine Durchsage: »Sehr geehrte Fahrgäste, es kommt zu einem kurzen Aufenthalt in der Station, wir bitten Sie alle auszusteigen, danke für Ihr Verständnis.«
Immer mehr Leute standen wartend am Bahnsteig herum. Sie sahen alle ähnlich aus, zusammen wie ein einziger schwarzer Haufen. Die Leute wurden nervös und regten sich auf, dass sie zu spät kommen würden. Ständig stieß jemand gegen mich. »Entschuldigung«, riefen einige und rempelten dabei schon die nächsten an.
Eine weitere Durchsage ertönte: »Sehr geehrte Fahrgäste, wegen eines schadhaften Zuges kommt es zu einem längeren Aufenthalt in der Station, wählen Sie bitte andere Verkehrsmittel wie Bus und Straßenbahn.« Es wurde geflucht und es gab einen Stau vor den Rolltreppen.
Ich telefonierte mit Mama, die daraufhin zu mir kam, um die Wartezeit für ein Frühstück beim Bäcker zu nutzen. Sie meinte, dass es sowieso nicht gut sei, einen Schultag mit hungrigem Magen zu beginnen. Außerdem wäre mein Zuspätkommen aufgrund der U-Bahn-Störung bestimmt zu verstehen. Allerdings dachten wir beide leider nicht daran, dass Latona eine schriftliche Entschuldigung verlangen würde.

In der Schule angekommen, lief ich die Treppe hoch. Vor der Klassentür hielt ich kurz inne, bevor ich sie öffnete und gleich Richtung Lehrertisch eilte. Alle waren in ihre Arbeit vertieft, Latona schaute mich nicht an. Erst nach Minuten blickte sie höchst genervt auf und sagte: »Los, ab zum Direktor, komm danach wieder.« »Aber die U-Bahn...«
»Ja ja, du und deine Ausreden!«, unterbrach mich Latona. »Ich habe gesagt, wer dreimal hintereinander zu spät kommt, geht zum Direktor. Du musst eben lernen, früher aufzustehen! Los, geh jetzt!«
Ich ging und erklärte dem Direktor, weshalb ich zu spät gekommen war – und durfte sofort wieder in die Klasse zurück.

Wir hatten Englischunterricht und sollten Aufgaben aus dem Buch lösen. Auf der Tafel stand, welche zwei Seiten zu bearbeiten waren. Alle um mich herum schrieben eifrig. Ich hatte die erste Seite bereits zu Hause mit Mama gemacht und gut verstanden. Die Aufgaben der zweiten Seite wollte ich jetzt lösen, verstand sie aber nicht. Kurz darauf sagte Latona: »Gehen wir durch, was ihr gemacht habt.« Bevor ich an die Reihe kam, las Pascal die letzte gelöste Aufgabe von der ersten Seite vor. Ich sollte die nächste nennen, die ich aber nicht gemacht hatte. *Das war ja klar*, dachte ich. Liliane versuchte, mir das richtige Ergebnis zuzuflüstern. Ich verstand sie kaum und da ich keine Ahnung hatte, worum es überhaupt ging, sagte ich lieber gar nichts.

»Zuerst zu spät kommen und dann nicht bei der Sache sein«, meinte Latona und trug mir ein Minus ein. Nach endlos langen Minuten, in denen sie mich nur anstarrte, brach sie die schrecklich unangenehme Stille: »Du hast das nicht gelernt, nicht wahr? Ich sage dir eins, die andern können es bereits!«

»Doch, ich habe gelernt!«, stellte ich klar.

»Dann würdest du es ja können!«, stichelte sie. Sie wandte sich Liliane zu, die das richtige Ergebnis vorlas.

Nach der großen Pause hatten wir Biologie, worin uns ebenfalls Latona unterrichtete. Ich sollte heute ein Referat halten, doch sie tat ganz erstaunt: »Du weißt aber, dass du heute nicht dran bist?«

»Sicher, das steht sogar im Mitteilungsheft«, versuchte ich sie zu überzeugen. »Auf meiner Liste steht davon aber nichts, tut mir leid.« Latona kramte in ihren Zetteln herum. »Du hättest dein Referat sicher längst halten sollen, auf jeden Fall geht es heute nicht!«

»Das heißt, dass ich es überhaupt nicht mehr halten darf?«, fragte ich ungläubig.

Latona wurde zynisch: »Genau, das heißt es wohl. Musst halt lernen, deine Termine richtig einzuhalten!«

Ich verzog wütend das Gesicht und ging enttäuscht zu meinem Platz zurück. »Sollte ich heute nicht mein Referat halten?«, fragte ich Liliane verwirrt.

»Ich denke schon, aber sei froh, dass du nicht musst!«, meinte sie.
Ich schüttelte den Kopf. »Ich hab' aber viel Arbeit reingesteckt und kann's nicht glauben, dass alles umsonst war!«
Liliane war ebenso ratlos wie ich.
Weil das Schuljahr ohnehin bald zu Ende war, versuchte ich über die Sache hinwegzusehen, aber ein Rest an Ärger blieb.

Monatsfeier

Für die erste Monatsfeier im neuen Schuljahr hatte jeder aus unserer Klasse einen Baum gemalt und zu dem Bild ein Gedicht gelernt. Bevor wir auf die Bühne gingen, schauten wir den anderen Klassen bei ihren Aufführungen zu. Ich fand die meisten davon eher langweilig.
Bei unserem Auftritt bildeten wir einen Kreis und jeweils einer von uns trat vor, zeigte das gemalte Bild und sprach dazu sein Gedicht. Danach nahm er den Platz ein, den der nächste eben verließ, auf diese Weise entstand ein sich bewegendes Muster.
Ich blickte nervös ins Publikum. Als ich meine Eltern sah, beruhigte mich das. Papa winkte mir verstohlen zu. Als ich mein Bild präsentierte, fiel mir Latonas Kommentar dazu ein. Sie fand es unpassend, dass ich als Einzige den Himmel nicht blau, sondern in Gelb-, Orange- und Rottönen gemalt hatte.
Daher fing ich nicht gleich an zu sprechen, was eine seltsame Spannung im Raum entstehen ließ. Die löste sich, als ich schließlich mein Gedicht vortrug, und ich bekam besonders viel Applaus.

Auroras Geburt

Cora hatte vor einigen Tagen ihr Baby geboren, es war ein Mädchen und bekam den Namen Aurora.
Mein Papa war bei der Geburt dabei. Er hatte sich ein paar Tage frei genommen, um gemeinsam mit Cora und Aurora im Krankenhaus zu bleiben.
Mama, Boris und ich besuchten sie. Beim Ankommen hatte ich ein mulmiges Gefühl, weil sich für mich alle Spitäler gruselig anspürten. Das lag bestimmt daran, dass alles weiß war und es nach Desinfektionsmittel roch.
Cora hielt Aurora im Arm und Mama freute sich, als ob sie selbst das Baby bekommen hätte. Boris und ich streichelten Aurora vorsichtig am Kopf.
Dann unterhielten sich Cora und Mama, während Papa mit Aurora kuschelte.

Die nächsten Tage sah ich Papa nicht, er war bei Cora und Aurora. Nach etwa zwei Wochen, in denen ich ihn nur außer Haus getroffen hatte, verbrachte er wieder ein paar Tage bei uns. Er freute sich über sein Baby, schien aber irgendwie in einer Zwickmühle zu sein. Er hätte gerne länger Zeit für uns alle gehabt. Zudem war Cora der Ansicht, dass er zu ihr ziehen müsse, weil Aurora ihn als Vater bräuchte. Er wollte aber auch mit mir und Mama zusammen sein und meinte, wir bräuchten eine Lösung, damit wir alle zusammen wohnen können.
Wir hatten uns bereits Monate vor Auroras Geburt in verschiedenen Gegenden Miethäuser angeschaut, aber es war nichts Passendes dabei gewesen.
Für Cora war es schwer zu ertragen, wenn Papa zu uns kam. Ihr Wunsch

nach einer Trennung zwischen ihm und Mama wurde stärker, während die beiden immer noch dachten, dass es für Aurora, Leonie, Boris und mich das Beste wäre, einen Weg zu finden, alle zusammen zu leben.

Zu Silvester waren wir bei Cora und es kam erneut zu Spannungen. Kurz vor Mitternacht wollte Mama nach Gipsy schauen und Papa beschloss mitzukommen, um Neujahrswünsche am Computer zu verschicken. Als sie zurückkamen, war die Stimmung hinüber, weil Cora eifersüchtig war.

Der beunruhigende Anruf

Eines Abends klingelte das Telefon. Meine Mama kochte gerade und mein Papa arbeitete am Computer. Papa hob ab und ich hörte lautes Schreien durch den Hörer, obwohl ich nicht direkt daneben saß. Papa rief mehrmals laut: »Hallo?!« Doch niemand gab ihm eine Antwort, man hörte nur das Schreien. Mama kam aus der Küche und fragte, was los sei. Dann wurde das Telefonat abgebrochen. Ich war beunruhigt und überlegte, was Schlimmes passiert sein könnte. Schockiert meinte Papa: »Das war Coras Nummer, aber man hörte nur Aurora schreien. Ich muss sofort nachschauen, was los ist!«
Mama wirkte skeptisch. »Ich komme mit!«, sagte ich entschlossen.

Cora öffnete nicht, es meldete sich Leonie über die Sprechanlage. An der Eingangstür erwartete sie uns und Papa rannte die Treppe hoch. Leonie hielt mich zurück. »Es ist sicher besser, unten zu warten!« Wir gingen in ihr Zimmer. Bald hörten wir Papa und Cora laut streiten. Er erklärte ihr, welche Sorgen er sich gemacht hatte, aber Cora reagierte nur mit Vorwürfen.
Leonie schloss das gekippte Fenster, doch die beiden stritten so laut, dass wir es trotzdem hören konnten. Es klirrte, schepperte, die Türen schlugen auf und zu, dass sogar die Deckenlampe in Leonies Zimmer wackelte. »Ganz schön laut!«, meinte Leonie gelassen.
»Ja, die Lampe kommt wohl bald runter«, sagte ich.

Wir versuchten das Ganze mit Humor zu überspielen, da der Streit aber eskalierte, funktionierte das nicht wirklich. Plötzlich krachte irgendetwas laut zu Boden und eine andere Stimme mischte sich in den Streit ein: »Könnt ihr euch nicht zusammenreißen! Ich halte diesen Lärm nicht mehr aus! Entweder ihr haltet die Klappe oder ich ruf die Polizei!«
»Wer war das?«, fragte ich Leonie.

Sie wusste es auch nicht und lief hinaus, um nachzuschauen. Ich wurde unruhig und als ich nach Leonie sehen wollte, kam sie gerade die Stufen herunter und sagte: »Boris hat vorhin so laut geschrien ...«
»Wirklich, das war Boris? Kann ich mir gar nicht vorstellen!«, antwortete ich.
»Ja«, sie nickte, »er hat irgendwie so eine andere Stimme gehabt, viel höher als sonst!«
Unmittelbar danach kam Papa und forderte mich auf: »Komm, wir gehen!«

»Geht's Aurora gut?«, fragte ich am Heimweg.
»Ja«, sagte Papa leise.
Daheim fragte meine Mama: »Was war denn los?«
»Na ja«, meinte Papa nur und ging ins Badezimmer.
»Die haben richtig laut gestritten«, sagte ich. Mama schaute besorgt drein, entgegnete dann aber ärgerlich: »Unglaublich, das Baby einfach ins Telefon schreien zu lassen!« Ich nickte.

Nach diesem Streit kam es zu einem wochenlangen Schweigen zwischen Cora und Papa. Er litt in diesen Wochen sehr, schaffte es aber emotional nicht, zu Cora und Aurora zu gehen. Cora fühlte sich total im Stich gelassen und sie begann erneut zu fordern, dass Papa zu ihr ziehen solle. Unsere Idee vom gemeinsamen Wohnen empfand sie nur mehr als Erpressung. So prallten verschiedene Ansichten aufeinander und die angespannte Stimmung machte ein Miteinander unmöglich.
Mein Papa, der ursprünglich davon überzeugt war, mit zwei Frauen leben zu können, meinte nach all den Entwicklungen und langem Nachdenken:
»Es ist wohl ein Trugschluss, wenn ein Mann denkt, er könne mit zwei Frauen eine aufrechte Beziehung führen. Denn wenn beide Frauen ihn wirklich lieben, dann würde immer eine von beiden leiden. Eine tiefe Liebe zwischen Mann und Frau kann es nur zwischen Zweien geben.«

Die Monate vergingen. Ich war total überfordert mit der Schule und der provozierenden Art von Latona.

Ich hasste es, in diese Klasse zu gehen, das Lernen machte mir überhaupt keine Freude, ganz im Gegenteil, es war ein einziger Zwang für mich. Ich war froh, dass meine Mama mir half, diese zum Teil wirklich sinnlosen Hausaufgaben, die eigentlich mehr Strafaufgaben waren, zu bewältigen. Wenigstens wurde ich ja nicht mehr von Maurice gequält, fühlte mich aber weiterhin verfolgt.

Es bedrückte mich außerdem sehr mitanzusehen, wie es meinen Eltern immer schlechter ging und die Anspannung mit jedem Tag wuchs.

Irgendwann gab es eine Aussprache zwischen Cora und Papa. Das führte dazu, dass sie sich wieder versöhnten. Papa versprach Cora, zu ihr zu ziehen, aber er wünschte sich weiterhin zumindest einen freundschaftlichen Umgang zu Mama. In der Folge unternahmen wir wieder gemeinsam Ausflüge. Wir hatten sogar vor, in den Schulferien zwei Wochen zusammen Campingurlaub auf dem Sonnenhain zu verbringen. Darauf freute ich mich sehr, auch wenn es mir noch wie eine Ewigkeit bis zum Schulschluss vorkam.

Sonnenhain

Mama, Boris und ich teilten uns ein Zelt, Papa, Cora und Aurora ein zweites. Unseres bestand aus drei Abteilen, in einem lag ich mit Boris, im zweiten Mama und in dem kleinsten hatten wir das mitgebrachte Zeug untergebracht.

Sonnenhain war ein kleines Dorf, in dem die Menschen unabhängig waren und sich um alles selbst kümmerten. Es gab eine selbstorganisierte Schule, Gemüsefelder, Obstbäume und so weiter. Im Rahmen des jährlichen Sommercamps konnte auch jeder Gast, der dies wollte, etwas für die anderen veranstalten. Es gab einen großen Stundenplan, in dem eingetragen wurde, wann und wo etwas stattfand.
An diesem Abend lauschten wir einem Geschichtenerzähler. Nur Mama war nicht dabei, weil sie auf Aurora aufpasste. Wir versammelten uns im Garten vor der Feuerstelle. Einige Leute hatten sich bereits gemütlich nebeneinander niedergelassen. Von der ersten Geschichte an hörten alle gespannt zu und ich versank in den ausdrucksstarken Worten des Erzählers. Nach drei langen Geschichten wollte Boris gerne die Nibelungensage hören. Der Geschichtenerzähler meinte, er könne höchstens damit beginnen, aber die Sage wäre insgesamt zu lange. Boris willigte ein, schien aber etwas enttäuscht.
Ich fühlte mich einerseits wohl und umgeben von Liebe, andererseits spürte ich eine negative Energie, die von Cora auszugehen schien. Während ich ins Lagerfeuer blickte, sah ich, dass sich aus den tanzenden Flammen Bilder formten. Ich blieb ganz ruhig dabei, obwohl ich nicht wusste, wie das möglich war.
Ich sah mich selbst auf einer Bank sitzen. Als mehrere mir unbekannte Schüler darauf zukamen, sprang ich auf. Als Nächstes sah ich einen Raum, der so bunt war, wie ein gemaltes Mandala. Einige Gestalten in bunten Gewändern tanzten vor meinen Augen in den Flammen. Zu-

sammen mit dem Mädchen aus der anderen Realität sah ich mich fröhlich umherspringen.
Während ich die Flammenbilder bestaunte und nebenbei dem Geschichtenerzähler zuhörte, wurde ich langsam schläfrig...

Ich lag mitten auf einer von der Sonne gewärmten Blumenwiese auf einem Hügel und fühlte mich mit der Natur verbunden. In einiger Entfernung erspähte ich jemanden, der mir den Rücken zugewandt hatte. Es konnte nur Bonsaij sein, der da auf einem Stein saß und ins Tal blickte, denn niemand aus der anderen Realität löste in mir so ein vertrautes Gefühl aus.
Ich rief nach ihm, aber er reagierte nicht ...

Als ich aufwachte, war es recht früh. Nach dem Frühstück ging ich zum Jonglier-Bereich, ich wollte Devil Stick üben. Das machte mir so großen Spaß, dass ich stundenlang blieb. Wie in der Zirkusschule, die ich ungefähr zwei Jahre lang gemeinsam mit Boris besucht hatte, gab es auch hier einen großen Ball, auf dem man balancieren konnte. Ich übte das Ballgehen und kombinierte es mit dem Devil Stick. Wenn Leute vorbeigingen und mich dabei bewunderten, gab mir das ein gutes Gefühl.

Nach dem Mittagessen ging ich alleine spazieren. Ich kam an unserem Zelt vorbei und kletterte einen Hügel hinauf, der der gleiche zu sein schien wie der, auf dem ich in der anderen Realität gewesen war. Boris hatte mich gesehen und ich merkte, dass er mir nachging. Doch ich drehte mich nicht um, sondern ging einfach weiter, wie von einer unsichtbaren Macht geleitet. Ich kletterte auf einen Baum und suchte nach dem Tal, doch weit und breit war nur Wald zu sehen. »Seit wann gehst du so schnell?«, fragte Boris, während er mir nachkletterte.
»Ich weiß nicht, schon immer«, lachte ich.

Wir erzählten uns fantastische Geschichten, bis Boris Lust bekam Comics zu lesen und zum Zelt zurückging.
Ich kehrte erst in der Dämmerung um. Auf dem Rückweg ging ich ganz langsam und setzte fast wie in Trance einen Schritt vor den anderen. Zwischen Baumwurzeln entdeckte ich einen funkelnden Gegenstand. Er glitzerte immer stärker, je näher ich herankam. Ich streckte meine Hand aus, um ihn aufzuheben, und hörte dabei ein Heulen, das sich anhörte, als käme es von Husky.
Ich schnappte mir den Fund, ohne ihn genauer zu betrachten, und rannte damit den Hügel hinunter, bis zum Zelt. Rasch schloss ich den Reißverschluss hinter mir und kroch gleich in meinen Schlafsack. Mama war beim Zeitunglesen eingeschlafen und auch Boris schlief schon. Ich hatte mich gerade angenehm in den Schlafsack gekuschelt, als ich Durst bekam. So öffnete ich möglichst geräuschlos den Zipp meiner Kabine wieder und ging in das Vorabteil, um Wasser zu holen. Als ich ein Leuchten in meiner linken Hand wahrnahm, wurde mir erst bewusst, dass ich den gefundenen Gegenstand immer noch darin hielt. Es ging so ein helles Licht von ihm aus, dass ich befürchtete, Boris damit zu wecken. Ich betrachtete meinen Fund näher, das Leuchten wurde schwächer und erlosch schließlich.
Was ich gefunden hatte, war eine kleine, milchigweiße Glaskugel. Sie sah ähnlich aus wie die Kugel, die der Junge in der Unterwasserwelt bei sich gehabt hatte. *Seit wann leuchten eigentlich Glaskugeln?* Lange konnte ich nicht darüber nachdenken, denn ich entdeckte an der Innenseite der Zeltwand ein kleines, zartes Wesen, das sich am Eingang zu schaffen machte. Es glänzte silbrig und rosarot, hatte zwei große, breite Flügel und sah ähnlich aus wie ein Falter mit einem feenhaften Gesicht. »Oh weh, oh weh«, flüsterte das Falterwesen. Ich kniff einmal fest die Augen zusammen. Als ich sie öffnete, saß das Wesen auf dem Reißverschluss vom Zelteingang. »Oh weh, oh weh«, flüsterte es erneut. Es schien, als würde es hinauswollen.
Sacht führte ich meine Hand zum Zelteingang. Das Falterwesen blieb ruhig sitzen und während ich versuchte, den Reißverschluss zu öffnen, wich es leicht zurück. Vorsichtig ließ ich es hinaus. »Beijo«, ertönte die

Stimme des Wesens. Ich sah ihm hinterher. Es flog den Hügel hinauf, auf dem ich vorhin gewesen war. Ich versuchte, es nicht aus den Augen zu verlieren, dabei wurde ich so müde, dass ich direkt einschlief.

Es war heller Tag und ich lag mitten am Fuße des Hügels. Ich erspähte das Falterwesen und rannte ihm hinterher. Der warme Wind trieb mich an und wirbelte durch mein Haar.
Mir fiel nicht auf, dass ich auf einen steilen Abhang zulief, weil er in meiner Realität nicht da gewesen war. Erst nachdem ich einen Schritt ins Nichts getan hatte, warf ich einen Blick nach unten und sah in die Tiefe. Mir wurde Angst und Bang – bis ich erkannte, dass ich weiterlief, obwohl ich keinen Boden mehr unter mir hatte! Meine Beine schienen nicht mehr meine eigenen zu sein. Auch wenn sie fest mit meinem Körper verbunden waren, fühlten sie sich ganz anders an, sie waren pelzig weich wie die Beine von Husky.
Ich erinnerte mich daran, wie es sich angefühlt hatte, als ich mit Husky geflogen war. Aber er war es nicht, mit dem ich nun flog.
Ich flog selbst, allerdings mit der Kraft von Husky, die mit mir verschmolzen war. In schnellem Tempo überquerte ich den Abhang, verlor jedoch das Falterwesen aus den Augen. Als ich wieder Boden unter den Füßen spürte, hielt ich inne und setzte mich. Ich hatte jetzt wieder meine menschlichen Beine.

Bonsaij saß auf demselben Stein wie gestern und blickte ins Tal hinab. Meine Neugier war nicht zu bremsen und ich lief auf ihn zu. Er drehte sich zu mir um, aber sein Gesicht war genau wie damals, als ich ihm das erste Mal in der anderen Realität begegnet war, nicht zu erkennen. Langsam wurde es jedoch sichtbar.

Bonsaij strahlte Weisheit und Zufriedenheit aus, diesen Ausdruck hatte ich bei Menschen kaum gesehen. »Heoil«, begrüßte mich Bonsaij, »schreck dich nicht, manchmal reise ich gedanklich in andere Zeiten, dadurch erscheint mein Gesicht dir unsichtbar. Beim ersten Mal hatte es jedoch den Grund, dass ich dich nicht verschrecken wollte, da du mich zuvor schon im Stiegenhaus getroffen hattest. Ich wusste, dass es beängstigend wirken würde, wenn du mich plötzlich während des Träumens sehen würdest. Aber du hast mich sowieso erkannt.«

Er lächelte. Ich schmunzelte. »Wusste ich's doch, dass du Gedanken lesen kannst! Gerade hatte ich darüber nachgedacht, warum dein Gesicht nicht zu erkennen war.«

»Ich weiß.« Bonsaij lachte verschmitzt, bevor er das Thema wechselte. »Du hast bestimmt die weiße Kugel gefunden. Sie ermöglicht es dir, Husky schneller herbeizuholen. Bald wirst du auch eine schwarze, unbewohnte *Essarzkugel* finden.«

Ich war voller Fragen, bemerkte aber, dass Bonsaijs Körper begann, durchsichtig zu werden. Also entschied ich rasch, das mir wichtigste Thema anzusprechen. »Ich habe neulich jemanden getroffen, der dir ziemlich ähnlich sah. Hast du vielleicht einen Sohn?«, fragte ich geradeheraus.

»Ja, nicht nur vielleicht! Er erzählte mir von dir und eurer Prüfung unter Wasser.«

»UNSERER Prüfung?«, fragte ich überrascht.

Bonsaij ging nicht näher auf diese Frage ein, sondern sagte: »Zumindest hätte es eine Prüfung sein sollen. Die rauchartigen Wesen, welche du schon von deiner ersten Prüfung kanntest, nutzen wir öfters für Prüfungen. Das birgt zwar eine gewisse Gefahr, die wir jedoch gut im Griff haben. Wir können jederzeit eingreifen, falls derjenige, der gerade die Prüfung macht, Hilfe benötigt.

Du hast richtig erkannt, dass eines der Wesen unter Wasser anders war. Das war das *Essarz* und es nutzte die Prüfung, um sich einzuschleichen.«

Schaudernd dachte ich daran zurück. »Es hat mir furchtbare Bilder gezeigt. Darin richtete ich sogar ein Messer auf mich selbst! Weißt du, was das bedeuten sollte?«

Bonsaij schaute besorgt drein. »Das *Essarz* zeigt einem, um Macht zu gewinnen, besonders gern Ereignisse, die schmerzhafte Gefühle auslösen. Manchmal sind es Situationen, die bereits geschehen sind, manchmal kommende.«

»Oh nein! Soll das heißen, dass ich wirklich ein Messer gegen mich richten werde? Aber warum ...«

Bonsaij unterbrach meinen Gefühlsausbruch: »Das Wichtigste ist, die eigene Angst kontrollieren zu lernen. Das *Essarz* zeigt dir deine Zukunft, wie sie im schlechtesten Fall enden könnte. Es erfindet jedoch nichts, sondern filtert heraus, was deine Schwächen sind und wie sie dir schaden könnten. Was hast du denn noch für Bilder gesehen?«

»Gestalten auf Betten, die Schmerzen hatten und sich hin und her wanden ...«

Bonsaij wiegte den Kopf. »Verstehe. Das sollte eine Vision davon sein, wie Menschen um dich trauern würden, wenn du ein Messer gegen dich gerichtet hättest und nicht mehr leben würdest.« Er legte seinen Arm um mich und ich merkte, dass dieser kaum noch zu sehen war. »Keine Angst, das ist sicher nicht deine Zukunft, zeigt aber etwas, das du in dir hast. Es könnte dich dazu bringen, dir selbst Schaden zuzufügen. Nutze dieses Wissen und achte gut auf dich.«

Bonsaij war jetzt vollständig unsichtbar, ich hörte aber noch seine Stimme: »Durch Angst kann das Leben wie ein Käfig sein. Die ganze Lebensessenz des *Essarz* ist es, die Angst eines anderen zu spüren.«

Die Zeit am Sonnenhain verlief bisher recht harmonisch. Ich war oft mit Boris unterwegs. Einmal machten wir alle gemeinsam einen langen Waldspaziergang, ansonsten waren wir nur beim Essen und bei manchen Veranstaltungen zusammen. Mir fiel zwar auf, dass es zwischen meinen Eltern und Cora Spannungen gab und auch Gespräche darüber mit anderen Campinggästen, aber ich hielt mich innerlich davon fern und genoss einfach meine Ferienzeit.

Nach circa einer Woche änderte sich das Wetter, es gab tagelangen, strömenden Regen, sodass es nicht mehr möglich war, in den Zelten zu schlafen. Wir durften deshalb in private Zimmer umziehen. Das Zimmer von Mama, Boris und mir war unaufgeräumt, wir waren aber froh, im Trockenen untergekommen zu sein.

Einmal, als Mama ein Buch und Boris ein Comic las, sah ich mich im Zimmer um und die Unordnung störte mich so sehr, dass ich anfing aufzuräumen. Auf Boris' Frage, was ich da mache, meinte ich: »Ich zaubere die Unordnung weg.« Er half mir freiwillig beim Aufräumen. Mama fand das beeindruckend und lobte uns. Von der Inhaberin des Zimmers wurde unsere Aufräumaktion aber gar nicht geschätzt, besser gesagt, ihr fiel gar keine Veränderung auf.

Abends ging ich auf den Flur, um mich etwas umzuschauen. Er war nur schwach beleuchtet. Die meisten Gäste schienen entweder schon zu schlafen oder auf einer Veranstaltung zu sein, denn ich hörte kaum Geräusche. Die Atmosphäre war irgendwie unheimlich, reizte mich aber. Ich kam an einem Tisch vorbei, auf dem eine Schale mit Süßigkeiten stand. Auf einmal nahm ich ein Geräusch wahr, es schien direkt aus der Schale zu kommen.
Ich wusste nicht, wie mir geschah, als etwas kleines Rundes aus der Schüssel auf den Boden sprang und in meine Richtung rollte. Ich erschrak und wich zurück. Auf dem Boden lag eine *Essarzkugel*. Sie funkelte, als wäre in ihr ein kleiner Nachthimmel voller winziger Sterne. Ich hob die Kugel auf und betrachtete sie staunend. Das war wohl die leere *Essarzkugel*, von der Bonsaij gesprochen hatte. In dieser war kein zuckender Schatten zu sehen, wie bei der schwarzen Kugel, an der ich mir damals den Daumen verletzt hatte.
Mir fiel die weiße Glaskugel ein, die ich auf dem Berg gefunden hatte, und ich holte sie aus meiner Hosentasche hervor. Ich hielt beide Kugeln nebeneinander, sodass sie sich berührten. Plötzlich war überall dunkler Nebel im Flur und das beängstigende Gesicht des *Essarz* tauchte direkt vor mir daraus auf. Seine schwarzen Augen starrten mich an. Vor Schreck konnte ich mich nicht von der Stelle rühren. Ich schrie laut auf und umklammerte in jeder Hand eine der Kugeln. Sofort verschwand das Gesicht und auch der Nebel wieder. Eine Frau öffnete die Tür ihres Zimmers und sah mich entgeistert an. »Herrgott, was ist denn passiert?«
Ohne ihr eine Antwort zu geben, lief ich zurück ins Zimmer.

Mir graute davor, bald wieder in die Schule gehen zu müssen.
Zu allem Überfluss stand mir ein weiteres Jahr mit Latona bevor, weil ich den Aufstieg in die nächste Klasse nicht geschafft hatte. In Gedanken malte ich mir aus, wie das werden würde. Wieder neue Mitschüler – und Latonas Triumph darüber, dass ich sitzengeblieben war.

Lindenplatz

Gleich in der ersten Schulwoche bekam ich wieder Stress mit Latona und fühlte mich völlig ausgelaugt. Cora schlug mir vor, dass ich in dieselbe Schule wechseln könnte, in die Boris ging, da dort alle sehr nett seien. Meine Mama sprach daraufhin mit der dortigen Direktorin und es stellte sich heraus, dass es genau noch einen freien Platz in meiner zukünftigen Klasse gab. Ich vermutete, dass es in jeder Schule so sein würde wie in der alten und war deshalb weit von jeglicher Zuversicht entfernt.

Am ersten Tag in der neuen Schule musste ich zunächst zur Direktorin. Sie hatte ein paar Fragen und machte sich mit einem roten Stift Notizen. Als ich die rote Schrift sah, erinnerte mich das an meine Schulhefte, in denen Latona alle Fehler rot angestrichen hatte, das stresste mich innerlich zusätzlich.

Meine zukünftige Lehrerin Fiona führte mich durch drei Räume, es gab für jedes Hauptfach einen eigenen Unterrichtsraum. Als es soweit war, dass ich mich den neuen Schülern vorstellen sollte, hatte ich große Angst. Ich folgte Fiona in meine neue Klasse und fühlte mich dabei, als hätte ich hohes Fieber. Ich versteckte mich hinter einer Maske aus gespielter Freude.
Die Biologielehrerin, die gerade unterrichtete, begrüßte mich freundlich: »Schön, dass du da bist, ich heiße Kamilla.« Ihre Worte erstaunten mich – sie hatte mehr als nur *Hallo* gesagt!
Die Pausenglocke läutete schon bald und ich war froh, als sich die Aufmerksamkeit aller auf Fiona richtete. Sie schlug vor, die folgende Turnstunde im Park zu verbringen.
Im nahegelegenen Park konnten wir uns frei beschäftigen. Anders als die Lehrer in der alten Schule hatten Fiona und Kamilla die Schüler im Blick.

Ich setzte mich auf eine Parkbank und eine Mitschülerin namens Amelie fing mit mir ein Gespräch an.
Zunächst dachte ich, sie sei eine Botschafterin der Gruppe, die hier das Sagen hätte und mir gleich deren Regeln erklären würde. Ich war positiv überrascht, dass sie sich mit mir auf liebe Art unterhielt.
Nach einer Weile kam Kamilla zu uns. Sie lächelte mich an und fragte, in welche Schule ich zuvor gegangen war und warum ich gewechselt hätte. Ihr Lächeln wirkte echt, ich sah gleich, dass sie eine richtig herzliche Person war. Sie sagte: »Du wirst dich sicher bald eingelebt haben, die Gruppe ist sehr offen und es sind liebe Kinder.«
Was mich vollkommen verblüffte: Wir durften die Lehrer mit *Du* ansprechen! Das war ich durch Latona absolut nicht mehr gewohnt und sagte daher anfangs trotzdem *Sie*.
Zur Mittagszeit rannten auf einmal fast alle Schüler gleichzeitig auf die Parkbank zu, auf der ich saß. Wie programmiert sprang ich auf, um ihnen Platz zu machen. Aber sie wollten nur ihre Jausenboxen aus den Rucksäcken holen, die rund um die Bank abgelegt waren.
Amelie meinte lächelnd, ich könne ruhig sitzen bleiben, keiner würde mich beißen. Verschreckt setzte ich mich wieder.
»Isst du nichts?«, fragte Amelie. Eigentlich war ich hungrig, aber ich hatte es mir ja abgewöhnt, in den Pausen etwas zu essen. Sobald ich daran dachte, sah ich Maurice' Gesicht vor mir und das Unwohlsein riss mich wie in einer Welle mit. »Nein, ich ... ich hab' keinen Hunger«, antwortete ich Amelie und konnte ihr dabei kaum in die Augen schauen. Sie meinte sogar, sie würde mit mir ihr Essen teilen, wenn ich nichts dabei hätte. Das verschlug mir die Sprache und ich wusste nicht, wie ich darauf reagieren sollte.

Schon während der ersten Woche ging es mir in der neuen Schule richtig gut. Meine Sitznachbarin Amelie, die ich von Anfang an sehr gerne mochte, war ein bisschen frech und versprühte immer gute Laune. Es gab auch keine Probleme mit den anderen Schülern, keiner fasste mich grob an, nahm mir etwas weg oder schrie mich an – überhaupt kam mir niemand zu nahe. Auch die Lehrer brüllten nicht herum. Zu spät kommende Schüler wurden nur darauf hingewiesen, sich zu bemühen nicht mehr zu spät zu kommen, was mehr Erfolg brachte als Latonas Bestrafungsverfahren.

Niemand kannte meine Erfahrungen und ich wirkte dadurch wahrscheinlich sehr unsicher und schüchtern. Immer wieder wurde ich ermutigt, mich mehr zu trauen, aber meine Ängste konnte ich nicht so einfach abstellen.

Der Lehrstoff war sehr interessant gestaltet und die Themen wurden so erklärt, dass ich sie verstand. Einmal fragte mich Fiona in Geschichte, ob ich vorlesen möchte.

Ich erinnerte mich sofort an eine vergangene Situation. Wie ein Film spielte sie sich in meinem Kopf ab: Ich sollte eine Deutschaufgabe vorlesen, hatte es so gut ich konnte versucht, vor Nervosität aber nicht geschafft. Ich las stockend und versprach mich in jedem Satz. Fast alle lachten mich aus und Maurice nutzte die Gelegenheit wieder, um zu spotten.

Fiona wartete auf eine Antwort, aber mir schwirrte der Kopf und ich schaffte es nicht zu sprechen. »Na ja, du musst ja nicht, vielleicht nächstes Mal«, sagte sie schließlich und bat eine andere Schülerin vorzulesen. Es war für mich wie ein Wunder, dass ich weder angeschrien wurde, noch vorlesen musste.

Die anderen Schüler verstanden mit der Zeit immer weniger, warum ich nie etwas vorlas oder Fragen beantwortete. Ich erklärte es ihnen nicht, wollte einfach nicht darüber reden.

Das Schlimmste für mich waren nach wie vor die Turnstunden. Die anderen hatten sehr viel Spaß bei Spielen wie Handball, Völkerball oder dergleichen.

Ich aber erinnerte mich dabei immer an die früher erlebten Übergriffe und dachte manchmal, ich würde in Ohnmacht fallen, wenn das jeweilige Spiel nicht bald vorbei wäre. Es genügte, dass ich den Ball nur sah, um panisch zu werden.

Ein paar Monate lang hatten wir zwei Turnstunden pro Woche in der riesigen Turnhalle eines Studentenheimes. Dort unterrichteten uns Studenten, die später Sportlehrer werden wollten. Für mich war der Sportunterricht dort noch schlimmer, weil hier wieder Jungs und Mädchen zusammen turnten.
Während der Turnstunden in unserer Schule waren wir zu meiner Erleichterung von den Jungs getrennt.
Außerdem fanden in der Turnhalle des Studentenheims Teamspiele mit Geschicklichkeitstests statt, was mich ebenfalls stresste. Jeder wurde einzeln bewertet und alle sahen bei den Übungen zu. Obwohl nie ein blöder Spruch fiel, freute ich mich immer, wenn die Stunden vorbei waren.

Wenn die Englischlehrerin einen Vokabeltest ankündigte, hatte ich weniger Angst davor zu versagen als früher. Da nicht auf meinem Selbstvertrauen herumgetrampelt wurde, traute ich mir etwas mehr zu. Manchmal regten sich Eltern über die Englischlehrerin auf. Sie fanden, dass sie uns zu viele Vokabeln zum Auswendiglernen aufgab, anstatt diese an Beispielen in der Praxis zu üben. Im Vergleich zur Menge der früheren Englischhausaufgaben kamen mir die jetzigen aber gar nicht so viel vor. Auf Druck der Eltern wurde die Englischlehrerin jedoch bald durch einen neuen Lehrer namens Thomas ersetzt. Er war ganz in Ordnung.
Die Mathelehrerin mochte ich ebenfalls. Sie konnte die schwierigsten Aufgaben im Kopf lösen, nur im Erklären fand ich sie nicht so gut. Sie wirkte manchmal, als könnte sie sich nicht vorstellen, dass jemand nicht verstand, was sie gerade erklärt hatte. Bald fing ich wieder an so zu tun, als ob ich alles verstanden hätte, und ließ es mir später zu Hause nochmals erklären.

Eines Morgens kam Fiona wie immer gut gelaunt in die Klasse – und ihre heitere Stimmung übertrug sich auf alle. Es war Geschichtsstunde und Fiona bat zwei Schüler ihr zu helfen, den Overheadprojektor in die Klasse zu befördern. Zu den einzelnen Bildern fing sie an zu erzählen. Durch ihre ausdrucksstarke Stimme wurde es nicht langweilig. Fiona bekam die volle Aufmerksamkeit der Schüler, ohne sich durch Schreien Respekt verschaffen zu müssen.

In der letzten Stunde war Turnen. Wie gewohnt fingen schon in der Garderobe die Probleme an.
Zwar zogen sich alle um, ohne dabei mit Absicht auf jemand anderen zu schauen, aber ich hatte Hemmungen, von denen keiner etwas ahnte. Zögerlich stand ich einige Minuten reglos in der Gegend herum und wusste nicht, was ich machen sollte.
»Hast du dein Turngewand etwa auch vergessen?«, fragte Mara. »Äh ... i-ich?«, stotterte ich.
»Ja klar, du«, sagte sie lachend.
»Hm ... nein.« Ich schüttelte den Kopf.
Mara jammerte: »Ich leider schon, es ist voll doof mit dem Gewand turnen zu müssen.« Amelie borgte ihr eine Turnhose, die sie für solche Fälle immer zusätzlich dabeihatte.
Ich stand verkrampft da, nahm meine Turnhose in eine Hand und hielt sie zum Schutz vor mich hin. Mit der anderen zog ich ziemlich schnell mein Gewand aus. Dann hielt ich dieses vor mich hin und zog die Turnhose an.
Das sah mit Sicherheit komisch aus. Ich hatte diese Gewohnheit, weil Maurice früher oft in die Mädchengarderobe gekommen war und mich beim Umziehen angestarrt und verspottet hatte. Yasmina hatte eine ähnliche Technik drauf wie ich, sie zog sich fast genauso um, das hatte aber bei ihr mit der Religion zu tun.
Ich ging in die Turnhalle, dabei bekam ich ein Kribbeln im Bauch, als stünde mir eine Schularbeit bevor. Mein Herz klopfte wild und ich ging nervös hin und her.
Fiona fragte: »Was wollt ihr denn spielen?«

»Fangball!«, riefen fast alle wie aus einem Mund. Das war ein ähnliches Spiel wie Völkerball. Ich stellte mich in die hinterste Ecke, damit möglichst niemand zu mir schießen konnte. Ich versank in meinen negativen Erinnerungen und mir war bald so schlecht davon, dass ich glaubte, rausrennen zu müssen. Ich versuchte, mich zu konzentrieren und das Spiel einfach durchzuziehen. Emma meinte, ich solle weiter vorgehen, um jemanden aus der gegnerischen Mannschaft abschießen zu können. Ich starrte sie an, als wäre sie ein Geist. Sie versuchte mich zu ermutigen: »Komm, fetz einfach einen von denen ab, so schwer ist das gar nicht, nur einfach fest schießen.«

Eine unvollständige Szene zog durch meinen Kopf: Der Ball fliegt direkt an mir vorbei gegen die Wand, es knallt und Maurice sagt: »Sehr knapp! Nächstes Mal treff' ich dich! Steh nicht länger im Weg rum, verschwinde, du bist auf der falschen Seite!« Ein Stoß nach vorne ...

Emma sah mich an und ich schüttelte wortlos den Kopf. Maddie stand auch nur da und wartete, bis sie abgeschossen wurde. Das ging solange, bis es Fiona auffiel und sie Maddie aufforderte vorzulaufen und zu schießen. Ich ahnte, dass mich Fiona als Nächstes vorschicken würde. Wieder stieg diese beklemmende Panik in mir hoch, obwohl ich mir einzureden versuchte, dass sie unbegründet sei. Auf Fionas Wink rannte ich nun vor und ein ohnmächtiges Gefühl breitete sich in mir aus. Ich zielte in die gegnerische Mannschaft und schoss absichtlich niemanden ab. Wahrscheinlich verstand keiner, warum ich keinen Spaß an dem Spiel hatte, denn die meisten freuten sich, wenn sie schießen konnten. Schon beim Zurücklaufen wurde ich abgeschossen, setzte mich auf die Bank und atmete im Stillen durch. Emma meinte: »Egal, beim nächsten Mal wird's besser!«
Am Klang ihrer Stimme merkte ich, dass sie davon wenig überzeugt war, aber sie meinte es gut. Obwohl die anderen geseufzt hatten, als ich auf die Bank musste, fühlte ich mich gleich eine Spur entspannter. Ich hoffte, dort bis zum Spielende bleiben zu können.
Als mich Fiona aufmunternd ansprach, hatte ich große Mühe, mir nicht

anmerken zu lassen, wie es in mir aussah. Ich wollte keine Fragen hören und nichts erzählen müssen.
Endlich läutete die Schulglocke und ich war erleichtert. Meine Mannschaft hatte gewonnen, mir war das eigentlich völlig egal.
Yasmina meinte begeistert: »Hey, wir haben gewonnen, ist doch toll, oder?!«
Ich dachte mir nur: *Hauptsache, es ist endlich vorbei!*

Aufgrund einer Lehrerumstellung unterrichtete uns ab jetzt die Biologielehrerin Kamilla auch in Mathematik. Mir war das nur recht, denn ich mochte sie besonders gerne. Obwohl Mathe mein größtes Problemfach war, schaffte ich es auf eine Schularbeit eine Zwei zu schreiben. Als ich die darauffolgende verpatzte, hatte ich aber gleich wieder das Gefühl, generell nicht gut genug zu sein und immer zu versagen. Das Prinzip, das Schlechte mehr als das Gute wahrzunehmen, war tief in mir verankert.

In allen Hauptfächern bekamen wir sogenannte *Wochenpläne*. Diese enthielten viele Aufgaben zu jeweils einem speziellen Thema des Faches. Es standen uns dafür mehrere separate Stunden am Vormittag zur Verfügung. Ich versuchte, immer alles perfekt auszufüllen, schaffte das aber auf Dauer nicht. Da Fiona auffiel, dass mir alles zu viel wurde, erklärte sie mir, dass ich nicht alles so genau machen müsse. Ich könne ruhig einmal ein paar Seiten weglassen, das wäre nicht schlimm und würde nichts an der Bewertung ändern. Sie meinte, es käme ihr vor allem auf die Bemühung und den Lernwillen an.
Ich verstand das überhaupt nicht, mir war immer von Latona eingetrichtert worden, dass ich alles fertig haben musste und es ansonsten Konsequenzen hätte. Ich war verwirrt, auf einmal konnte man sogar eine ganze Seite auslassen. Ich brauchte einige Zeit, bis ich überhaupt

merkte, dass Fiona es ernst meinte und sich hinter ihren Worten keine Falle verbarg. Als ich das begriff, hätte ich mich gern mit Fiona über meine vorige Schule unterhalten, aber sobald sich dazu eine Gelegenheit bot, traute ich mich nicht ein Gespräch anzufangen.

Während einer der nächsten Unterrichtsstunden kam eine mir unbekannte Frau in die Klasse und Fiona forderte mich auf, mit ihr mitzugehen. Ich wusste nicht, was das bedeuten sollte, dachte aber, ich hätte bestimmt irgendeinen Fehler gemacht. Die Frau meinte, dass ich keine Angst haben müsse, sie sei die Schulpsychologin. Ich war überrascht, zugleich wurde mir klar, dass sie womöglich die ganze Wahrheit über Maurice aus mir herausbekommen könnte.
Mittlerweile hatte ich Übung darin, zu verbergen, was in mir vorging, und fragte mit gespielter Sicherheit: »Und was wollen Sie von mir?«
Die Psychologin antwortete: »Fiona hat gemeint, dass es dir vielleicht gut tut, wenn wir uns unterhalten. Vielleicht hast du Stress oder Sorgen und möchtest darüber reden.«
»Ich wüsste nicht, worüber.«
Sie erwiderte: »Bist du sicher? Wir können über zu Hause sprechen oder über deine Freunde.«
Ich sagte leicht verunsichert: »Nein, ich brauche keine Hilfe. Es geht mir gut und ich habe eine tolle Familie!«
Sie meinte: »Ja, das glaube ich dir, aber gibt es wirklich nichts worüber du reden willst?«
Ich schüttelte den Kopf. »Nein, wirklich nichts.«
»Na gut, dann war's das auch schon«, sagte die Frau. Schnell ging ich zurück in die Klasse.
Ich war schockiert, weil ich dachte, dass nur jemand zu einer Psychologin müsse, wenn er krank sei – und ich hielt mich nicht für krank!

Am Ende der Woche gab ich wieder einen sorgfältig ausgefüllten Wochenplan ab. Beim folgenden Elternabend erklärte Fiona meiner Mama, sie hätte es lieber, wenn ich die Wochenpläne nicht so genau, dafür aber alleine machen würde.

Ich hatte versucht zu verheimlichen, dass ich meine Wochenpläne mit nach Hause nahm und mir Mama dabei half. Fiona wusste es trotzdem, weil alles perfekt war und sie mir das nicht ganz abkaufte.
Manchmal redete ich mir ein, ich könnte gar nichts und alle würden denken, dass meine Mama für mich die ganzen Aufgaben übernahm.
Warum glaubt man mir nicht, dass Mama mir einfach nur hilft?
Ich war ärgerlich, zugleich hatte ich jedoch Angst davor, in Zukunft alleine arbeiten zu müssen. Mir fehlte viel an Grundwissen. In der alten Schule hatte ich so wenig mitbekommen, weil ich nie ganz bei der Sache sein konnte. Ständig musste ich auf meine Sicherheit bedacht sein und die Angst stand stets im Vordergrund.
Ich weinte und bat Mama, mir weiterhin zu helfen.
Wenn im Deutschunterricht eine Geschichte zu schreiben war, machte ich das gerne. Ich schrieb sie und besserte nachher zusammen mit Mama die Rechtschreibfehler aus.
Wenn ich die Aufgabe zurückbekam, hatte Fiona alles mit grünem Stift abgehakt und sagte oft, ich hätte wieder eine tolle Geschichte geschrieben. Manchmal meinte sie sogar, es sei die beste der ganzen Klasse gewesen.
Die Tatsache, dass Fiona mir glaubte, dass ich keine Rechtschreibfehler mache, bestärkte mich total. Mit der Zeit machte ich immer weniger Fehler, schließlich so gut wie keine mehr. Das erstaunte sowohl meine Mama als auch mich selbst. *Früher hab ich fast jedes Wort falsch geschrieben. Auf einmal sind die Fehler wie ausgelöscht. Ich kann es also doch!*

In der alten Schule waren zu viele Aufgaben auf einmal zu lösen gewesen. Ich hatte diese zwar nach Mamas Erklärungen verstanden, doch einen Tag danach wieder vergessen. Bevor ich etwas richtig verstand, war bereits das nächste Thema gekommen und es wurde vorrausgesetzt, dass man das vorherige konnte. Mir ging das einfach zu schnell. Ich schaute nur, alle Aufgaben zeitgerecht abgeben zu können, damit ich keinen Ärger bekam.
»Was soll aus dir werden?!«, fragte mich Latona oft kopfschüttelnd.

Einmal hörte ich sie sogar sagen: »Ajena braucht Nachhilfe, sonst wird sie ihr Leben nicht schaffen!«
Ich kam mir unglaublich mies vor, wenn alle bestätigten, wie schlecht ich doch sei! Auf einer Seite hatten sie recht: Ich war nicht so schnell wie die anderen, ich konnte kaum ein Wort richtig schreiben und nichts mit Zahlen anfangen.
Aber was war mit meinen positiven Fähigkeiten? Warum wurden die nicht anerkannt? Ich war die Beste der Klasse im Geräteturnen, im Kunst- und Musikunterricht, schrieb trotz der Rechtschreibfehler fantasievolle Geschichten, fotografierte gut. Das interessierte damals außer meinen Eltern offenbar niemanden. Nur meine Volksschullehrerin Gundula hatte in mir Talent erkannt und gesagt: »Es macht nichts, wenn du viele Rechtschreibfehler machst, die kann man ja ausbessern, es geht um den Inhalt einer Geschichte und den bringst du wunderschön rüber!«
Latona hatte etwas gegen mich, weil es ihr nicht gelang, mich ins System des *Normalen* zu pressen. Wenn ich doch ein Kompliment von ihr zu hören bekam, dann wurde es immer gleich mit einer Zusatzbemerkung zunichte gemacht: *Die Note am Schluss zählt! – Alles, was sonst von dir kommt, lässt zu wünschen übrig! – Dir ist klar, das nützt nichts! – Das biegt deine schlechte Leistung nicht wieder gerade!*
Das Schlechte wurde so hervorgehoben, dass das Gute kaum etwas wert war. Beim Schreiben der Hausaufgaben hatte ich beinahe jeden Tag geweint, weil mir dann alle abwertenden Kommentare wieder eingefallen waren.
Erst jetzt wurde mir bewusst, dass ich all das negative Gerede so verinnerlicht hatte, dass ich mich inzwischen selbst als *nicht richtig* empfand. Doch von alldem wusste in der neuen Schule niemand.

Einmal nahm Amelie eine Karotte aus ihrer Jausenbox, knabberte daran herum und fragte mich: »Möchtest du auch eine?«
»Ähm, ja«, antwortete ich extrem verlegen. Ich wusste kaum, wo ich hinschauen sollte, und schaffte es nur mit unglaublicher Überwindung die Karotte zu essen. Amelie lachte, dann schüttelte sie leicht den Kopf.

»Du bist noch immer so schüchtern! Hast du eigentlich die Englischaufgabe gecheckt?«
»Hm, ja schon, aber in Mathe hab' ich manches nicht wirklich verstanden.«
Amelie schmunzelte. »Mathe ist ja auch Mist!«
Auf einmal legte sie ihre Füße auf meinen Sessel. Ich rutschte zur Seite, um Platz zu machen. Amelie zog die Füße wieder zurück und sagte: »Du bist genauso wie Mara. Ihr dürft euch nicht alles gefallen lassen, wehrt euch doch mal!«
»Wie meinst du?«, fragte ich verdutzt.
»Angenommen, ich nehm' dir dein Federpennal weg, was machst du dann?« Verlegen schaute ich auf den Tisch. »Dann mach' ich gar nichts.« Daraufhin kniff mich Amelie in die Seite. Unwohlsein überkam mich, weil ich nicht wusste, was sie wollte. Wieder kniff sie mich leicht.
»Ach, hör auf, Amelie!«, rief ich genervt.
Doch sie hörte nicht auf. »Du musst dich wehren, dann höre ich auf.«
»Ich kann das aber nicht.«
Amelie hielt mir ihren Arm entgegen. »Los, hau mich mal!« Entsetzt starrte ich sie an. »Du tust mir nicht weh, keine Sorge. Ich möchte nur wissen, wie stark du bist!« Ich stieß ihren Arm weg. »Na bitte, ist ja mal ein Anfang.« Sie grinste zufrieden.
Es dauerte, bis ich verstand, was Amelie mir begreiflich machen wollte. Sie ahnte sicher nicht, wie sehr sie mir die Augen öffnete. Immer wieder testete sie meine Wehrhaftigkeit. Sie tat das auch bei Mara, die sich offenbar schon besser verteidigen konnte.
In einer Pause nahm mir Amelie den Stift weg, mit dem ich gerade etwas schrieb, und hielt ihn hoch. »Gib mir den Stift zurück!«, sagte ich.
»Ich habe deinen Stift doch gar nicht!«, versuchte sie mich zu provozieren. Wir rangelten ein bisschen herum, bis ich mir den Stift zurück erkämpft hatte. Sie hob den Daumen und grinste.

Während der Zeichenstunde fragte mich Emma: »Kann ich mir deine Buntstifte ausborgen?« Als ich kurz zögerte, mischte sich Kim ein: »Du weißt, dass sie nicht nein sagen kann, also frag erst gar nicht!«

Emma sah sie stirnrunzelnd an. »Erstens kann sie bestimmt nein sagen und zweitens geht dich das gar nichts an!«
»Ist schon gut!«, versuchte ich Emma zu beruhigen. »Du kannst dir ruhig Stifte von mir leihen.«
Kims Aussage geisterte mir tagelang im Kopf herum, bis ich erkannte, dass ich tatsächlich nicht nein sagen konnte! Ich arbeitete daran, dies zu ändern. Mit der Zeit klappte es immer besser und ich borgte nur mehr etwas her, wenn ich es wirklich wollte.
Amelie und Kim lehrten mich einige wichtige Dinge, das half mir, mich aus meiner Erstarrung zu lösen und wieder anzufangen, mich locker zu bewegen und zu reden. Es war fast wie eine Therapie für mich.
Einige meiner tiefen Probleme vermochte ich jedoch nicht so einfach loszuwerden wie zum Beispiel die Panik beim Betreten des Turnsaals oder der fehlende Mut, im Unterricht aufzuzeigen.

In der Englischstunde stellte uns Thomas verschiedene Fragen zu einem Text, der an der Tafel stand. Manchmal sah er mich mit diesem Blick an, der mich ermuntern sollte, mich zu melden.
Ich wusste öfters die richtigen Antworten, schwieg aber. Bei der Vorstellung aufzuzeigen wurde mein Arm ganz schwer und ich begann heftig zu schwitzen. Nach der Stunde wollte Thomas mit Amelie und mir reden.
Er meinte, es wäre doch nichts dabei, mal etwas zu sagen, selbst wenn es falsch wäre. Amelie, die in dem Punkt erstaunlicherweise das gleiche Problem hatte wie ich, nickte und meinte, sie würde versuchen, sich öfter zu melden. Ich überlegte, was ich sagen sollte.
Thomas sah mich fragend an. »Probierst du es auch, Ajena?«
»Nein. Ich kann nicht. Ich denke mir die Antworten, aber ich kann sie nicht laut aussprechen«, erklärte ich. Thomas sah verdutzt drein und ich wusste, dass er keine Ahnung hatte, warum ich nicht aufzeigen konnte. Ich wollte aber nicht näher darauf eingehen.

Fiona sah, dass ich immer mehr Aufgaben des Wochenplans in der Schule machte, und war froh darüber. Sie sagte: »Deine Wochenpläne sind immer die schönsten und ich sehe, dass du dich bemühst, viel alleine zu schaffen.«

Je länger ich in der neuen Schule war, desto mehr traute ich mir zu und mir wurde bewusst, was in der vorherigen alles in mir zerstört worden war.

Das stimmte mich sehr traurig. Jahrelang war kein Schultag vergangen, an dem ich nicht spöttische Bemerkungen ertragen musste oder Schläge abbekam. Immer hatte ich mir eingeredet, dass all das irgendwann von selbst ein Ende nehmen würde. Erst jetzt wurde mir klar, dass der befreiende Schritt darin bestanden hätte, mich so früh als möglich bei meinen Eltern oder irgendeiner Vertrauensperson auszusprechen.

Als ich mich endlich traute, die ganze Geschichte meinen Eltern zu erzählen, waren sie danach völlig schockiert. Sie verstanden zwar, warum ich so lange nichts gesagt hatte, waren aber sehr unglücklich darüber. Ich konnte nachvollziehen, dass sie sich Selbstvorwürfe machten, weil sie die ganze Zeit nichts bemerkt hatten. Ihre Reaktion erzeugte leider auch Schuldgefühle in mir. Zum Glück reagierten meine Eltern nach dem ersten Schock mit Trost und Zuneigung.

Efijdro-Technik

Es war eine mondlose Nacht, als ich durch mir unbekannte Gassen wanderte, die nur von wenigen Laternen beleuchtet waren, welche fahle Schatten an die Hauswände warfen. Ich hatte kein bestimmtes Ziel, wollte einfach nur gehen, meinen Gedanken lauschen und die Efijdro-Technik üben.
Bonsaij hatte mich gelehrt, wie ich Energie auf meinen bemalten Weidenstab übertragen und mit diesem kämpfen konnte. Ich konzentrierte mich auf meinen Stab. Während ich verschiedene Drehübungen damit ausprobierte, die ich mit Bonsaij oft trainiert hatte, dachte ich darüber nach, wann ich mich dem *Essarz* stellen würde. Der Stab fiel mir öfters aus den Händen und ich begann die Übungen von vorne.

Da hörte ich einen lauten Schrei, der plötzlich erstickte, gefolgt von mehreren, gedämpften Stimmen. Ich hielt inne und lauschte. Es klang bedrohlich, aber ich wollte herausfinden, was geschehen war.
Ich schlich bis zur Straßenecke und konnte in der querlaufenden, kurzen Sackgasse drei Männer beobachten, die eine Frau und ein Kind bedrohten. Die Frau schob das Kind hinter sich, um es zu schützen. Die Männer drängten die beiden immer weiter zurück bis an die Hauswand. Es wäre leicht für mich gewesen, unauffällig zu verschwinden, aber ich blieb abwartend stehen. »Lauf!«, schrie die Frau und zog das Kind zur Seite. Einer der Männer versuchte es zu schnappen, aber es huschte geschickt zwischen seinen Beinen hindurch und rannte davon. Einer der Männer holte ein Messer hervor und bedrohte damit die Frau.

Das Gefühl des Ausgeliefertseins konnte ich gut nachempfinden. Ich konzentrierte mich auf meinen Weidenstab und projizierte meine ganze Energie auf ihn.
Ohne Furcht trat ich hervor und schwang mit einer Sicherheit meinen

Stab herum, als wäre all das bloß eine Übung mit Bonsaij. Ich rief: »Was immer ihr vorhabt, wenn ihr diese Frau nicht augenblicklich in Ruhe lasst, werdet ihr es bereuen!« Einer der Männer hielt die Frau fest, während die zwei anderen sich zu mir umdrehten. Die beiden warfen sich verwunderte Blicke zu.
»Der war gut!«, sagte einer und grinste. »Ja, ein guter Scherz. Und jetzt mach, dass du wegkommst, bevor ich es mir anders überlege!«, fügte der Mann mit dem Messer hinzu und wandte sich wieder der Frau zu.
Ich schlug dem mir am nächsten stehenden Mann mit Wucht auf den Unterleib. Er stöhnte auf und sank zu Boden. Der Typ mit dem Messer stieß einen Pfiff aus, worauf weitere Männer rechts und links aus Häusern kamen und mir blitzartig den Fluchtweg versperrten.

Ich musste mich bemühen, meine Verunsicherung zu verbergen. Mehrere Männer stürzten sich auf mich und entrissen mir den Stab. Er landete weit weg von mir am Boden und die Energieverbindung löste sich komplett auf. Die Situation überforderte mich, deshalb rief ich laut nach Husky. Das lenkte die Männer kurz ab, doch Husky kam nicht. In Panik schrie ich: »Husky, hilf mir!« In dem Moment schwankte der Boden wie bei einem Erdbeben. Ein strahlendes Licht blendete mich, darin erschienen eine Person und zwei große vierbeinige Wesen.
Sofort ließen die Männer von mir ab.
Der Mann mit dem Messer ließ die Frau los. »Was ist das, verdammte Scheiße?!«, schrie er. Das Licht wurde eine Spur schwächer, sodass ich nicht mehr geblendet war und ich erkannte Bonsaij in Begleitung von Husky und Languster. Erleichtert atmete ich durch. Einer der Männer schrie: »Das ist zu viel für mich, sorry, klärt das alleine!« Er lief davon.
»Sag mal, hab ich zu viel getrunken?«, meinte ein anderer und kratzte sich am Kopf. Languster brüllte wie ein Löwe und flatterte mit seinen gewaltig großen Flügeln. Husky knurrte bedrohlich und Bonsaij erhob sein Regenbogenschwert. Daraufhin stürmten die verbliebenen Männer in Windeseile auf und davon. Verwundert nahm ich wahr, dass auch die Frau sowie Bonsaij, Husky und Languster verschwunden waren.

In der darauffolgenden Nacht fragte ich Bonsaij: »Warum wart ihr so plötzlich verschwunden?«

»Das war Teil einer Prüfung, die du zu bestehen hattest«, antwortete er gelassen.

Ich überlegte angestrengt: »Also, wenn es eine Prüfung war, habe ich sie sicher nicht bestanden!«

Bonsaij erwiderte: »Es war, wie es sein sollte, du hast im entscheidenden Moment geholfen, hast deine geübten Techniken angewandt und dir dann eingestanden, dass du Verstärkung dazuholen musst! Du bist genau *so* weit, wie du sein sollst.

Ich denke, du wirst das *Essarz* einmal besiegen können, aber sei dir bewusst, gegen das Wesen mit den tausend Namen werden dir alle Prüfungen zusammen nur halb so schwer erscheinen! Außerdem benötigst du mehr als einen Stab, der von Energie umhüllt ist, um gegen das *Essarz* etwas auszurichten!«

»Ja ja, das weiß ich doch. Aber was war der Sinn davon, in so eine gefährliche Situation zu geraten? Üben hätte ich doch auch ohne dieses Szenario können!«

Bonsaij nickte. »Die Prüfungen sind aber hauptsächlich dazu da, um sich der Angst vor gewissen Situationen zu stellen.«

Maijelin und ich, zu Hause im Jetzt

Mürrisch gelaunt stand ich inmitten einer Menschenmenge am Straßenrand und wartete darauf, dass die Ampel endlich auf grün springen würde. Ich zwängte mich an den Leuten vorbei und sprintete auf den Bus zu. Bevor ich jedoch einsteigen konnte, schlossen sich die Türen und er fuhr davon. Ich trat zurück, der Bus rollte wie in Zeitlupe an mir vorbei und ich sah die Gesichter der darin Sitzenden, die mich anglotzten. Ich schnitt eine Grimasse und setzte mich auf die Bank, um auf den nächsten Bus zu warten. Da sah ich jemanden auf der gegenüberliegenden Straßenseite und konnte es kaum glauben.
Verblüfft stotterte ich: »Aber ... das ... kann nicht sein!« Mein Herz fing wie wild an zu rasen.
Eine ältere Frau, die neben mir saß, sprach mich an: »Kennen Sie die?« Sie tippte sich an die Stirn. »Ist die da oben nicht ganz dicht!?«

Ich war mir sicher, das Mädchen zu sehen, das ich aus der anderen Realität kannte. Ich stürzte los und rannte über die Straße. Ein paar Autofahrer hupten. Aus voller Kraft schrie ich dem Mädchen zu: »Nein, das darfst du nicht, das ist gefährlich!«
Ich sprintete zum gegenüberliegenden Gehweg. Von hier aus konnte man über eine kleine Mauer auf die Gleise der U-Bahn hinuntersehen. Ich war nur noch wenige Schritte von der Mauer entfernt, als sich das Mädchen an ihr hochzog, bis es kerzengerade oben stand. Mit einem lauten *Nein!* riss ich es zurück, wodurch wir beide auf dem Gehweg landeten. Das Mädchen saß auf einmal im Schneidersitz da und schaute mich völlig entspannt an, als wäre überhaupt nichts gewesen. Ich ver-

suchte die richtigen Worte zu finden, verstummte aber nach jedem Beginn, einen Satz zu bilden.

»Ist schon okay, ich erklär' dir das später«, flüsterte das Mädchen und machte mich darauf aufmerksam, dass mittlerweile eine Menge Neugieriger um uns herum stand.

»Äh ...« Kurz lächelte ich verlegen in die Runde und sagte rasch: »Wir brauchen keine Hilfe, es ist alles in Ordnung, das Mädchen wollte nur die Aussicht genießen.«

Als ich aufstand, stellte sich mir ein Mann mit schwarzen, nach hinten gegelten Haaren entgegen, den eine intensive Wolke aus Parfum umgab. »Und du erwartest, dass wir dir das glauben?« Er baute sich vor mir auf und sah mich skeptisch an. »Wir werden dieses Mädchen erst mal zur Polizei bringen um die Eltern ausfindig zu machen!«, schnauzte er mich an und machte einen Schritt auf das Mädchen zu. Ich drängte mich dazwischen.

»Was wollen Sie eigentlich? Sie haben ja vorhin auch nur zugesehen und nichts unternommen«, erwiderte ich. Als der Mann zu einer Antwort ansetzte, unterbrach ich ihn gleich: »Haben Sie nichts zu tun?« Um die Ansammlung aufzulösen, wandte ich mich an alle: »Kümmert euch um eure eigenen Angelegenheiten!« Ich zog das Mädchen am Arm hoch und an den Umstehenden vorbei, dann rannten wir immer weiter und wurden dabei so schnell, als jagten wir mit dem Wind um die Wette.

Die Umgebung schien sich zu verändern. Die mir bekannte Straße wurde immer schmaler und führte direkt in eine waldige Gegend. Ich merkte schnell, dass ich hier nie zuvor gewesen war. Plötzlich wurde alles in Dunkelheit gehüllt und ich konnte überhaupt nichts mehr sehen. Das Mädchen führte mich im Schritttempo weiter. Nach einer Weile konnte ich zumindest verschwommene Umrisse sehen, bis die Sicht wieder klar wurde.

Jetzt merkte ich, dass ich mit dem Mädchen in die andere Realität gereist war. Der Wald war eingehüllt in silbrig graue Nebelschwaden, zugleich aber in glitzerndem Sonnenschein. Wir hielten uns an den Händen, während wir auf eine Wegbiegung zugingen. Ich fragte mich, wie es

möglich war, dass das Mädchen zuerst aus der anderen Realität in meine und dann mit mir gemeinsam wieder zurückgereist war.
In meinem Kopf tummelten sich mehrere Fragen, aber ich wollte auf den richtigen Augenblick warten, sie zu stellen. Das Mädchen blieb stehen. Eine weite Wiese lag vor uns, übersät mit Blumen in allen Regenbogenfarben. Ein leichter Wind wehte mir den feinen Blütenduft entgegen und ich fühlte, wie sich Entspannung in mir ausbreitete. Das Mädchen hüpfte nach vorne, setzte sich ins Gras und fing an, Blütenblätter von den bunten Blumen zu zupfen. Ich setzte mich ebenfalls und fragte aufgeregt: »Du ... du bist doch das Mädchen, von dem ich damals dieses Buch bekommen habe, in dem so viele merkwürdige Dinge und Beschreibungen standen, oder?«
Ohne dem Mädchen Zeit für eine Antwort zu geben, redete ich gleich weiter: »Dieses Buch ist leider bald verschwunden, nachdem ich es gelesen hatte.«
Das Mädchen zwinkerte mir zu. »Zunächst einmal, ja, du kannst deinen Augen ruhig trauen, ich bin es. Und dass das Buch verschwand, war so vorgesehen, damit es keinen Neugierigen in die Hände fällt.«
Erleichtert atmete ich tief durch. »Dann habe ich mir das alles nicht eingebildet! Zuvor zweifelte ich daran, dass du es bist, weil dich auch andere Menschen sehen konnten.«

Das Mädchen lachte. »Und warum denkst du, dass du dir die anderen Menschen nicht ebenso eingebildet hast?«
»Na, weil in meiner Fantasie sicher keine schmierigen Männer mit geligen Haaren vorkommen«, meinte ich und musste ebenfalls lachen.
Schmunzelnd sagte das Mädchen: »Ah, gutes Argument. Übrigens sehen mich alle Lebewesen. Du hast dich gefragt, wie ich es schaffe, so schnell zwischen den Realitäten hin und her zu wandern. Darüber können wir gerne später reden, ich wollte dir erst noch anderes berichten. Es war nicht leicht, aus der Gewalt der *Oquits* zu fliehen, aber ich nutzte die Macht des magischen Eis und hatte zudem Hilfe von Bonsaij, Languster und Husky.«
Ich runzelte die Stirn. »Welches Ei denn?«

»Erinnere dich des Käfig-Vogels Ei, das du mir hast zukommen lassen!«
Nachdenklich meinte ich: »Es war also wirklich der Vogel aus La Palma? Aber ich konnte dir das Ei doch gar nicht bringen!«
Verwundert sah mich das Mädchen an: »Oh, der Vogel, den du damals aus dem Käfig befreit hast, ist kurz darauf mit dem Ei zu mir geflogen. An sich habe ich dir einen Boten geschickt, der dir meine Freiheit verkünden sollte, aber anscheinend hat er sein Ziel verfehlt.«
»Oder ich habe einfach nicht genug auf Zeichen geachtet«, überlegte ich laut. »Etwas anderes, wie ist eigentlich dein Name? Bisher ergab sich nicht die Gelegenheit, dich danach zu fragen.«
Das Mädchen antwortete: »Oh, ich heiße Maijelin dinrei sun-chi.« Sie zupfte weiter an den Blüten herum.
»Das ist aber ein schöner Name!«, befand ich
Sie strahlte mich an. »Danke, maij bedeutet übrigens *fröhlich*.«
»Das ist mal ein passender Name!«
Sie seufzte. »Eigentlich schon, es gibt da aber etwas, das mich belastet.« Ernst sah sie mich an. »Ich stamme aus einem Königreich, aber ich wollte nicht für immer dableiben, sondern mehr von der Welt sehen. Da ich mich bereits ziemlich gut mit den Kräutern und Heilmitteln in der Umgebung des Königreichs auskannte, interessierte mich, was ich noch an Neuem entdecken könnte.
Meine Mutter, die ich sehr liebe, ist leider schwer krank. Ich wusste, dass nur das Ei des magischen Vogels und die Kadreenwurzel ihr helfen würden. Ich zog also los und wollte zunächst das Ei und die Wurzel finden. Das war aber nicht so leicht, wie ich gedacht hatte. Auf dem Weg durch eine Wüstenlandschaft verirrte ich mich. Eines Nachts, während ich neben meinem Reittier im Sand lag und schlief, wurde ich unsanft von *Oquits*-Reitern geweckt.
Sie wollten herausfinden, ob ich einen bestimmten Ort kenne. Weil ich schwieg, dachten sie, ich wüsste mehr und nahmen mich mit. Ich erfuhr, dass sie eine Höhle suchten, um dort sogenannte *Blickkugeln* für sich zu erbeuten. Auf jeden Fall kam ich erst von den *Oquits* los, als ich Hilfe von dir, Bonsaij und den Traumtieren bekommen habe. Hauptsächlich durch deine Hilfe konnte ich mich von dem Seil befreien und zudem

kann ich meiner Mutter das Leben retten, wenn ich noch die Kadreenwurzel finde! Das Ei wollte ich ja ursprünglich nur für meine Mutter finden, aber dann war es mir selbst auch nützlich ... Bonsaij hat mir erzählt, dass es gleichzeitig eine Prüfung für dich war, den Vogel zu finden.«
Sie hatte ein Glitzern in den Augen und wandte sich wieder den Blüten zu, die sie nun im Gras auflegte, anscheinend um sie nach Arten zu ordnen.

Freudig sagte ich: »Das ist ja faszinierend, meine Prüfung war also eine Hilfe, um dich zu befreien. Und möglicherweise sogar, um ein Leben zu retten! Das gefällt mir.« Ich legte mich ins Gras und beobachte die Wolken am Himmel. Maijelin nickte. »Ja, genau das war der Sinn dieser Prüfung.«

In Gedanken versunken drehte ich einen Grashalm zwischen meinen Fingern und fragte irgendwann: »War es schwer für dich, von zu Hause wegzugehen?«
Maijelin antwortete: »Ach weißt du, irgendwann wird man sich bewusst, dass man tun sollte, was man wirklich will. Und ich erkannte es durch Bonsaij. Meine Verwandtschaft hatte Pläne mit mir, die nicht die meinen waren. Man sollte sein wie man ist, nur so wird man sich des Sinns seines eigenen Daseins bewusst. Ich kenne Menschen, die sich in ihrer Vergangenheit verirrt haben und sogar solche, die bereits in ihrer ungeschehenen Zukunft festhängen. Ich sage dir, so etwas ist schlimm, denn manche finden nie wieder ins *Jetzt* zurück! Oder sie glauben, es gar nicht mehr zu wollen. Dabei ist das *Jetzt* das Wichtige. Lebt man nicht im Augenblick, verliert man sich selbst. Das heißt nicht, dass man die Vergangenheit vergessen soll, aber es macht keinen Sinn, dort wieder leben zu wollen.
Mit seinen Ideen bereits ein Stück in die Zukunft zu denken ist in Ordnung, solange man sich nicht ausschließlich darauf beschränkt.«

Ich nickte sachte. »Aber wieso wolltest du dann von der Mauer springen, um dein Leben zu beenden?«

Sie räusperte sich. »Das war nicht meine Absicht. Sag mal, sehe ich so aus, als würde ich nicht leben wollen? Ich denke nicht, oder?«
»Aber du wolltest springen, das sah nicht nur ich!«, wandte ich ein.
Ein sanftes Lächeln spielte um Maijelins Lippen. »Da hast du recht, ich wollte tatsächlich *springen*, wie du es ausdrückst, aber mein Leben wollte ich dadurch nicht beenden. Das konntest du natürlich nicht ahnen und ich danke dir sehr, dass du mich retten wolltest. Aber ich war nur auf dem Weg zurück in meine Realität. Bonsaij hat mich gelehrt, wie ich in deine Realität gelangen kann und schnell wieder zurückkomme. Für mich war dort ein Durchgang, wie für dich eine gewöhnliche Tür. Sobald ich eure Realität verlassen hätte, wäre ich für die Menschen unsichtbar gewesen und ihre Erinnerung an den gesamten Vorfall direkt gelöscht. Dir als *Sucherin* wäre die Erinnerung erhalten geblieben. Du wirst von Bonsaij sicherlich lernen, welche Orte es dir ermöglichen, zwischen den Welten hin und her zu wandern. Pass aber auf, dass du nicht zwischen ihnen stecken bleibst.« Maijelin zwinkerte mir zu und fügte dann beruhigend hinzu: »Hey, wir leben. Alles ist gut!«
Ich ließ mich von ihrer ansteckenden Lebensfreude mitziehen. Wir hielten uns an den Händen und drehten uns im Kreis herum, bis Maijelin rief: »Wir sehen uns wieder, blifjhadu.« Ganz plötzlich war sie verschwunden. Im nächsten Moment verschwand auch die Blumenwiese und alles wurde dunkel, daraufhin sah ich verschwommen und schließlich wieder klar.

Ich fand mich in meiner Realität auf der Straße wieder, die Maijelin und ich entlanggelaufen waren. Ich war glücklich, dass es ihr gut ging und ich sie wiedergesehen hatte.

Wie schon in der Volksschule hatten wir einige Wochen lang Schwimm- statt Turnunterricht – und das ausgerechnet im selben Hallenbad wie damals.
Die erste Schwimmstunde kostete mich extreme Überwindung. Be-

reits am Eingang bekam ich große Angst. Fiona begleitete uns zu den Kabinen. Beim Betreten der Schwimmhalle überkamen mich sofort die Erinnerungen. Sie fühlten sich so greifbar an, als sei ich in die Vergangenheit gereist. Die gleiche Panik wie früher ergriff mich und raubte mir die Luft. Ich versteckte mich hinter meinem Handtuch und hatte Mühe, aufrecht zu stehen, versuchte aber zu verbergen, was sich in mir abspielte. Am Sprungbrett wurde mir richtig schlecht und ich spähte fast ununterbrochen nach allen Seiten, um zu überprüfen, ob nicht gleich Maurice irgendwo auftauchen würde.

Mit der Zeit wurde ich etwas entspannter. Sogar ein Wettschwimmen überstand ich ohne große Probleme, durch die Schwimmprüfung kämpfte ich mich ebenfalls. Nach der Prüfung blieben alle im Becken und spielten Wasserball. Ich flüchtete zu denjenigen aus meiner Klasse, die noch nicht gut schwimmen konnten und in einem kleineren Becken übten. Fiona saß am Rand und rief mir einladend zu: »Ajena, bist du fertig? Dann komm ruhig zu uns.«

Ich merkte wieder mal, wie herzlich Fiona war. In ihrer Nähe fühlte ich mich sicher, tauchte ins Wasser und machte sogar einen Unterwasserhandstand.

An einem Tag pro Woche fand der Unterricht in einer anderen Schule statt, da es dort Räumlichkeiten und Utensilien gab, die wir nicht hatten. Den Unterricht im Physiksaal fand ich besonders interessant.

In dieser Schule lernten wir eine weitere Fremdsprache, wählen konnte man zwischen Französisch und Italienisch. Ich wollte eigentlich gar keine neue Sprache lernen, denn ich war froh, halbwegs Englisch zu können. Aber da ich eine der neuen Sprachen wählen musste, entschied ich mich für Italienisch.

Leider bekamen wir eine Sprachlehrerin, die eine ähnliche Art hatte wie Latona. Sie stärkte ihr Ego, indem sie Schüler schlechtmachte. Doch im Unterschied zu Latona hatte sie nicht nur mich im Visier. Einmal sagte sie allerdings zu mir: »Du freust dich bestimmt, dass du krank warst

und die Schularbeit verpasst hast, sonst hättest du eh wieder eine Fünf bekommen.«
Dieses Mal reagierte ich anders als früher. Ich packte einfach meine Sachen und verließ die Klasse. Bei Latona hätte ich mich das niemals getraut.

Der lange Weg zum Wasserperlenbaum

Vom Balkon von Bonsaijs Wohnung war die Aussicht überwältigend. Im Mondschein sah ich viele putzige Wesen, die alle an irgendwelchen seltsam aussehenden Dingen herumwerkten, sowie die kleinen Pflanzen, die ihren orangegelben Schein strahlen ließen um der fantastischen Welt und ihren Bewohnern Licht zu spenden.
Es wunderte mich, dass hier so viel los war, obwohl es bestimmt schon spät war. »Wann geht ihr hier normalerweise schlafen?«, wollte ich daher wissen.
»Normalerweise?« Bonsaij strahlte mich mit soviel Güte und Herzlichkeit an, dass ich unwillkürlich lächelte. »Die Menschen haben sich das Wort *normal* nur ausgedacht, als Ersatz zum Wort *real*. Der Unterschied zwischen diesen Wörtern besteht darin, dass Normalität jegliche Sichtweise hinter der Oberfläche ausschließt. In der Realität ist fast alles möglich. Viele Menschen finden Ausreden für alles, was nicht *normal* ist, sozusagen nicht ihrer materiell gebundenen Sichtweise entspricht. Was sie als *nicht normal* ansehen, wollen sie nicht wahrhaben. Diese Menschen sind in ihrer Bewusstheit noch nicht so weit fortgeschritten. Sie übernehmen kritiklos feste Denkstrukturen, ohne sich ihre eigene Meinung zu bilden.«
Bonsaij legte seinen Arm um mich und zeigte mit dem Zeigefinger auf einen fern gelegenen Wald. »Dort, dort gehen wir hin. Ich will dir etwas zeigen.« Er ließ wieder sein bezauberndes Lächeln auf mich wirken, bevor er nach drinnen huschte und an einer Glocke zog. Deren Klang werde ich nie vergessen, nie zuvor hatte ich einen so schönen, besänftigenden Ton gehört. Kaum war ich Bonsaij ins Innere gefolgt, öffnete

sich das gelbgrüne Tor mit den Mistelzweigen und zwei Männer in roten, gold gemusterten Samtkimonos betraten den Raum.
»Sind die Tiere bereit? Und seid ihr selbst es auch?«, fragte Bonsaij.
»Ja, Herr«, antworteten beide Männer und verneigten sich. Bonsaij schmunzelte. »Das ist doch nicht nötig, ich bin ja kein König.«

Das Tor öffnete sich erneut und ich schritt Seite an Seite mit Bonsaij und gefolgt von den beiden Männern hindurch in einen Raum, dessen Wände vollständig mit Mosaiksteinen in kräftig leuchtenden Farben verziert waren. Dazwischen funkelten sogar ein paar Edelsteine.

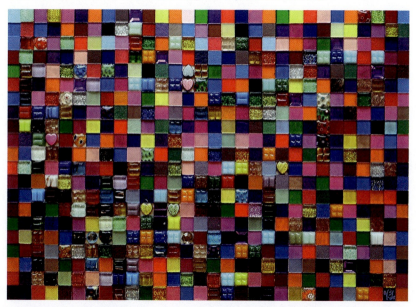

Wir kamen durch Räume, die vierdimensional wirkten und einen, in dem bunte Gewächse und Bäume wuchsen wie in einem märchenhaften Dschungel. Ich wusste kaum, wo ich zuerst hinblicken sollte.
Schließlich gingen wir vier durch ein weiteres großes Tor, das die Form eines Delfins hatte. Kurz darauf standen wir im Freien, drei Männer und zwei Frauen erwarteten uns dort. Zunächst dachte ich, sie säßen auf weißen Pferden aber als ich genauer hinsah, erkannte ich, dass es sich um Einhörner handelte.

Eine der Frauen trug ein silbrig glitzerndes Kleid, die andere ein gold glänzendes. Beide hatten Blüten in ihrem Haar, das ihnen bis zur Hüfte reichte.
Für Bonsaij, seine Begleiter und mich stand je ein Einhorn bereit.
Das Wesen, auf dem ich saß, drehte seinen Kopf zur Seite und ich konnte sein perlmuttfarbenes Horn bewundern. Das Fell meines Einhorns war samtig weich, es fühlte sich an wie Watte.
Ich erinnerte mich an das Einhorn, welches ich in La Palma gesehen hatte. Die Ähnlichkeit war so groß, dass ich jetzt erst so richtig davon überzeugt war, dass es damals auch ein Einhorn war.
Die Tiere strahlten so etwas Magisches aus, dass mir beinahe die Tränen kamen. Zuletzt schwang sich Bonsaij auf sein Einhorn und ließ einen Blick in die Runde schweifen, bevor er dieses Mal eine kleine Glocke läutete, die er in einer Umhängetasche mitgenommen hatte. Daraufhin trugen uns die Einhörner in atemberaubendem Tempo davon. Das war ein unglaubliches Gefühl. Nie zuvor hatte ich ein Tier oder ein Fahrzeug gesehen, das so schnell sein konnte. Im gleichmäßigen Rhythmus verschmolz ich regelrecht mit den Bewegungen des Einhorns.

Nach einer Weile ertönte die Glocke wieder und die Einhörner verringerten ihr Tempo so, dass ich die Umgebung in Ruhe beobachten konnte. Wir ritten mehrere Tage und Nächte gemütlich in diesem Tempo weiter, zwischendurch machten wir einige Pausen auf dem Weg.
Während einer Rast übte ich mit Bonsaij den eleganten Auf- und Abstieg vom Einhorn. Es rannte dabei knapp an mir vorbei und ich versuchte mich geschickt aus dem Stand heraus auf seinen Rücken zu schwingen. Oder ich saß oben und ließ mich auf den Boden abrollen. Das war beides nicht sehr leicht, wie ich fand. Unzählige Male lief das Einhorn an mir vorbei und ich traute mich nicht aufzuspringen. Am Anfang verfehlte ich es dabei und fiel zu Boden.
Es war schön, mit Bonsaij zu üben und einmal nicht für die Schule lernen zu müssen, sondern etwas ganz Anderes auszuprobieren.

Eine große Decke war auf der Wiese ausgebreitet worden. Darauf lagen verschiedene seltsam aussehende Früchte, gelbes Brot und durchsichtige Gefäße, in denen sich verschiedene Aufstriche befanden.
Als ich sah, dass sich Bonsaij und die anderen Männer und Frauen verneigten, bevor sie Platz nahmen, tat ich es ihnen gleich.
Ich fragte mich, ob jemand von ihnen schon mal in meiner Realität gewesen war, und beschloss, das Thema anzusprechen.
Zu meinem Erstaunen waren eine Frau und zwei der Männer tatsächlich dort gewesen. Ich erfuhr auch, dass Bonsaij öfters in seiner Erdengestalt in meiner Realität unterwegs war. Er besaß dort sogar eine Wohnung, in der er sich fallweise aufhielt.
Gespannt fragte ich: »Kann man nur über seine Träume Zugang zur anderen Realität bekommen? Und kann jeder Mensch hierher gelangen, wenn er das will? Könnte ich länger hier bleiben?«
»Nun«, setzte Bonsaij an, »es gibt verschiedene Arten, hierher zu gelangen. Die Menschen sind sich nicht bewusst, dass sie hier sind, während sie in deiner Realität schlafen. Sie spazieren ziellos durch unsere Realität und können sich nach dem Aufwachen meist an nichts erinnern. Höchstens an zusammenhanglose Bilder, die keinen Sinn für sie ergeben, oder an eine Geschichte, die sie dann Traum nennen. Es ist

nicht so leicht, einen bewussten Zugang zu unserer Realität zu finden, so wie du ihn hast. Da die Zeit hier langsamer vergeht, bleibst du länger, als du schläfst. Es gibt sogar die Möglichkeit, ganz hierher zu kommen, so wie ich das gemacht habe. Das funktioniert allerdings nicht als Flucht aus deiner Realität. Vielleicht sprechen wir darüber ein anderes Mal.«
Eine der Frauen reichte mir eine mir unbekannte Frucht und bat mich, sie zu probieren. Ich biss ein Stück ab, es schmeckte köstlich. Man gab mir auch ein Stück von dem gelben Brot mit etwas orangefarbenem Aufstrich. Ich aß es zögerlich. Das Brot und der Aufstrich schmeckten mir ebenfalls.
Ich fühlte mich wohl und akzeptiert. Nachdem Bonsaij beschloss, die Reise fortzusetzen, ging es weiter in Richtung des glitzernden Waldes. Ich konnte meine Neugier kaum noch zurückhalten.

Als wir zum Wald kamen, bot sich mir ein Anblick der reinen Schönheit. Die Zweige zweier großer Bäume waren so ineinander verwachsen, dass sie ein großes zauberhaftes Tor bildeten, durch das wir hindurch reiten wollten.

Links und rechts davon standen zwei seltsam gekleidete Wichte mit prächtigen Kopfbedeckungen aus bunten Blättern. Eines der Wesen hatte eine schmale Nase, das andere eine knollige und es kaute unablässig am Stiel eines Kleeblatts mit vier Blättern herum. Beide hatten winzige Augen, auch die Ohren waren sehr klein.
Bonsaij sagte zu den Wichten: »Heoil, duj sita mui-te ch´e?«
Ich verstand nur das erste Wort davon. Neugierig platzte ich heraus: »Wer seid ihr denn?« Ich dachte, besonders laut sprechen zu müssen, weil die Wichte mit ihren kleinen Ohren mich sonst nicht hören könnten. Ein Wicht hüpfte direkt vor mich hin und sah mir in die Augen: »Wollt Ihr uns beleidigen, Madame? Wir sind keine Feinde und es ist nicht notwendig, dass man uns anschreit!« Seine Augen funkelten wie kleine Diamanten.
»Tut mir leid«, sagte ich rasch.
Auch der zweite Wicht war etwas aufgebracht. »Wir sind klein, haben kleine Ohren und kleine Augen, doch sind wir weder taub noch blind! Wir sind die Torwächter und man nennt uns die *Wa´h-ui*. Wir bewachen seit langem diesen Wald vor ungebetenen Gästen. Saget uns lieber, fremdes Menschenkind, was für ein Anliegen Ihr habt, mit Bonsaij, unserem Freund, diesen Wald zu betreten?«
»Nun ja ...«, setzte ich an, aber Bonsaij unterbrach mich gleich: »Sie gehört zu meinen Lehrlingen. Ich würde ihr gerne die Geheimnisse des Waldes offenbaren.«
Beruhigt antwortete der Torwächter: »Wenn du es uns sagest, alter Freund, so wollen wir euch nicht des Weges abbringen. Ihr dürft natürlich eintreten, wie ihr zuvor fragtet.«
»Vielen Dank meine Herren.« Bonsaij hob seine Hand zum Abschied. Die *Wa´h-ui* traten zur Seite und vor uns lag der dunkle Wald. Kein Licht drang durch die dichten Blätter der hohen Bäume, die aber trotz der Dunkelheit glitzerten.
Unsere Einhörner ließen wir im Schutz der Torwächter zurück, um zu Fuß weiterzugehen. Kaum setzte ich als Erste einen Fuß auf den Waldboden, ertönte ein schriller Pfiff und ein gleißendes Licht überflutete alles, als würde der Wald plötzlich von Scheinwerfern angestrahlt werden.

Es war so hell, dass ich die Augen zusammenkneifen musste. Ebenso rasch, wie das grelle Licht gekommen war, verschwand es und wich einem sanften regenbogenfarbenen, das den gesamten Wald einhüllte und neben den Bäumen sogar die Luft und den Boden zum Glitzern brachte.
Ich war fasziniert und verlor mein Zeitgefühl. Bis auf leises Vogelgezwitscher war es still um uns.
»Sind wir schon auf dem Weg zum Wasserperlenbaum?«, fragte einer der Männer.
Bonsaij nickte und ging einige Schritte voraus. »Ja, der gute, alte Wasserperlenbaum«, murmelte er vor sich hin und wiegte nachdenklich den Kopf hin und her.
Was ist ein Wasserperlenbaum? fragte ich mich insgeheim. *Und warum ist Bonsaij so besorgt?*

Sankt Martin

Eine Schullandwoche in St. Martin lag vor mir. Ich war bereits Tage vor der Abreise aufgeregt. Wir fuhren mehrere Stunden mit dem Zug und anschließend eine lange Strecke mit dem Bus.
Im Bus hatten einige ihre mitgebrachten Spiele ausgepackt und in Gruppen angefangen zu spielen. Amelie, die neben mir saß, fragte mich, ob ich *Black Stories* mitspielen möchte. Das war ein Spiel, bei dem man Todesfälle aufklären musste. Leider hatte ich darauf überhaupt keine Lust, zudem war ich nicht gut in dem Spiel. Das wusste ich, da wir es auf ihrer Geburtstagsfeier gespielt hatten. »Nein, lieber nicht«, sagte ich deshalb.
»Ach, du bist langweilig!«, murrte Amelie. Ich wollte darauf nicht antworten. Gedankenversunken starrte ich aus dem Fenster. Ich wusste, dass sie recht hatte, ich war momentan wirklich langweilig, aber sie konnte nicht ahnen, wie viele Gedanken mir durch den Kopf wirbelten. Ich überhörte sogar die Mitteilung von Fiona, dass wir angekommen seien. Das bekam ich erst mit, als der Bus vor einem großen Holzhaus mit rot umrandeten Fenstern stehenblieb. Es war die Jugendherberge. Bald herrschte ein riesiges Durcheinander, alle Koffer standen auf der Straße und Thomas schleppte einige davon vor die Eingangstür des Hauses.

Wir waren zu sechst im Zimmer, aber mir gefiel das, weil ich alle der Mädchen mochte. Wir hatten es recht lustig, machten verrückte Handy-Videos, in denen wir versuchten, extra falsch zu singen oder Tierlaute zu imitieren.
Yasmina hielt sich als Einzige komplett heraus, schaute nur manchmal vom Balkon aus zu und musterte uns mit Blicken, die so viel sagten wie: *Ihr tickt ja nicht mehr richtig.* Schlussendlich schien sie es aber auch lustig zu finden und amüsierte sich mit uns.

Später versammelten sich alle in einem großen Indianerzelt im Garten, wo Fiona uns den Plan für heute und die kommenden Tage verkündete. Sie schaute auf ihre Armbanduhr. »Ich will's möglichst kurz machen, damit wir hier nicht so lange in der Hitze schmachten müssen. In – sagen wir – einer Stunde treffen wir uns hier wieder und machen dann eine kleine Wanderung durch die Gegend.«
Daraufhin brach ein großes Gemurmel los, alle redeten wild durcheinander. Einigen gefiel die Vorstellung nicht, wandern zu gehen und sie diskutierten darüber, was sie stattdessen lieber tun würden.
Ich beobachtete Fiona, um zu sehen, wie sie wohl reagieren würde. Ich war mir ziemlich sicher, dass dieser Wirbel sogar ihr zu viel war, und rechnete damit, dass sie gleich losschreien würde, um Ruhe zu bekommen. Aber zu meinem Erstaunen hob sie lediglich die Hand und sagte ruhig, aber bestimmt: »So, genug jetzt!«
Was mich am meisten verblüffte, war, dass ihr daraufhin wirklich alle Aufmerksamkeit schenkten. Ich genoss das richtig, während die anderen es scheinbar als ganz selbstverständlich betrachteten.

Am nächsten Tag wollten wir die größte Eishöhle der Welt besichtigen. Wir fuhren mit dem Bus Richtung Werfen und von dort aus ging es zu Fuß einen steilen Berg hinauf.
Ich genoss das Wandern in der Sonne und es machte mir Spaß, mich mit den Mädchen zu unterhalten. Fiona stach mit ihrer quietschgrünen Jacke besonders aus dem wandernden Haufen heraus. Sie sah cool aus und ich musste schmunzeln, weil sie so ganz anders war als eine typische Lehrerin. Ich kam lange nicht darauf, was sie so anders auf mich wirken ließ, bis mir klar wurde: Sie war einfach menschlicher! Bei ihr hatte ich das Gefühl, dass ihr jeder einzelne ihrer Schüler am Herzen lag.
Es war für mich ungewohnt, mit einer Lehrperson offen reden zu können. Durch Fionas Art wurde ich in dem Glauben und der Hoffnung be-

stärkt, dass es außerhalb der Familie auch liebe Menschen auf dieser Welt gibt!

Das Beste für mich war, dass ich vor niemandem aus der Schule Gewalt zu befürchten hatte.
Früher hatten wir strikt in einer Reihe gehen müssen und wer aus der Reihe geriet, war gleich abgestraft worden. Trotzdem war ich auf Ausflügen nie sicher vor Übergriffen gewesen. Auf den U-Bahnsteigen musste ich ständig aufpassen, nicht zu knapp neben den Schienen zu stehen, denn es drohte stets die Gefahr, vor einen Zug gestoßen zu werden! Dadurch waren mir alle schulischen Unternehmungen verdorben worden.

Das letzte Stück zur Höhle fuhren wir mit der Seilbahn. Beim Betreten der Felsgrotte kam mir ein eisiger Windhauch entgegen, sodass ich kurz keine Luft bekam, was mich erschreckte. Obwohl wir Petroleumlampen bekommen hatten, war zunächst nicht viel zu erkennen, bis wir zu einer steilen Eisentreppe kamen und uns erklärt wurde, dass wir 600 Stufen hinaufsteigen müssten.
Als wir oben ankamen, standen wir direkt vor zwei großen Eisformationen. Eine hatte die Form eines Elefanten und die andere glich einem Eisbären. Beide gefielen mir, aber mir war zu kalt, um sie lange betrachten zu wollen.
Der Höhlenführer erzählte uns etwas über die Erforschung der großen Eishöhle. Der Wunsch des Forschers war es gewesen, nach seinem Tod in der Eisriesenwelt begraben zu werden. Ich meinte zu Maddie: »Hier wäre es mir selbst als Toter zu kalt.« Wir mussten lachen.
Nach der Höhlenbesichtigung machten wir eine Pause und ich genoss die malerische Aussicht aufs weite Tal.

Abends waren wir alle todmüde, ich lag trotzdem wieder ziemlich lange wach im Bett.

Je näher wir in Richtung Wasserperlenbaum voranschritten, umso mehr verstärkte sich der Regenbogenglanz. Ich wollte die Stille und die zauberhafte Atmosphäre nicht stören, daher fragte ich nicht nach, was Bonsaij vorhätte. Niemand sagte ein Wort und wir schlichen so vorsichtig voran, als wären wir in ein verbotenes Gebiet eingedrungen.

Bonsaij trat zu mir hin, legte seinen Arm um meine Schultern und unterbrach auf sanfte Art die Stille: »Es gibt in diesem Wald nichts, wovor wir uns fürchten müssten. Er ist voll von Wesen aus reinem Licht. Keiner, der böse Absichten hegt, könnte ihn durchschreiten, es wäre sein Ende.

In vollkommener harmonischer *Beziehung zur Ruhe* zu gehen, kann ein großer Vorteil sein und ich denke, du wirst das noch öfter bemerken. Wichtig ist es, völlig ruhig zu sein, aber doch so wachsam wie ein Fuchs. Nichts entgeht den Sinnen, aber die Gedanken sind bei einem selbst. Das löst alle Verstrickungen des Gedankennetzes auf, indem man ihre Ursachen versteht. Dadurch entsteht Platz für sehr viele neue Ideen und Wahrnehmungen, ohne die bereits abgespeicherten zu verlieren.

Die Menschen sind sehr oft nicht richtig wach, in keiner der Realitäten, weil sie verschlossen sind und nur die Verstrickungen der Knoten in ihrem Netz wahrnehmen, bis diese gelöst werden. Bei manchen dauert es ein Leben lang, die Verknotungen zu lösen, bei anderen geht es zu schnell und die Verknotungen lösen sich nur für kurz, um sich dann wieder von neuem zu bilden. Viele Menschen haben verlernt, ruhig zu sein und gleichzeitig hellwach. Sie übertönen einander, weil sie glauben, Lautstärke macht sie stark.

Doch in Wahrheit ist derjenige weise, der Ruhe bewahrt und auch zuhört. Wenn man erst laut werden muss, um sich Anerkennung zu verschaffen, hat man den wahren Kampf schon verloren. Wenn uns jemand anschreit, nehmen wir hauptsächlich dessen Aggression wahr. So versteht keiner, was der andere sagen möchte und ist am Ende so verwirrt, dass er sich total ärgert und nicht einmal genau weiß worüber.«

Ich war erstaunt, denn diese Worte waren für mich sehr passend und ich überlegte, was ich dazu sagen sollte. »Darauf muss keine Antwort

folgen«, schloss Bonsaij, der wohl wieder mal meine Gedanken gelesen hatte.
Es kehrte wieder totale Ruhe ein. Ich fühlte, wie empfindlich dieser Ort war, er schien wie ein Wesen auf alles zu reagieren. Ich fürchtete, die Blätter der Bäume könnten durch ein zu lautes Wort zu Boden fallen.

Nach einer Tages- und Nachtwanderung, unterbrochen von mehreren Pausen, begann ich verschiedenartige Stimmen zu hören, die vorwiegend aus der Richtung kamen, in die wir gingen.
Es waren aber nicht nur Tierlaute, sondern zarte Stimmen in unterschiedlichsten Höhen und Tiefen, die eine wunderschöne Melodie wie ein Netz spannen, das mich fast magisch anzog. Sachte fragte ich: »Wer singt da? Gehen wir dorthin?«
Eine der Frauen antwortete: »In der Gegend des Wasserperlenbaums versammeln sich die verschiedensten Wesen, um zu singen. Sie überbringen so Botschaften und übermitteln sich gegenseitig Nachrichten. Hier fragt man nicht, wie es dem anderen geht, sondern singt es. Alles zusammen ergibt eine Melodie, die du hörst. Wenn jemand aus der anderen Realität kommt und wie du ein großes Problem mitbringt, wandern wir mit ihm hierher und singen, um innere Ruhe in ihm zu bewirken.
Beim Wasserperlenbaum selbst, ergeben sich anschließend oft die unterschiedlichsten Lösungen. Hilft das jedoch nicht, weil jemand sich zu sehr in seine Problemnetze verstrickt hat, gibt es noch die besondere Hilfe der Kadreenwurzel ...«
Ich unterbrach die Frau: »Davon hat mir Maijelin erzählt, sie braucht diese Wurzel, um ihre Mutter zu heilen!«
Die Frau fuhr fort: »Die Kadreenwurzel ist uns heilig. Sie lindert Krankheiten und Schmerzen. Die Wurzel, zusammen mit dem Ei des magischen Vogels kann eine Person einmal aus einer tödlichen Krankheit oder einem seelischen Tiefzustand holen. Jedoch muss man einiges schaffen, um die Wurzel zu bekommen. Menschen aus deiner Realität können sie nur durch eine Art Wettbewerb gewinnen.«
»Durch eine Art Wettbewerb?«, wiederholte ich ungläubig.

»Ja, niemand von euch weiß zuvor, welche Aufgaben auf ihn zukommen, keiner bekommt die gleichen.«

Wir gingen durch ein Tor, welches so ähnlich aussah wie jenes am Eingang des Waldes. Kaum waren wir hindurch gegangen, fühlte ich die Energie, die von den prachtvoll gekleideten Wesen ausging, die einen großen Kreis gebildet hatten und sangen. Ich lehnte mich gegen einen Baum und beobachtete alles, was sich vor mir abspielte.
Die Wesen fingen an zu tanzen und bildeten dabei ein sich ständig veränderndes Muster. Es sah perfekt aus, als hätten alle eine lange Zeit dafür geprobt.
Ich war so fasziniert davon, dass mir die in bunten Farben schillernden Wesen, die überall um die Bäume flogen, erst nach Längerem auffielen. Sie spielten auf seltsamen Musikinstrumenten, die einzigen, die ich erkannte, waren Querflöten und Harfen, welche aber deutlich kleiner waren. Auf den Wurzeln der Bäume saßen ebenfalls musizierende Wesen, die aber nicht schillerten und wesentlich größer waren als die fliegenden. Sie trugen Gewänder aus Blättern, Moos und Blüten. Diese Gestalten spielten die lauteren Musikinstrumente, die meisten davon waren mir unbekannt und erzeugten Töne, die ich nie zuvor gehört hatte.

Mit großen Augen stand ich da und staunte mehr und mehr...
An manchen Stellen schwebten Flammen durch die Luft, die durch zwei durchsichtige, bunt schillernde Kugelhälften zusammengehalten wurden.
Ich spazierte ein bisschen umher, bis ich Bonsaij über den Weg lief.
»Ah, das ist Ajena«, stellte er mich vor. »Und das ist Wigokajor, ein guter Freund von mir.« Bonsaij klopfte ihm auf die Schulter.
Ich wollte mich hinsetzen, aber er hielt mich zurück. »Es ist üblich, dass man ein *Muster* zur Begrüßung macht«
»Was für ein Muster?«
»Jeder hat sein eigenes, du musst erst herausfinden, welches zu dir gehört.« Bonsaij sah geheimnisvoll drein und griff sich eine der schwebenden Flammen. »Lösche die Flamme!«, forderte er mich auf.

Ich blies die Flamme aus und der Rauch bildete eine Art Wellenmuster. Bonsaij trat hinter mich und führte meine rechte Hand in der gleichen Wellenbewegung von meiner Stirn bis zum Herzen. Mit meiner linken Hand formte er einen Kreis, bis sie beim Herz die andere Hand berührte. »Dies ist dein Muster«, erklärte Bonsaij. Ich wiederholte es, bevor er seines ebenfalls machte und wir uns setzten.

»Heoil, Ajena, es freut mich, dich kennenzulernen«, begrüßte mich Wigokajor, »du kannst mich Wigo nennen.« Ich blickte in seine Augen, die goldgrünlich glänzten.
»Okay, Wiko ... äh, Wigo.« Er lachte. »Welches Musikinstrument hast du da?«, fragte ich ihn neugierig.
»Süjdije, man spielt es so ...« Er legte eine Hand auf das Instrument und zeigte mir, wie es zu spielen ist. Es bestand aus drei verschieden großen, zusammenhängenden Trommeln, über welche bunte Saiten gespannt waren.
»Das klingt richtig schön, es sieht aber sehr kompliziert aus, darauf zu spielen. Sicher hast du es von Kind auf gelernt«, meinte ich.
»Ich bin mit Süjdije großgeworden. In meiner Familie spielen es fast alle.«
Daraufhin wechselte Wigo das Thema. »Es gibt in dieser Realität keinen Unterschied zwischen kindlicher und erwachsener Art, man bleibt, wer man ist. Das heißt aber nicht, dass man sich nicht weiterentwickelt. Wir verlieren außerdem keine Erkenntnisse aus den Vorleben.
Euch wird der Unterschied zwischen Kind- und Erwachsensein sehr früh eingeschärft. Was darf ein Kind nicht entscheiden, weil es noch nicht erwachsen ist? Was ist zu kindlich, um es als Erwachsener noch tun zu dürfen? Alle fragen nach dem Alter. Wie alt jemand ist, bestimmt bei euch, wie weise er ist. Ein weises Kind überfordert Erwachsene zumeist, seien es Eltern oder Lehrer.
Bei euch wird zudem schnell kategorisiert, was normal und was verrückt ist, weil es einfacher ist, erst gar nicht unter die Oberfläche der Dinge zu schauen. Der *Normale* hat Angst vor der Meinung anderer, er könnte durch diese zur Erkenntnis kommen, dass sein Weltbild nicht

allumfassend ist. Um herauszufinden, ob jemand vertrauenswürdig ist, müssen sie denjenigen erst beobachten oder belanglose Fragen stellen – wie alt er ist, wo er wohnt, was er arbeitet. Darüber hinaus reden *Normale* nicht gern mit *Verrückten*, sie könnten sich ja *anstecken* und eventuell selbst Lust bekommen, nach ihrer Eigenart zu leben anstatt nach der Norm.

Bei uns sieht das ganz anders aus: Hier weiß man, wie wichtig es ist, das Kindliche auszuleben, um glücklich zu sein. Wir lernen, die Fantasie zu behalten, um große Dinge zu bewegen. Verliert man seine kindliche Art, verschließt man sich und wird unglücklich, selbst wenn man dies vielleicht nicht gleich bemerkt.

Fast alle Menschen in eurer Realität unterliegen dem Zwang eines Systems, in welches sich alle fügen müssen. Auch Uhrzeit und Geld sind nur Mittel, um die große Masse zu unterdrücken. Bei uns lernt man, volles Vertrauen in sich selbst zu haben, anstatt sich lenken zu lassen. Wir zeigen uns wie wir sind und müssen unsere Gefühle nicht verstecken.«

Die Grundsätze der Bewohner der anderen Realität deckten sich mit meinen, das fand ich erleichternd, weil ich bisher annahm, als Einzige so zu denken.

Wigo fuhr fort: »Ich bin übrigens nicht nur Süjdije-Spieler, sondern auch ein Mokajwijuia.«

»Was ist das denn?«, fragte ich interessiert. Er lächelte. »Das ist so ... wie soll ich sagen? Ein mokaj nennt man bei euch Mosaik. Und wijuia bedeutet Leger. Und zusammen heißt es eben ...«

»Mosaikverleger?«, kombinierte ich.

»Ja, so kann man es nennen«, bestätigte Wigo.

Bonsaij aß in der Zwischenzeit eine seltsam violettfarbene Suppe. Wigo tippte ihm von hinten auf die Schulter und fragte: »Duj sita mu´e liteaj gind?«

»Witaijrand«, antwortete Bonsaij. Er füllte zwei in Regenbogenfarben bemalte Holzschüsseln mit Suppe und reichte sie Wigo und mir.

»Was ist das für eine Suppe?«, fragte ich.

»Suppe nennt man bei uns liteaj. Diese hier ist mit *kewch´el-Kräutern* verfeinert. Sie wachsen in den *Wäldern Wenddrons* und erzeugen einen speziellen Geschmack, den du wahrscheinlich nicht kennst. Die Kräuter werden bei dir außerdem den Effekt haben, alles klarer zu sehen sowie lebhafter zu hören.«

»Der Geschmack ist wirklich gut«, stellte ich verblüfft fest, weil ich wegen der Farbe zunächst irritiert gewesen war.

Am Tag vor der Heimreise organisierten die Lehrer kurzfristig einen Besuch bei einem Imker. Deshalb mussten wir uns in der Früh ziemlich beeilen. Ich nahm mein Frühstück besonders schnell zu mir, dann rannte ich die Treppe hinunter, es wurde durchgezählt und wir gingen los.

Auf dem Weg zum Imker wurde mir zunehmend schlecht. Ich teilte das keinem mit, denn ich wollte nicht unangenehm auffallen. Nach langem Gehen, welches mir wie eine Ewigkeit vorkam, erreichten wir ein kleines Holzhäuschen.

Fiona begrüßte den Imker freundlich und er führte uns hinters Haus zu den Bienenstöcken. Er redete über die Haltung und Zucht seiner Bienen, was eigentlich recht interessant war, allerdings trug der Honigduft nicht gerade dazu bei, dass ich mich besser fühlte. Viele Bienen kreisten um die Stöcke herum, während der Mann ein Stück einer Wabe abbrach und etwas dazu erklärte.

Als Nächstes wollte uns der Imker etwas in seinem Haus zeigen. Alle strömten durch die schmale Tür, bis drinnen kaum mehr Platz war, um sich zu bewegen.

Ich stand ziemlich nahe beim Eingang. Obwohl es offenbar keinem auffiel, fand ich, dass es hier entsetzlich roch. Die Luft war sehr stickig, weil alle Fenster geschlossen waren. Langsam begann alles vor meinen Augen zu verschwimmen. Ich atmete schnell und torkelte leicht nach hinten, dann wurde mir schwarz vor Augen.

Als sich meine Sicht aufhellte, konnte ich die Umrisse von Fiona erkennen, die auf mich einredete, aber ich hörte sie nicht und das machte mir richtig Angst. Auch spürte ich nichts, während Fiona mich stützte, zu einer Bank führte und mir eine Wasserflasche in die Hand drückte. Beim Trinken zischte es in meinen Ohren, bevor ich wieder alles hören und spüren konnte.

Auf dem Rückweg fragte mich Fiona, ob ich wüsste, warum es mir so schlecht ginge. »Vielleicht habe ich zu wenig getrunken«, antwortete ich ihr. Sie riet mir, nicht mehr ohne Wasserflasche aus dem Haus zu gehen. Sie reichte mir eine, ich nahm einen tiefen Schluck und es ging mir danach besser.

Am Nachmittag bildeten wir Gruppen und jede bekam eine Liste von Dingen, die wir im Wald suchen sollten. Innerhalb meiner Gruppe teilten wir uns die Aufgaben, deshalb waren wir besonders schnell. Tatsächlich konnten wir alles finden und kamen sogar als Erste wieder zurück. Wir legten die gefundenen Naturmaterialien so auf, dass sie eine menschliche Figur bildeten.
Das sah wirklich sehr hübsch aus. Es war lustig, die Erklärungen der einzelnen Gruppen zu ihren Fundstücken zu hören. Dadurch betrachtete man sie mit ganz anderen Augen und so mancher Stein wurde zu etwas Besonderem.

Als ich am Abend meinen Koffer packte, wurde mir wieder schwindlig. Durch die Regel hatte ich Schmerzen im Unterleib.
Mitten in der Nacht wachte ich auf, die Schmerzen waren ärger geworden. Ich schleppte mich mühsam ins Badezimmer und nahm eine Tablette.
Am Morgen ging es mir so schlecht, dass ich aufs Frühstück verzichtete und lieber im Bett blieb. Erst als der Bus zur Heimreise ankam, schleppte ich meinen Koffer hinunter. Am liebsten wäre mir gewesen, wenn Mama mich mit dem Auto abgeholt hätte. »Wie geht es dir?«, fragte Fiona besorgt.
»Nicht gut, ich habe Regelschmerzen.«
Alle anderen waren längst im Bus und warteten ungeduldig.
Die schrecklichste Busfahrt meines Lebens begann. Kim saß neben mir

und ich merkte, dass sie irgendetwas zu mir sagte, konnte sie aber nicht hören.
Ich hatte mittlerweile unerträgliche Schmerzen in den Knien, der Hüfte und am stärksten im Unterleib. Abermals nahm ich eine Tablette.

Plötzlich war ich allein in einem dunklen Raum. Kälte kroch mir in die Glieder und verstärkte meine Schmerzen. Ich dachte, ich müsse sterben. Mit halboffenen Augen erkannte ich eine Schattengestalt mit hässlichen, pechschwarzen Augen ohne Pupillen. Sie kam direkt auf mich zu und strahlte eisige Kälte aus. Mir wurde bewusst, dass es sich bei dem Wesen um das *Essarz* handelte.
Aus seinem leicht geöffneten Mund kamen dunkle Nebel, die auf mich zuwabberten und sich um meinen Körper wickelten, ohne dass ich mich dagegen wehren konnte. Es war mir nicht möglich zu schreien, obwohl der Wunsch danach stark war. Verschiedene Stimmen kreischten um mich herum.

Wie aus weiter Ferne hörte ich Fionas Stimme. Wir waren gerade beim Bahnhof angekommen, um in den Zug umzusteigen. Vor meinen Augen vermischten sich die Realitäten.
Um meinen Koffer kümmerte ich mich nicht, ich hatte völlig vergessen, dass ich einen dabei hatte. Von Fiona und Kim gestützt schleppte ich mich bis zu einer Sitzbank. Fiona gab mir Wasser zu trinken und Kim hielt ein Sackerl, in das ich mehrmals erbrach. Ich hörte den Zug kommen.

Ich hing über einem bedrohlich steilen Abhang. Das *Essarz* hatte sich über mich gebeugt und berührte mich auf mehreren Stellen, die dadurch so sehr brannten, als würden sie unter Feuer stehen.

Irgendwie wurde ich in den Zug befördert und Fiona bat einen Fahrgast, mich sitzen zu lassen, der bei meinem Anblick sofort aufstand. Fiona informierte mich, dass sie schnell die Plätze für alle checken und gleich wiederkommen würde. Ich fürchtete, das nicht mehr zu erleben. Eine

Frau, die mir gegenübersaß, fragte mich etwas, aber ich schaute nur stumm durch sie hindurch.
Fiona führte mich zu zwei freien Sitzplätzen, auf die ich mich legte und gleich einschlief.

Nach dem Erwachen hatten die Schmerzen nachgelassen. Ich atmete erleichtert durch, ich hatte es überlebt! Die Durchsage, dass wir gleich ankämen, verwunderte mich.
Hab ich wirklich so lange geschlafen? Fiona war froh, dass es mir besser ging.
Am Bahnsteig kam mir meine Mama entgegen. Sie unterhielt sich kurz mit Fiona, die ihr schilderte, wie es mir gegangen war, und ihr riet, bezüglich meiner Schmerzen unbedingt etwas zu unternehmen …
Ich bedankte mich bei Fiona und Kim, dass sie sich so fürsorglich um mich gekümmert hatten. Mama zog meinen Koffer hinter sich her und ich freute mich auf zu Hause.

Es kam soweit

Meine Familie war zerrüttet. Cora hielt es nicht mehr aus, dass Papa weiterhin Kontakt zu Mama hatte, und drohte damit, sich von ihm zu trennen, falls er sich nicht von Mama scheiden lassen würde. Papa liebte Cora und konnte sich nicht vorstellen, sie zu verlieren. Er hatte aber auch starke Gefühle zu Mama und wollte unser Familienleben nicht aufgeben. Meine Eltern waren ja bisher immer gemeinsam durch dick und dünn gegangen. Papa glaubte, dass Cora es anerkennen würde, wenn er sich scheiden ließe und zu ihr ziehen würde. Gleichzeitig hatte er die Hoffnung, dass sich dadurch die ganze Situation zum Wohl aller in die Richtung der ursprünglichen Idee von einer gemeinsamen Familie entwickeln könnte. Er wollte nicht wahrhaben, dass sich dieser Wunsch nicht erfüllen ließ.

Papa und Mama erzählten mir, dass sie bei der Scheidung Tränen in den Augen gehabt hatten. Es war ein Abschied von einem Lebensabschnitt, der fortan nur noch in der Erinnerung bestehen würde. Beide spürten tief im Inneren, dass dieser Akt nicht zur Patchworkfamilie führen würde.

Nach der Scheidung zog Papa zu Cora. Ich war schockiert, als mir bewusst wurde, wie sehr er mir fehlte. Dennoch war es zu ertragen, da er ja nur ein paar Gassen weiter wohnte. Ich sah ihn immer, wenn ich Boris und Leonie besuchte. Es war zwar ungewohnt, aber kein riesengroßes Problem für mich. Schade war, dass ich Papa nicht einfach spontan etwas zeigen oder sagen konnte. Außerdem war es unangenehm, dass ich nicht mehr mit ihm allein sein konnte. Als das Schlimmste empfand ich, dass Papa und Cora ziemlich bald wegen irgendwelcher Kleinigkeiten zu streiten anfingen. Dabei wurden sie heftig laut und ich verschwand jedes Mal rasch, um das nicht miterleben zu müssen.

Für Boris war es ungewohnt, dass Papa in die Wohnung eingezogen war. Wie üblich ließ er sich das aber nicht anmerken.
Je mehr Zeit verging, umso trauriger wurde ich. Abends dachte ich besonders häufig an Papa, da hatten wir oft zusammen geplaudert oder eine Folge unserer Lieblingsserie angeschaut.
Die Ausflüge, die wir früher alle zusammen unternommen hatten, wurden sehr selten und waren meist spannungsgeladen, weil Cora trotz allem eifersüchtig war.

Cora hatte ziemlich hohe Schulden, die sie nicht begleichen konnte. Papa versuchte natürlich so gut es ging zu helfen, hatte aber ebenfalls Schulden. Bald bekam ich mit, dass es deshalb bereits einige Probleme gab.
Erstaunlich lange gelang es Cora und Papa diese zu verdrängen, bis es soweit kam, dass der Strom abgedreht wurde.
Wenn ich zu Besuch war, überlegte ich, wie lange es wohl dauern würde, bis alle aus der Wohnung raus mussten. Cora blieb recht entspannt und stellte einfach in jedem Zimmer Kerzen auf.

Sie bekam tatsächlich bald darauf die Kündigung und ich hatte Angst, da ich nicht wusste, wohin Papa dieses Mal ziehen würde.
Es war sehr traurig zu sehen, wie nach und nach Kartons und Möbel aus der Wohnung getragen wurden. Nie wieder würde ich mit Boris im Treppenhaus Fangen und Verstecken spielen oder mit Leonie auf dem Vordach herumklettern können.
Papa zog mit Cora, Boris, Leonie und Aurora in eine ländliche Ortschaft, die von meinem Zuhause über eine Stunde entfernt war. Um Papa zu besuchen, musste ich mit dem Zug fahren und von der Station noch eine weite Strecke zu Fuß gehen. Eine schöne Allee führte zu dem gelben, schlossähnlichen Gebäude, in dem Cora und Papa unerklärlicherweise einen ganzen Trakt gemietet hatten. Obwohl es mir dort gut gefiel, war vieles, was ich liebte, seit der Übersiedlung Vergangenheit. Wochen vergingen, in denen ich Papa nicht sah. Er fehlte mir sehr und ich wünschte, er wäre nicht so weit weggezogen.

Einmal fuhr ich mit Mama an Coras alter Wohnung vorbei. Ich fühlte, wie der bekannte Schmerz dabei in mir aufstieg. Am liebsten hätte ich die Türe aufgerissen und alles wie gewohnt vorgefunden. Nie wieder würde ich das Efeu bewachsene Haus mit denselben Augen betrachten können.

Wenn Papa und Cora allein sein wollten, brachten sie Aurora manchmal zu uns. Cora war das eigentlich nicht so recht, aber Papa nutzte die Gelegenheit, um mich wenigstens kurz zu besuchen. Mama kümmerte sich gerne um Aurora und wir verbrachten schöne Wochenenden zusammen.

Ich freute mich immer, wenn ich bei Papa war und wir zusammen mit Boris den dortigen Wald erkundeten und Rehe und Hasen beobachteten.
Im Vergleich zur Großstadt konnte man hier morgens die Vögel singen und abends die Grillen zirpen hören.
Es war traumhaft, als wir eines Abends ums knisternde Lagerfeuer saßen. Da sich Cora wegen meiner Anwesenheit zunehmend eifersüchtig verhielt, war ich froh, dass sie nicht dabei war. Boris wurde bald müde und da ihm die unheimlichen Waldgeräusche Angst machten, begleitete ihn Papa in die Wohnung und ich blieb allein beim Feuer. Ich schaute in den sternenklaren Himmel. Sternschnuppen huschten vorbei und ich wünschte mir, dass wir alle wieder zueinander finden würden.
Als Papa zurückkam, weinte ich, weil so viele Gefühle in meiner Seele sprudelten. Ich war froh, dass er da war und mit mir über alles, was mir seit Langem auf dem Herzen lag, sprach.
Es wurde schon hell, als ich langsam in den Schlaf sank.

Der Wasserperlenbaum und „Rnuale"

Es war beruhigend, dem Rauschen des Regens zuzuhören. Immer mehr Tropfen fielen auf den Mosaiksteinweg, den ich entlangging. An solchen Tagen kam es auf die eigene Grundstimmung an, wie sich die vielen, unentwegt fallenden Regentropfen auf einen auswirkten. War man ganz offen, boten diese ein wahres Schauspiel.
Manchmal klangen sie wie ferne Musik, die sich wunderschön anhörte, zu der man tanzen und seine Lebendigkeit genießen konnte, andermals lösten sie traurige Gefühle in einem aus.
Ich jedenfalls wurde an diesem Tag von Melancholie erfasst. Dicht eingehüllt von ihr merkte ich gar nicht, dass meine Kleidung bereits so durchnässt war, dass ich beinahe eins mit dem angenehm warmen Regen wurde. In den Regenlacken spiegelten sich funkelnd die Sonnenstrahlen. Ich wusste nicht, ob ich lachen oder weinen wollte. Der Wunsch abheben und fliegen zu können machte sich in mir breit. Obwohl es Lebewesen gab, die mir mit ihrer Hilfe so manchen Tag retteten, kam mir in den Sinn, dass ich innerlich mutterseelenallein war, denn ich glaubte, dass niemand in meiner Realität meine Ansichten teilen würde.

Ich versank immer mehr in Gedanken:
Die Menschen verhalten sich so anders als ich. Viele leben halbherzig, sei es in ihren Beziehungen oder bei ihrer Arbeit. Die meisten Menschen sind der Meinung, dass nur die Wünsche zählen, die man sich mit Geld erfüllen kann. Was über das Materielle hinausgeht, ist für sie nicht von Bedeutung. Eigene Interessen, kreative Talente, all dies wird kaum wahrgenommen und nur sehr selten anerkannt. Das unumgäng-

lich Wichtigste für fast alle Menschen ist Geld. Dafür arbeiten sie, sogar wenn sie ihre Arbeit überhaupt nicht ausstehen können, am besten bis ins hohe Alter oder überhaupt bis zum Tod.
Möchte man jedoch etwas tun, das die Mehrheit als außergewöhnlich bezeichnet, fängt gleich jemand damit an, es einem auszureden. Den meisten widerstrebt es, wenn man optimistisch sein Ziel anvisiert, weil sie selbst sich nicht trauen, ihr eigenes zu verfolgen.

Nun verwandelte sich meine Melancholie in Trauer und mir kamen die Tränen. Jeder Regentropfen, der herabfiel, trug zu meinem Leid bei, bald ließ ich den Tränen völlig freien Lauf.
Mir war, als ob die Welt vorbeiziehen und mich einsam zurücklassen würde. Mir kam der bedrückende Gedanke, die Zeit nicht genug genossen zu haben, in der sich meine Familie noch lieb gehabt hatte. Auch Boris, der wie ein Bruder für mich gewesen war, fehlte mir. Es war schön, jemanden zu haben, der mit mir lachen und sich mit mir fürchten konnte, der mit mir Abenteuer erlebte und mir auf süße, kindliche Weise sagte, dass er mich lieb hatte. Es war so angenehm, als die Sonne nicht nur draußen, sondern auch in mir selbst schien, bis ich die Illusion verlor, dass jeder mir gut gesinnt sei.
Aber *damals* gab es nicht mehr! Solange ich das nicht akzeptieren könnte, würde ich ewig traurig bleiben.
Ich stellte mir die Frage, warum die Realität oft so hart zu mir war. *Musste das so sein, damit ich reife? Warum verdammt?*

Ich konnte es nicht mehr ertragen, meinem traurigen Blick im Spiegel zu begegnen sowie meine hängenden Mundwinkel zu spüren.
Ich vermisste die Zeit, in der ich ein unbeschwertes Kind war. Es war ja nicht so, dass man sein *Inneres Kind* verlieren musste, wenn man erwachsen wurde. *Wieso habe ich es also verloren? Wieso hat man es mir weggenommen?*
Ich liebte die Sicht, durch die alles so groß war, dass es mich erstaunen ließ. *Aber wie soll mich das Leben noch erstaunen können?* Früher war es bereits eine eigene Welt für mich gewesen, mein lebendiges Zimmer

zu betrachten sowie draußen jedes Mal aufs Neue Abenteuer zu erleben. Mittlerweile fiel es mir schwer, nicht nur das Negative zu sehen. Selten konnte ich meine gewonnene Reife schätzen. Dann war ich stolz auf mich, soviel überstanden zu haben und akzeptierte mich so wie ich war.

Nach einer Weile ziellosen Umherstreifens blieb ich abrupt stehen, vor mir war ein Abgrund. Die riesige Schlucht war nicht zu überqueren. Endlich hatte ich dieses Gefühl, nach dem ich mich so lange gesehnt hatte: *Freiheit.*
Ich konnte sie fühlen, rund um mich und tief in meinem Herzen. Gleich würde ich meine Sorgen zertrümmern und hätte alle Schmerzen los. Niemand würde mich mehr beschuldigen, etwas falsch gemacht zu haben, vor allem ich selbst nicht. Mir würde keine Erinnerung mehr den Tag vermiesen, ich würde mich nicht mehr rechtfertigen müssen und mich ganz und gar frei fühlen. Dies alles ging mir durch den Kopf, bevor ich den Abhang hinuntersprang. Je tiefer ich fiel, desto mehr Probleme lösten sich auf, und das Gefühl, das mich erfasste, bewirkte Erlösung. Im Grunde wollte ich nichts sehnlicher als leben, aber ich hielt meine eigene Angst vor dem Leben nicht mehr aus. Ein letztes Mal nahm ich die schöne Umgebung um mich herum wahr und atmete tief ein.
Der Fall endete, als ich hart auf dem Boden aufschlug und ein gewaltiger Schmerz durch mich fuhr. Bewegungslos blieb ich liegen.

Als ich die Augen öffnete und mich verwirrt umsah, erblickte ich einen fantastisch schönen, riesigen Baum. Er strahlte mir in allen Farben entgegen und ich konnte seine Energie fühlen. Kleine Wesen und Tiere kletterten auf seinen spiralförmigen Ästen herum, sangen oder unterhielten sich miteinander, sie bauten sogar Häuschen. Das alles konnte ich nur erkennen, wenn ich ganz genau hinsah, da alles so bunt war wie der Baum selbst. Unzählige Wassertropfen hingen auf dem Baum, doch sie fielen nicht hinab zur Erde, so wie Regentropfen es tun, sondern blieben auf den Zweigen hängen.

Neben mir bemerkte ich Bonsaij und Wigokajor. »Was ... ist passiert? Wo bin ich denn?«, wollte ich verwundert wissen.
»Erinnerst du dich an nichts mehr?«, fragte Bonsaij. »Doch, es hat geregnet und ... ich hatte eine Vision vom Selbstmord ... oder nicht?«
Bonsaij meinte: »Nachdem wir die *Kewch´el-Kräutersuppe* gegessen hatten, zogen wir weiter bis zum Wasserperlenbaum und du hast wie alle anderen, die zum ersten Mal hierher kommen, einen seiner Tropfen getrunken. Es hat also funktioniert. Der Wasserperlenbaum hat dir eine Weisheit preisgegeben.«

Ich war fasziniert. Angestrengt dachte ich nach und meinte: »Du hast recht, ich erinnere mich wieder daran.« Ich setzte mich bequemer hin und erzählte Bonsaij und Wigo von meinem Scheinerlebnis.
»Das ist verblüffend«, stellte Wigo fest.
»Hast du solche Gedanken und Vorstellungen manchmal tatsächlich?«, fragte Bonsaij.
»Ich bin öfters recht traurig, aber an so etwas dachte ich bisher nicht!«

Bonsaij hob etwas auf, das aussah wie einer der Tropfen, die am Baum hingen, reichte ihn mir und erklärte, dass es sich dabei um einen festgewordenen Wassertropfen handle, den jeder vorfindet, nachdem er eine Vision hatte. Bonsaij meinte: »Nimm die Wasserperle an dich und hebe sie gut auf, dann wird sich dir der Sinn deiner Vision, die entweder ein Rückblick oder eine Vorschau war, im richtigen Moment erschließen. Jede Vision hat einen tiefen Sinn, wenn man auch oft sehr lange braucht, um diesen zu verstehen.

Die festgewordene Wasserperle solltest du an einem geschützten Ort aufbewahren. Der Wasserperlenbaum ist das Zentrum dieser Realität. Sie ist so umfangreich, dass du gar nicht alles erkunden kannst, doch alle ihre Bewohner kennen den Wasserperlenbaum und wissen über seine Kraft Bescheid.«

Ich war voller Bewunderung. »Der Wasserperlenbaum ist wunderschön! Einfach fantastisch!«

Ich tanzte um den Baum herum und wurde dabei vom Gesang vieler Wesen begleitet. Einige spielten dazu auf Musikinstrumenten. Wigo und Bonsaij standen auf und tanzten mit mir.

Dohntor und die verlorene Rückkehr

Papa und ich hatten beschlossen, gemeinsam etwas zu unternehmen und dabei ausgiebig zu reden. Wir hatten uns schon länger vorgenommen, zu dem Kraftplatz nach Dohntor zu wandern, den uns Cora einmal gezeigt hatte. Damals waren wir mit Mama, Boris und Cora bei diesem Platz gewesen und hatten ein Lagerfeuer gemacht.
Papa konnte sich zum Glück sehr genau an den Weg erinnern. Nachdem wir eine längere Strecke gewandert waren, redeten wir über die andere Realität und meinen Traumlehrer.
Ich erzählte Papa von meinen letzten Erlebnissen und er hörte mir aufmerksam zu. Zunächst erzählte ich ihm von dem Einhorn, auf dem ich geritten war, und wie groß die Ähnlichkeit zu dem Einhorn war, das wir zusammen in La Palma gesehen hatten.
Das war uns lebhaft in Erinnerung geblieben und sowohl Papa als auch Mama hatten ab und zu über die mögliche Bedeutung gerätselt. Sie deuteten es damals als Zeichen dafür, dass sie zusammen mit Cora irgendeine wichtige Aufgabe zu erfüllen hätten.
Rückblickend hielt ich das Ganze eher für ein Warnzeichen dafür, dass die Sache mit Cora eine dumme Idee war.

Ich beschrieb Papa nun meine Begegnung mit dem Mann mit den schwarzen Augen. Papa fragte, ob es dabei um den Kampf zwischen Gut und Böse ginge. Ich erklärte ihm, dass es einerseits um die Auseinandersetzung mit dem *Essarz* ginge, andererseits darum, seine eigenen Ängste zu beherrschen. Papa hielt es für möglich, dass ich das *Essarz* heute wiedersehen könnte.

Wir kamen an einem Platz vorbei, an dem der gesamte Waldboden mit Blaubeersträuchern überwuchert war und im Licht der Sonne dunkelblau schimmerte. Die Beeren schmeckten herrlich. Während des Bee-

renpflückens fiel mir auf, dass mein Ring verschwunden war. »Mein Ring mit dem zweifarbigen Herz ist weg!«, rief ich.
»Ohje, da hast du ihn wohl irgendwo am Weg verloren?«, schlussfolgerte Papa. Ich nickte bedrückt.

Wir blieben eine Weile an diesem wunderschönen Ort, bevor wir weitergingen.
Papa hatte ein Tuch mit, das er heute hier im Wald eingraben wollte. Er erzählte mir, dass es den Kindern der Familie gehört hatte, die vor ihm in seiner neuen Wohnung gelebt hatten. Der Familienvater litt an einer schweren Depression und brachte sich im nahen Waldhäuschen um. Das Tuch hatte man bei ihm gefunden.
Diese traurige Geschichte berührte mich sehr, da ich selbst öfters depressive Phasen durchlebte. Mir ging durch den Kopf, dass ich nicht so enden wollte und alles versuchen würde, es nicht soweit kommen zu lassen!

Papa und ich kletterten den Hügel hinauf und stapften über Dornbüsche hinweg, bis wir schließlich beim Kraftplatz ankamen. Dort setzten wir uns neben den großen Stein.
Ich blickte auf die eingekerbte Spirale im Stein, da entdeckte ich etwas. »Mein Ring!«, rief ich überrascht, »Er taucht einfach hier auf, obwohl wir vorher gar nicht da gewesen sind!«
Papa war ebenfalls verblüfft: »Ja, in diesem Wald passieren in der Tat magische Dinge.« Ich strich mit den Fingern über die Steinspirale und spürte die von ihr ausgehende Energie in meinem ganzen Körper.

Bei dem großen Platz etwas unterhalb des magischen Steins gab es eine Feuerstelle, dort breiteten wir unsere Decken aus. Papa entfachte ein prächtiges Feuer und wir unterhielten uns über alles Mögliche, was uns durch den Kopf ging. Inzwischen war es dunkel geworden und wir beschlossen, uns auf den Rückweg zu machen. Mir fiel wieder mal auf, wie relativ die Zeit doch war.

Wir versuchten den Weg zu finden, den wir gekommen waren, aber das war unmöglich, da es mondlos und stockdunkel war. Der Versuch, die Handys als Leuchten zu benutzen, half auch nicht. Wir schafften es nicht den Hügel hinunter, es schien fast so, als wolle er uns bei sich behalten. Überall, wo wir einen Weg vermuteten, ging es nur in die Tiefe. Uns blieb nichts anderes übrig als bei der Feuerstelle zu bleiben.
Wir versuchten, mit den Handys jemanden zu erreichen. Papa rief Cora an und ich Mama, doch wir hatten beide kein Netz.

Ich gestand meinem Papa: »Hier würde ich es nie alleine aushalten. Ich könnte zwar ein Feuer machen, hätte aber zu große Angst vor der Dunkelheit rundum. Vermutlich würde ich mich ganz klein zusammenkauern wie früher, wenn du und Mama nicht zu Hause wart.«
So kam es, dass wir über Ängste sprachen. Wir redeten sehr lange in dieser Nacht, bis wir allmählich müde wurden. Ich schaute zu, wie die Äste in den Flammen zusammenfielen, die kleine zuckende Schatten auf den Boden warfen. Papa rollte mir seine Jacke als Polster zusammen und ich sah noch, wie er neues Holz ins Feuer legte, bevor ich einschlief.

In der Früh erwachte ich vom lieblichen Gezwitscher der Vögel. Es dauerte ein bisschen, bis ich überhaupt realisierte, wo ich mich befand. Einzelne Sonnenstrahlen schienen durch die Baumkronen und wärmten mich. Ich warf einen Blick in das Blätterdach über mir und beobachtete die singenden Vögel. Ich weckte Papa und wir aßen die letzten beiden Brote, die wir noch bei uns hatten. Es war schön mitten im Wald zu frühstücken, ich fühlte mich entspannt und sorgenfrei.

Wir löschten das Feuer und machten uns auf den Rückweg. Ich hatte das Gefühl, wir kamen wesentlich schneller voran als beim Hinweg. Dieser Wald hatte wirklich etwas Magisches an sich.

Eine Art Wettbewerb

Bonsaij hatte mir erklärt, ich könne zu manchen Prüfungen eine Person als Begleitung in die andere Realität mitnehmen. Wenn es eine Person wäre, die über die Kunst des klaren Träumens verfüge, würde sie sich danach an alles erinnern. Wäre es eine, die es nicht könne, würde sie sich nachher an nichts mehr erinnern. Ich entschied mich Boris mitzunehmen.
Auf einer Brücke wartete ich auf ihn. Während er auf mich zukam, bestaunte er die blühenden Pflanzen, die wunderschönen, bunten Bäume und die vielen unterschiedlichen Wesen.

Da ich nicht wusste, wohin ich gehen sollte und was meine nächste Prüfung wäre, standen wir zunächst unschlüssig nebeneinander, bis wir einfach drauflos spazierten. Wir überquerten eine kleine goldene Brücke, auf die ein Regenbogen gemalt war, und kamen zu einem Eichenbaum.
Plötzlich hörte ich ein Geräusch und drehte mich um. Da sah ich einen bunt angezogenen Jungen, der über die Brücke kam. Er trug ein Gewand aus verschiedenen Blumen, auf denen Mosaiksteinchen funkelten, und hielt ein regenbogenfarbenes Buch in seinen Händen. Er hüpfte mir vor die Füße und rief: »Ihr dürft nicht rein, erst müsst ihr mit der Eiche sprechen!«
Seine Augen funkelten tiefblau, mir war, als hätte ich sie schon einmal irgendwo gesehen. Ich fragte: »Was meinst du damit, dass wir nicht rein dürfen? Hier ist doch gar kein Eingang!«
Er sah mich kurz verwirrt an, dann lächelte er verstehend, schnippte mit den Fingern und ehe ich mich versah, erschien ein bunter, großer Turm vor uns.
»Diesen Eingang meine ich und hinein dürft ihr nur, wenn ihr mit der Eiche sprecht!«, forderte uns der Junge abermals auf.

Ich nickte und stellte mich direkt vor die Eiche.
»Warum sollen wir mit dem Baum sprechen?«, fragte Boris verwirrt.
»Ist gut, ich weiß, was gemeint ist«, sagte ich. Ich machte mein Muster,

setzte mich auf eine der ausladenden Eichenwurzeln, atmete zweimal tief ein und aus, bevor ich die Augen schloss. »Liebe Eiche, wie ist dein Name?«, fragte ich. »Lyijsileoin«, kam als Antwort.
»Mein Name ist Ajena, ich bin gekommen, um dich um Rat zu fragen.«
Lyijsileoin antwortete: »Stelle ruhig und direkt deine Frage, meine Seele.«
»Ich und mein Begleiter Boris würden gerne wissen, was wir tun müssen, um in diesen bunten Turm gehen zu dürfen.«
Die Eiche neigte sich zur Seite und sagte: »Ach, den Swijdo meinst du! Dort findet heute ein Wettbewerb statt. Ihr habt sicher das Schild gesehen, auf dem *alowijtsche* steht, das bedeutet Wettbewerb. Bevor ihr in den Turm geht, musst du – Ajena – dich entscheiden, ob du Zuschauer oder Teilnehmer sein willst. Ich darf keine Auskunft darüber geben, was euch bei dem Wettbewerb erwarten wird, du musst dich aber dennoch jetzt entscheiden.«
Ich beschloss teilzunehmen.
Lyijsileoin verkündete: »So sei es! In dem Fall habe ich folgenden Tipp für dich: Vertrau auf dich und sei schnell!
Sprich mir nach:
Ejogil a najog flidrej – ich und mein Freund – ni pe mel kuines alowijtsche drestugind – werden an dem kommenden Wettbewerb teilhaben – a tschilo ma muika – und versuchen mit Liebe – a feehüde pe si woilde madu – und Vertrauen an die Sache heranzugehen.«

»So sei es. Wita mil«, rief uns der Junge nach, während wir durch das geöffnete Tor des Swijdo schritten. Wir kamen in einen Raum, der durch Kerzenlicht beleuchtet war. Überall auf dem Boden und den Wänden befanden sich bunte Teppiche. Die Rahmen der Fenster waren goldfarben und verziert mit rosa Punkten. Mehrere Stiegen führten nach oben. Auf einmal stand der Junge wieder neben mir und deutete auf eine davon. »Geht dort hinauf.« Bevor ich etwas fragen konnte, war er schon wieder spurlos verschwunden. Boris hatte sich auf einem Teppich niedergelassen. Ich flüsterte ihm zu: »Komm, wir gehen nach oben.«
Die Stiege führte auf seltsame Weise mal im Kreis herum, dann wieder

geradeaus, fast wie in einem Labyrinth. Wir gingen empor, aber es war kein Ende der Stufen in Sicht.
Dann war die Stiege abrupt unterbrochen, es fehlten etwa vier bis fünf Stufen und vor uns lag eine erschreckende Tiefe. Seitlich entdeckte ich eine kleine, geschlossene Tür in der Wand. Boris und ich berieten uns, was nun zu tun sei. Ich war überzeugt, es müsste sich knapp ausgehen, über den Zwischenraum zu springen. Boris meinte, dieser sei zu groß. »Ich springe da jedenfalls nicht rüber!«, legte er sich fest. Um Anlauf zu nehmen, ging ich einige Stufen zurück, während ich rief: »Ich muss es versuchen!« Ich rannte los und sprang mit einem großen Satz über den Zwischenraum.

Von da an überschlugen sich jedoch die Ereignisse. Während ich mich freute, es geschafft zu haben und Boris sogleich ermuntern wollte, es mir nachzumachen, unterbrach ein lautes Knirschen meine Absicht. Die Treppenstufe, auf der ich mit meinem linken Bein stand, fiel unter Krachen in sich zusammen und stürzte in die Tiefe, während ich zum Glück mit meinem rechten Bein auf einer scheinbar intakten Stufe stand.
Erschrocken zog ich mein linkes Bein hoch und lief ein paar Stufen weiter. Da stürzte die Stufe, auf der ich vorhin mit meinem rechten Bein gestanden war, ebenfalls in die Tiefe.
Hektisch hielt ich nach Boris Ausschau, doch der war verschwunden und mit ihm der ganze Treppenteil, den wir hochgekommen waren! So schnell ich konnte rannte ich weiter nach oben und hinter mir brach Stufe um Stufe in sich zusammen.
An den Seitenwänden sah ich im Vorbeilaufen immer mehr kleine Türen.
Auf einmal stand ich erneut vor einem Abgrund. Ich sah nach unten und entdeckte mehrere kurze Rolltreppen, die alle abwärts verliefen.

Anstatt über den Abgrund zu springen, entschied ich mich, auf die oberste Rolltreppe hinunterzuspringen. Diese setzte sich augenblicklich in Bewegung und transportierte mich zur nächsten. Im Zickzack führten immer weitere hinab. Ich musste mich flach hinlegen, denn

über mir verlief die jeweils vorherige Rolltreppe. Ich bekam ein mulmiges Gefühl, da ich überhaupt keinen Einfluss darauf nehmen konnte, wo ich landen würde.
Die letzte der Rolltreppen führte direkt in ein unterirdisches Höhlensystem, das komplett unter Wasser stand.

Ich tauchte vorwärts und versuchte, nicht in Panik zu geraten, weil ich nicht atmen konnte.
Da kam ein kleines Wesen auf mich zu, das so ähnlich aussah wie ein Seepferdchen. Es gab mir eine kleine goldene Kugel, die mir unter Wasser leuchtete. Damit konnte ich rasch das Ende der Wasserhöhle finden und auftauchen. Erleichtert atmete ich durch. Überraschenderweise war ich in einen leeren Raum gelangt.
An den Wänden sah ich abermals kleine Türen und in der Mitte des Raumes befand sich ein großes Loch im Boden. Davor blieb ich stehen und betrachtete es genauer, schließlich wollte ich in keine Falle tappen. Ich konnte nichts erkennen, es war einfach nur schwarz.
Plötzlich hörte ich eine Stimme hinter mir: »Du darfst nicht in dieses Loch hinunterfallen, sonst wirst du dich verletzen! Du musst durch eine der kleinen Türen an den Seiten gehen!« Ich drehte mich um und erblickte ein seltsam aussehendes Wesen mit grünen Katzenaugen.
Am Kopf trug es eine spitze, goldene Mütze mit Rubinen. Sein Gewand war aus roten und grünen Beeren. Die Arme und Beine des Wesens waren mit Federn in den gleichen Farben bedeckt, auf den Füßen befand sich jeweils eine große Feder.
Erschrocken starrte ich das Wesen an. »Wer bist du?«
»Mein Name ist Kijpituj und ich stamme vom Volk der *Guijzwerge*«, bekam ich zur Antwort. Das verwunderte mich, denn er war größer als ich!
Ich deutete auf das Loch. »Was ist da unten eigentlich Schlimmes?«
Kijpituj riet mir: »Das kann ich dir nicht sagen, aber geh auf keinen Fall hinunter, sondern durch eine der Türen.«
Mich überkam das Gefühl, dass Kijpituj mir einen falschen Rat gegeben hatte und ich fasste den Entschluss, mich nicht daran zu halten. Den-

noch sagte ich in Richtung des Zwerges: »Danke für den Rat, ich werde ihn befolgen!«

Kijpituj verschwand daraufhin ebenso schnell, wie er aufgetaucht war. Ich suchte indes den Raum ab, ob es nicht andere Möglichkeiten gäbe, weiterzukommen, doch ich musste einsehen, dass es keine gab. Also entschied ich mich, in das Loch hinabzusteigen.

Da erschien Kijpituj wieder. Er sprang zu mir her und packte mich an den Schultern. »Du willst nicht auf mich hören?«

Ich antwortete: »Nein, weil mir mein Gefühl etwas anderes sagt, tut mir leid.«

Mit einem Mal und ehe ich mich wehren konnte hob er mich hoch und trug mich zu einer der Türen.

»Lass mich runter!«, rief ich und trommelte mit den Fäusten auf ihn ein.

»Wenn du unbedingt darauf bestehst!«, meinte er zu meiner Überraschung. »Aber ich habe dich gewarnt!« Damit ließ er mich los.

Ich zweifelte kurz an meiner Entscheidung, stieg dann trotzdem in das Loch, fand aber keinen Halt, um weiterzuklettern. Da rief mir Kijpituj zu: »Wenn schon, dann musst du springen!« Ich sprang in das schwarze Loch – und fiel und fiel immer weiter hinab, sodass mir bald der Gedanke kam, dass der *Guijzwerg* vielleicht mit seiner Warnung recht gehabt hatte.

Wie froh war ich da, nach dem endlos langen Fall auf einem weichen Untergrund zu landen!

Zu meinem größten Erstaunen trug mich dieser davon bis auf einen riesigen Balkon. Auf diesem standen sehr viele Menschen und Wesen. Auch Kijpituj war unter ihnen – und Boris!

Ehe ich etwas sagen konnte, meinte dieser: »Du hast es geschafft!« Ich war etwas verwundert über diese Aussage.

Kijpituj kam auf mich zu und erklärte: »Du hast den Wettbewerb gewonnen! Alle außer dir sind durch eine der Türen gegangen und gleich ausgeschieden. Die Aufgabe von Boris und mir war es, dich zu verunsichern, du konntest nur gewinnen, weil du auf dich selbst gehört hast. Ich bin der Leiter aller Wettbewerbe hier und dachte nicht, dass heute jemand gewinnen würde.«

»Hetialon miwata!«, riefen mir alle im Chor zu, während mich Kijpituj bat: »Bitte reiche mir die goldene Kugel.«
Ich gab sie ihm schmunzelnd. »Gut, dass ich sie aufgehoben habe!«
Der Junge, den ich mit Boris bei der Brücke getroffen hatte, kam auf mich zu und rief: »Gut gemacht!« Er hielt mir ein buntes Tablett entgegen mit verschiedenen Gegenständen darauf.
»Was ist das alles?«, fragte ich ihn. Freundlich erklärte er mir, um was es sich handle und dass ich mir etwas davon aussuchen dürfe.
Unter anderem zeigte er auf eine Wurzel und sagte, es sei eine Kadreenwurzel. Meine Augen wurden groß. »Die möchte ich!«
»Weißt du denn bereits über diese Wurzel Bescheid?«, fragte er.
»Ja«, antwortete ich begeistert, »die Wurzel, zusammengemischt mit dem Ei des magischen Vogels, kann eine Person einmal aus einer tödlichen Krankheit oder einem seelischen Tiefzustand holen! Ich gebe diese Wurzel einem Mädchen namens Maijelin, sie wird mit deren Hilfe ihre Mutter heilen! Da Maijelin bereits das Ei besitzt, kann sie endlich beides zusammenmischen.«

Als ich nun zu Boris hinsah, merkte ich, dass er begann durchsichtig zu werden, bis er sich ganz in Luft auflöste. Der Junge beruhigte mich: »Alles in Ordnung, keine Sorge. Er wurde wahrscheinlich gerade aufgeweckt.«
»Wird er sich wirklich an nichts mehr erinnern, wenn er aufwacht?«, fragte ich.
»So wird es sein, ja«, antwortete der Junge. Das fand ich ziemlich schade.
Während ich dem Jungen in seine bläulich funkelnden Augen sah, überlegte ich fieberhaft, woher ich ihn kennen könnte. Da sagte er mit verschmitztem Gesichtsausdruck: »Ich bin Bonsaijs Sohn.« Ich sah erstaunt drein, weshalb er noch meinte: »Oh, ich verstehe, dass das verwirrend ist, ab und zu verändere ich mich optisch. Nur meine Augen bleiben immerzu gleich.«

Panik um Aurora und falsche Reaktionen

Mama und ich verbrachten zusammen mit meiner Großmutter Zelma und ihrer Schwester Eszter zwei Ferienwochen in Ungarn. Wir beendeten den Urlaub zwei Tage früher als geplant, weil Papa und Cora auf ein Festival fahren wollten und Mama sich bereit erklärt hatte, während dieser Zeit auf Aurora und Boris aufzupassen.

Am Tag der Rückreise stritten sich Zelma und Eszter mindestens eine halbe Stunde darüber, auf welchem Weg wir am schnellsten nach Hause kommen würden. Zelma meinte, es gäbe einen neuen Autobahnabschnitt und sie hatte uns den Weg bis zur Auffahrt aufgezeichnet, beschriftet und genau erklärt. Eszter hingegen hatte schon bei Zelmas erstem Wort gemeckert und gemeint, sie würde alles total falsch erklären. Schließlich nahm sie ihr den Stift weg und versuchte selbst eine Skizze zu machen.

Zelma verdrehte die Augen und seufzte, was der Auslöser war, dass ihre Schwester durchdrehte und sie anfitete: »Ich bin es nicht, die so schlecht erklärt, sondern du!« Sie stritten wie kleine Kinder.

Mama beendete die sinnlose Diskussion und meinte, mit Zelmas Plan würde sie sicher den Weg finden. Eszter zuckte beleidigt mit den Schultern. »Ja bitte, wenn ihr meine Hilfe nicht braucht, kann ich euch eben nicht weiterhelfen!«

Zunächst gab es keine Probleme auf der Heimfahrt, ich wurde sehr bald müde und schlief ein.

Ich hielt mich in einer Gruppe von Männern auf, die von einem Anführer geleitet wurde, auch ich selbst war ein Mann.
Wir befanden uns in einem verdunkelten Raum. Überall an den Seitenwänden hingen Käfige mit krabbelnden Insekten, die seltsamerweise darin blieben.
Wie aus dem Nichts stürmten andere Männer auf unsere Gruppe zu.
Auf ein Zeichen unseres Anführers hin griffen wir die Gegner an. Man konnte in ihren Gesichtern die Lust am Töten erkennen, bald entstand das reinste Blutbad. Obwohl die Angreifer sehr stark waren, hatten wir die bessere Kampftechnik, sodass viele von ihnen tot zu Boden sanken. Doch einer der Gegner beteiligte sich nicht an der Schlacht, er versteckte sich hinter einigen Toten.
Schnell waren alle Gegner besiegt – bis auf den einen, der sich versteckt hatte. Unvermutet trat er hervor und tötete mit einem Hieb drei von uns! Nun konnte ich erkennen, dass der Mann eine Rüstung trug. Sie war übersäht mit Insekten und der Mann schien mit ihnen zu sprechen! Er drehte seinen Kopf zur Seite und flüsterte ein paar unverständliche Worte. Daraufhin stürzten sich die Insekten, welche auf seinen Armen saßen, auf einen von uns und zerfraßen ihn in Sekundenschnelle! Auf diese Weise brauchte der Mann nicht lange, um fast alle von uns zu töten.
Zuletzt waren nur noch ich, ein Freund von mir und unser Anführer am Leben. Dieser stürzte sich mit einem Schrei mutig auf den Insektenmann, welcher jedoch eine Hacke zückte und damit immer wieder auf ihn einschlug.
Unser Anführer gab aber nicht auf und verteidigte uns bis zuletzt, so gut er konnte, bis beide gleichzeitig zusammenbrachen.
Ich war schockiert und erleichtert zugleich. Da schrie mein Freund auf! Erschrocken sah ich, dass der Insektenmann sich wieder aufgerappelt hatte und seine Hacke in der Brust meines Verbündeten steckte! Der Insektenmann zog die Hacke heraus und mein Freund sank halbtot zu Boden.
In meiner unendlichen Panik versuchte ich verzweifelt, einen Ausgang aus dem Raum zu finden. Doch jede Tür, die es gab, war mit dicken Eisenketten verhängt.

Ich blickte zu unserem Angreifer und sah, wie er meinem Freund das Genick durchbiss! Überall um mich war Blut. In Todesangst mimte ich einen Herzinfarkt und ließ mich auf den Boden fallen. Doch der Insektenmann kam zu mir und sagte: »Entweder du wirst von meinen Insekten zerfressen oder ich grille und verspeise dich!« Ich brachte kein Wort über die Lippen, spürte aber, wie der Boden unter mir immer heißer wurde, bis er wie eine Herdplatte glühte! Ich schrie auf vor Schmerzen. In dem Moment kippte einer der Käfige und die herabfallenden Insekten begannen mich aufzufressen! Schließlich verbrannte mein Körper mitsamt den Insekten!

Vom Geschimpfe meiner Mama wurde ich wach. Sie hatte die Autobahnauffahrt verpasst und suchte nach einer Stelle, an der sie umdrehen konnte. Da keine in Sicht war, beschloss sie, die alte, etwas längere Strecke zu fahren.
Mama ließ ihren Gefühlen freien Lauf und schimpfte über die Situation. Das gelbe Licht der Benzinanzeige leuchtete bereits und uns wurde etwas bang bei dem Gedanken, die nächste Tankstelle nicht mehr rechtzeitig zu erreichen. Zusätzlich kam Mama die Strecke mittlerweile fremd vor, weshalb ich vorschlug, Zelma anzurufen, aber Mama wollte das nicht, es war ihr peinlich. »Ich hab' keine Ahnung, wo wir überhaupt sind!«, gab sie dennoch zu. Mama schmiss mal wieder die Nerven weg. Ich fand, sie konnte mit solchen Situationen überhaupt nicht umgehen.
Wir fuhren noch ein Stück weiter, dann rief sie widerwillig Zelma an, die herauszufinden versuchte, wo wir uns befanden. Im Hintergrund schimpfte Eszter lautstark: »Ich hätte alles besser beschrieben, ich sagte doch, auf dich kann man sich eben nicht verlassen.« Sie war jetzt am Telefon. Sie redete sehr laut und schnell, man hörte ihre schwachen Nerven durchklingen. Zum Ende des Gesprächs hin wusste Mama genauso viel wie zuvor. Nach scheinbar endloser Fahrt fanden wir irgendwie auf die richtige Strecke nach Hause. Mama trat ordentlich aufs Gas,

weil wir ja heute Abend Besuch erwarteten. Mir war das ohnehin zu viel, weil ich nach dem Heimkommen lieber Ruhe gehabt hätte.

Plötzlich war ein Knall zu hören und unser Auto fing an zu rumpeln. Ein Reifen war geplatzt. Jetzt musste ich mir noch mehr Geschimpfe anhören. Wir hielten am Straßenrand. Viele Autos brausten vorbei, doch eines blieb irgendwann stehen. Der Lenker war sehr freundlich und bot uns seine Hilfe an. Der Ersatzreifen befand sich auf der Unterseite unseres Autos, wir wussten aber nicht, wie wir ihn von dort herunterbekommen sollten, daher brach der Mann die Halterung mit Gewalt ab. Nach dem Reifenwechsel bedankten wir uns und die Fahrt ging weiter. Bei unserem Autotyp war der Ersatzreifen kleiner als die anderen Reifen, weshalb Mama eigentlich langsamer hätte fahren sollen, als sie es letztendlich tat.

Die Benzinanzeige zeigte inzwischen schon auf Null und ich versuchte zu erahnen, wie weit wir noch kommen würden. Nirgendwo war eine Tankstelle in Sicht. Das Schicksal wollte definitiv nicht, dass wir rechtzeitig nach Hause kämen. Ich erklärte mehrmals, dass dies einen verborgenen Sinn hätte, aber Mama nahm es nicht ernst. Endlich sahen wir das Schild einer Tankstelle, unmittelbar davor blieb unser Auto stehen. Mama wollte Benzin holen, hatte aber keine Forint mehr. Der Tankwart sprach nur ungarisch, weshalb meine Mama Zelma anrief und sie bat, mit ihm zu sprechen. Er wollte aber keine Euro annehmen. Also rief Mama die Pannenhilfe an. Sie erklärte am Telefon, dass wir kein Benzin mehr hätten. Der Pannenhelfer erkundigte sich nach unserem Standort und fragte: »Was? Sie sind auf einer Tankstelle und haben kein Benzin? Warum tanken Sie dann nicht?« Nachdem der Mann wusste, was unser Problem war, erklärte er, dass er uns fünf Liter Benzin bringen könne. Das kostete wieder Zeit und ich war mir nun absolut sicher, dass das alles kein Zufall mehr sein konnte. Das Benzin reichte bis zu einer Tankstelle nach der Grenze.

Wir trugen die Koffer in die Wohnung. Unmittelbar darauf klingelte es stürmisch an der Tür. Das ging mir viel zu schnell! Mein Papa riss die

Tür auf, Cora trug Aurora auf dem Arm und rannte mit ihr direkt in mein Zimmer. Aurora schrie so entsetzlich, dass Mama und ich zunächst glaubten, sie hätte sich verletzt. Ich hörte durch die geschlossene Zimmertür, wie Aurora immer wieder schrie: »Geh weg! Ich hab' Angst! Was ist das?«

Papa kam in die Küche und fragte, ob er Tee machen könne. Mit diesem eilte er dann in mein Zimmer zurück.

Boris saß auf der Couch und ich setzte mich neben ihn. Er flüsterte: »Ich dachte nicht, dass dieser Tag so schlimm werden würde! Aurora hat schon im Zug so geschrien, das glaubst du mir nicht, die Leute dachten, sie wird umgebracht.« Er schüttelte den Kopf und ließ ihn in seine Hände sinken.

Mama hatte von Anfang an eine sehr enge Bindung zu Aurora und wollte natürlich helfen, aber Cora ließ nur Papa ins Zimmer. Sie erklärte, ihre Tochter wäre am Weg durch die Unterwelt und sie alleine müsse ihr beistehen. Mama verstand das natürlich überhaupt nicht. Ich befürchtete, Aurora könnte sterben. Ihr Zustand verschlimmerte sich zunehmend und sie schrie, dass man sie sicher im ganzen Haus hören konnte.

Dann rief Aurora nach mir; ich ging direkt zu ihr, worauf Cora trotzig das Zimmer verließ. Aurora erbrach mehrmals und wiederholte ständig, sie sähe eine Spinne und hätte furchtbare Angst. Ich versuchte Aurora zu beruhigen, hatte aber das Gefühl, dass sie mich zwischenzeitlich gar nicht wahrnahm. Cora stürmte ins Zimmer zurück und forderte mich auf hinauszugehen, weil sie der Ansicht war, dass nur sie wüsste, was zu tun sei.

Papa holte frische Tücher, kochte laufend Tee und eilte damit wieder zu Aurora. Mama, Boris und ich saßen hilflos im Wohnzimmer herum. Nicht helfen zu können, während ein kleines Kind, das man sehr lieb hat, wie am Spieß schreit, war auf die Dauer unerträglich. Schließlich hielt es Mama nicht mehr aus, lief zu Aurora und drängte Cora, einen Notarzt anzurufen. Aber die zischte: »Misch dich da nicht ein, Aurora braucht keine fremde Hilfe!«

Mama flüchtete aus der Situation, indem sie zum nahen Bahnhof fuhr, um ein paar Lebensmittel einzukaufen.
Ich lehnte auf einem der Wohnzimmerstühle und starrte in eine Ecke. Boris saß immer noch auf der Couch und vergrub sich unter den Polstern.

Als Mama zurückkam und hörte, dass Aurora nach wie vor schrie, bestand sie darauf, einen Arzt zu holen. Cora schrie: »Das ist mein Kind! Das ist mein Kind!«
Mama schrie zurück: »Und wenn Aurora stirbt, ist sie immer noch dein Kind!«
Mama weinte, schrie und schimpfte in der Küche weiter.

Mich wunderte es, dass niemand von den Nachbarn die Polizei rief. Boris weinte nun ebenfalls und hielt sich zwei Polster an die Ohren. Auch ich fing an zu weinen, legte den Kopf auf die Tischplatte und kreuzte die Hände überm Kopf. Ich hätte mir gewünscht, dass wenigstens die Erwachsenen Ruhe ausgestrahlt hätten. Aber anstatt sich gemeinsam um Aurora zu kümmern, schrien sie sich gegenseitig an. Papa kam in die Küche, Mama schimpfte immer mehr, da wurde es ihm zu viel und er schrie: »Jetzt reicht's aber, verdammt noch mal!«
Mama schrie zurück: »Ich lass mir das nicht länger gefallen von euch! Wie egoistisch ist Cora eigentlich?!«

Die zwei mir liebsten Menschen auf dieser Welt brüllten sich an und mir wurde Angst und Bang dabei. Ich bekam einen Weinkrampf, Boris schluchzte leise vor sich hin. Papa trat gegen das Teeregal, sodass die Dosen laut schepperten. Ich heulte laut. Als Papa dies sah, kam er zu mir her und umarmte mich. Mama schrie: »Verschwindet von hier und macht nie wieder einen Schritt in dieses Haus!«
»Ja okay, das machen wir sowieso!«, brüllte Papa zurück.
Cora kam mit Aurora auf dem Arm und ging wortlos an Boris und mir vorbei. »Komm, wir gehen!«, sagte sie wütend zu Papa. Boris trottete Cora nach. Mama rief ihnen hinterher: »Ja, geht doch, wohin ihr wollt!«

Papa sammelte rasch alles zusammen, was er und Cora für das Festival mitgeschleppt hatten. Dann waren sie weg.
Als Mama die Tür zuknallte und wir wieder allein waren, bekam ich einen Nervenzusammenbruch. Mir wurde schwindlig, ich zitterte am ganzen Körper und konnte nicht aufhören zu weinen. Ich glaubte, das Geschrei von Aurora weiterhin zu hören.

Mir drängte sich das Gefühl auf, dass Boris und Aurora nie wieder zu uns nach Hause kommen würden, was sich schließlich bewahrheitete. Ich spürte, dass die enge Bindung zwischen Boris und mir für immer zerbrochen war.

Mama verzog sich erst mal in ihr Zimmer, Papa schrieb mir etwas später eine SMS. Mama kam und gab mir Beruhigungstropfen. Wir redeten bis in die Nacht hinein. Natürlich machten wir uns Gedanken, was mit Aurora an diesem Abend los gewesen war, denn wir hatten sie nie zuvor so erlebt. Mama glaubte, dass Aurora an irgendwelche Drogen herangekommen war, die Cora vielleicht auf das Festival mitnehmen wollte. Das hätte erklärt, warum Cora sich so gesträubt hatte, einen Arzt zu holen.

Ich hatte seit dem Abend, an dem es Aurora so schlecht ging, keinen Fuß mehr in mein Zimmer gesetzt. Als ich es nach ein paar Tagen tat, wurde mir übel, weil es stark nach Erbrochenem roch, obwohl meine Mama bereits alles geputzt hatte. Ich ließ die Fenster offen, auch wenn es dadurch verdammt kalt im Zimmer wurde.

Das Erlebnis mit Aurora führte eine Wende herbei. Ein paar Wochen lang herrschte Schweigen zwischen Papa und Mama sowie zwischen Boris und mir. Der Zustand renkte sich wieder ein, als wir das Erlebnis einigermaßen verarbeitet hatten.
Wenn ich Papa besuchte, sah ich Boris ab und zu, aber der hatte sich seit

dem Vorfall sehr verändert. Er legte auf einmal auf Oberflächlichkeiten wert wie zum Beispiel teure Markenkleidung und suchte Bestätigung als Mitglied in einer Fußballmannschaft. Ich vermutete, dass dies für Boris eine Möglichkeit war, mit der Veränderung klarzukommen.

Die Kommunikation zwischen Mama und Cora löste sich vollkommen auf. Cora wollte Aurora nicht mehr bei Mama lassen und verbot Papa sogar, dass er sie in unsere Wohnung mitnahm. Ich sah Aurora nur, wenn ich meinen Papa besuchte.
Es gab keine gemeinsamen Unternehmungen mehr, auch keine Feste und Urlaube, die wir zusammen verbrachten.

Nagende Angst

Eines Abends saß ich zusammengekauert in meinem Zimmer auf dem Boden und weinte. Unzählige Gedanken kreisten wild in meinem Kopf. Mein Herz tat mir weh, mein Hals war wie zugeschnürt und ich konnte das beklemmende Gefühl kaum ertragen. Mir kamen Gedanken, die pure Angst auslösten.

Ich hörte kreischende Stimmen, die mir einzureden versuchten, dass mein Leben sinnlos sei.
Dich braucht niemand! Du bist falsch! Du bist allein! Du kannst gar nichts!
Das waren nur einige Sätze, die mir um die Ohren flogen wie wilde Kreaturen, die nach ihrer Beute schnappen. Ich hatte nicht die Kraft, um sie zu stoppen, und es war mir, als würden mich die Gedanken vollkommen von innen auffressen.

Meine Wangen brannten, meine Stirn war glühend heiß und ich überlegte, ob ich wohl Fieber hätte. Ich wusste längst nicht mehr, wie lange ich hier schon saß, mein Blick war verschleiert. Ich öffnete das Fenster und dachte über die Folgen nach, wenn ich einfach hinausstürzen würde.
Als ich begriff, an was ich da dachte, kam mir das Schaudern und ich war entsetzt über meine Gedanken. Schnell wich ich zurück vom Fenster und ließ mich auf den Boden sinken. Dann brach ich erneut in Tränen aus. Mir wurde übel und ich fing an heftig zu zittern.
Ich ging ins Badezimmer und blickte in den Spiegel.
Wo bin ich? Wer bin ich?

Da hörte ich es an der Wohnungstür klopfen. Ich schlich im Dunkeln Richtung Tür und merkte zu meinem Entsetzten, dass sich jemand von außen am Türschloss zu schaffen machte.
Ich bekam panische Angst davor, dass jemand mit einem blutigen Messer draußen stehen könnte. Es gab einen Knacks und ich wusste, die Tür war nun offen. Als sie aufgestoßen wurde, drohte mein Herz stehen zu bleiben. Ich schloss meine Augen. Nach scheinbar endlosem Warten öffnete ich sie und war überrascht – denn vor mir sah ich niemanden! Nichts! Ich spähte ängstlich hinaus auf den Gang, als ich Schritte hörte und das Licht anging. Mir entfuhr ein Angstschrei, doch es war nur unser Nachbar, der gerade heimkam und mich mehr als erstaunt ansah. Schnell zog ich mich zurück und verschloss die Tür hinter mir. Da es überhaupt nicht danach aussah, als hätte jemand das Schloss beschädigt, vermutete ich, dass das *Essarz* mir wieder einmal Angst machen wollte.

In meinem Zimmer überlegte ich fieberhaft, was ich tun könnte, denn ich fürchtete, dass mich erneut eine Tränenwelle erfassen könnte und ich wusste nicht, wie lange ich der Angst vor meiner eigenen Angst noch standhalten konnte. Nach und nach breitete sich Gleichgültigkeit in mir aus. Ich nahm alles lediglich durch einen grauen Schleier vor Augen wahr. *Was ist bloß mit mir los?* Dieser Gedanke reichte aus und ich fiel wieder weinend in mir zusammen.

Mich befielen mehrere mir bekannte Ängste gleichzeitig:
Ich hatte Angst, alle, die ich liebte, zu verlieren und am Ende ganz alleine dazustehen. Weiter fürchtete ich mich, fremden Menschen zu begegnen und mich womöglich in einen zu verlieben. Außerdem hatte ich unsagbare Angst davor, zu versagen sowie dass alles, was ich je tun würde, umsonst wäre.

Ich dachte über meinen Namen nach. Meine Verwandten und alle, die mich näher kannten, nannten mich *Jeni*, das war für mich der Name meines *Inneren Kindes*. Ich fühlte, dass der Charakter von *Jeni* durch die ganze Trauer und Angst verloren gegangen war.
Mittlerweile gab es nur noch *Ajena*.
Ich mochte *Jeni* und *Ajena*, doch ich hätte mir ein *Gemisch* aus den positiven Eigenschaften beider gewünscht: lustig, humorvoll, tiefsinnig, lebendig, unternehmungslustig, sportlich, nachdenklich, mitfühlend, kreativ.

Mittlerweile wirkten sich meine Ängste auf gewöhnliche Alltagssituationen aus. Wollte ich etwas einkaufen und betrat ein Geschäft, ergriff mich eine Nervosität, die kaum zu beschreiben war. Ich bekam Schweißausbrüche, fing an zu zittern und es befiel mich ein lähmendes Gefühl, das den ganzen Körper durchströmte. Dann wollte ich immer schnellstens aus dem Geschäft rausstürmen.
Ich stellte mich allerdings bewusst immer wieder solchen Situationen, bis sich die Angst langsam löste.
Dieser Erfolg machte mir Mut, auch den anderen Ängsten nicht ausgeliefert zu sein – und zugleich Hoffnung, sie ebenfalls loswerden zu können.
Ich fragte mich, wie ich mich meiner größten Angst, der Verlustangst, stellen könnte, kam aber auf keine Antwort. Ich hatte die ganzen Ängste satt und wünschte mir, sie zu überwinden. Doch die Vorstellung, Menschen, die ich liebte, zu verlieren, ließ in mir den Gedanken aufsteigen,

lieber selbst nicht mehr leben zu wollen als den Verlust miterleben zu müssen.

Ich bringe mich um!
Mich umbringen? Ich fasse es nicht!
Ich sagte zu mir selbst laut in den Raum: »Bist du bescheuert oder was?!«
Und ich erhielt Antwort von *Essarz*: »Es ist richtig. Was bringt es zu leben, lass es einfach sein.«

Ich erschrak und fürchtete, dass das Wesen mich gleich umbringen könnte.
Dass es mich umbringt? Wollte ich das denn nicht eben?
»Nein, ich will leben!«, platzte es aus mir heraus.
Ich will aber in einer heilen Welt leben, doch leider gibt es die nicht. Würde ich gar nicht leben wollen, hätte ich keine Angst, dass mich jemand tötet. Würde ich leben wollen, hätte ich keinen sinnlosen Gedanken daran verschwendet, tot sein zu wollen. Geht's mir nicht gut? Schon, wäre da nicht die Angst, die mein Leben bestimmt und bei allem, was ich mache, im Vordergrund steht. Ich kann sie nicht ausstehen. Mag sie mich gerade deshalb? Was für eine Frage, die Angst ist ja bloß ein Gefühl von mir.

Ich strich mir ein Butterbrot und nahm mir ein Glas Wasser. Als ich einen Schluck trinken wollte, zweifelte ich augenblicklich an meinem Verstand, denn das Wasserglas war leer! *Ach du meine Güte,* dachte ich, *das kann doch gar nicht wahr sein!* Ich füllte das Glas erneut und trank es gleich aus.
Das Telefon klingelte, doch als ich ranging, war niemand dran.
Ich wollte meinen Teller und mein Glas in den Geschirrspüler stellen. Kaum drehte ich das Glas um, schwappte ein Guss Wasser heraus.
Ich habe mein Glas doch eben ausgetrunken! Spinn ich oder was?

Ich ging zur Couch und begann ein Buch zu lesen. Bald wurde mir kalt und ich wollte das offene Fenster schließen. Irgendetwas bewegte mich dazu, mich über das Fensterbrett zu beugen. Ich schaute in die Tiefe und erschrak erneut vor meinen Gedanken, die sich allesamt um Selbstmord drehten.
Wieso denke ich dauernd daran? fragte ich mich selbst und seufzte. *Das kann doch nicht so weitergehen!* Augenblicklich wich ich zurück, schloss das Fenster und setzte mich wieder hin. Bei meinem verzweifelten Versuch, mich zu beruhigen, steigerte ich mich jedoch immer mehr in die Depression hinein.

Auf einmal nahm ich starken Brandgeruch wahr. Beunruhigt suchte ich in jeder Ecke der Wohnung nach der Ursache.
Der Geruch schien durch alle Räume zu wandern und mal da und mal dort stärker zu sein. Es läutete an der Tür, Mama kam nach Hause.
Sie sah mich schockiert an und fragte: »Was riecht denn hier so verbrannt?« Gemeinsam mit ihr durchsuchte ich erneut die ganze Wohnung, bis der Geruch plötzlich verschwunden war.

Abends fiel ich müde ins Bett. Kaum schloss ich die Augen, begann es wieder intensiv nach Feuer zu riechen. Da begriff ich erst, dass dieser Geruch vom *Essarz* stammen musste, denn ich spürte seine Gegenwart über meinen Beinen.
Ich öffnete die Augen und sah das *Essarz*, dessen schwarzer Nebel sich im ganzen Raum ausbreitete.
Ich fühlte mich ihm ausgesetzt und traute mich nicht aufzustehen. Tränen stiegen mir in die Augen und ich spürte, wie meine Angst wuchs. Doch dieses Mal nahm ich meinen ganzen Mut zusammen und sprach es direkt an: »Ich weiß, dass du mich hören kannst. Hör auf, mir etwas einzureden! Es ist nicht mein eigener Gedanke, dass ich sterben will, also sei still! Spring am besten selbst aus dem Fenster, dann bin ich dich los!«
Mir wurde heiß, ich hörte ein Zischen und das *Essarz* war verschwunden.

Malta

Unsere Lehrer hatten eine Sprachwoche bei Gastfamilien in Malta organisiert. Mit voll gepacktem Koffer kam ich mit meiner Mama am Flughafen an. Wir waren etwas zu früh dran und so beobachtete ich die vielen Leute, die alle gestresst herumhetzten.
Bald kamen Fiona und Thomas und nachdem auch alle aus meiner Klasse eingetroffen waren, gingen wir gemeinsam zum Check-In, vor dem sich bereits eine Menschenschlange gebildet hatte. Wir verabschiedeten uns von den Eltern und Fiona meinte: »Das wird etwas dauern, wenn ihr wollt, könnt ihr euch ein paar Geschäfte anschauen gehen.«
Ich ging mit Maddie, Amelie und Kim in einen Modenschmuck-Laden. Kim gefielen Ohrringe in Form pinker Würfelchen. »Hätte ich Ohrlöcher, würde ich mir die kaufen, die sind echt cool«, meinte sie entzückt.
Ich nickte. »Ja, die sehen süß aus.« Es gefiel mir, dass Kim sich auch für kleine Dinge begeistern konnte so wie ich.
In diesem Laden voller bunter Sachen vergaßen wir ganz die Uhrzeit. Die anderen warteten bereits auf uns. Tief in mir war immer noch verankert, dass Lehrer schnell die Beherrschung verlieren, weshalb mich beim Gedanken, zu spät zu kommen, ein Adrenalinstoß durchströmte. Doch Fiona schimpfte nicht mit uns, sie fragte sogar, ob wir etwas Schönes gefunden hätten.

Beim Sicherheitscheck wurde jeder von uns genau durchsucht, danach mussten wir in einem Raum warten, der durch ein riesiges Fenster einen Ausblick auf das Rollfeld freigab.
Amelie bewegte ihren Kopf im Rhythmus eines Liedes, das sie gerade auf ihrem Mp3-Player hörte. Zugleich zauberte sie aus einem bunten Wollknäuel so etwas wie einen dünnen, endlos langen Schal. Sie war so vergnügt und lebensfroh, dass es sich auf mich übertrug. Amelie nahm

einen ihrer Stöpsel aus den Ohren und lachte. »Ich hab' übrigens an alles gedacht und voll viel Zeug mit.«
Ich schmunzelte und freute mich auf die Zeit, die vor uns lag. Wir hatten eine Beschreibung zu unserer jeweiligen Gastfamilie erhalten. Die Familie von Amelie und mir wirkte laut Beschreibung recht nett. Es waren Eltern mit einer kleinen Tochter und einem Sohn in unserem Alter. Amelie machte Scherze über den Sohn. Wir stellten uns einen hübschen Jungen vor, der dunkle Locken und weiße Zähne hat, uns mit einem Handkuss begrüßt und dann unsere beiden Koffer die Treppe hochträgt. Amelie verstellte ihre Stimme: »Hey, my name is James, James Bond.« Sie formte einen Kussmund. Ich musste lachen.

Nach der Landung in Malta wurden wir vom Flughafen abgeholt und zur jeweiligen Gastfamilie gebracht.
Als ich James zum ersten Mal sah, musste ich mich zusammenreißen, um nicht laut loszulachen, denn er sah ganz anders aus, als wir ihn uns vorgestellt hatten. Er war ziemlich dick und schlampig gekleidet. Bald fiel mir auf, dass er die ganze Zeit an Chips herumknabberte und dabei Pornos schaute.

In unserem Zimmer sah ich überall rosa: das Bett, der Kasten, der Schreibtisch, einfach alles war rosa.
Liam, der Gastvater, machte uns darauf aufmerksam, ja nichts kaputt zu machen und auf die Bilder, Lampen und Vorhänge zu achten. Ich sagte zu Amelie: »Das ist ja wie im Werbedrehstudio für Manner-Schnitten!«
Sie lachte. »Ja, echt! Sogar das Bett ist rosa, oh Gott!« Wir ließen uns lachend darauf fallen.
Da rief Liam nach uns und meinte, wir hätten gleich ein Meeting mit unserem Englischtrainer und er würde uns dorthin bringen, ab morgen müssten wir allerdings zu Fuß gehen. Ich saß auf dem Beifahrersitz und Liam redete auf mich ein. Weil ich nicht so gut Englisch konnte, war es nicht leicht, alles genau zu verstehen. Ich verstand nur, dass er mit dem Auto anders fahren musste, als wir morgen gehen sollten.

Er hielt auf einmal an und forderte uns auf, auszusteigen. Kurz darauf war er auch schon weg. »Und jetzt?«, fragte ich.
»Ich hab' keine Ahnung, Ajena«, meinte Amelie und wir lachten, weil wir die Situation lustig fanden.
»Super, wir sind in Malta in irgendeiner Gasse und wissen weder, wo wir sind, noch, wo wir hin müssen«, stellte ich fest. Also versuchten wir, den ganzen Weg zum Haus unserer Gastfamilie zurückzufinden. Nach einer gefühlten Ewigkeit kamen wir endlich dort an. Ich atmete kurz durch, dann klopfte ich an die Tür.

Die Gastmutter öffnete und schrie uns gleich an, wir hätten doch ein Meeting und zwar dort, wo Liam uns extra hingebracht hatte. Sie erwähnte noch, dass dort ein Restaurant mit einem gelben Schild sei, bevor sie die Tür zuknallte. Ich sah Amelie verwirrt an. »Cool«, kommentierte ich.
»Ja, äußerst!«, meinte Amelie und schloss die Ironie damit perfekt ab.

Nach langem Suchen kamen wir wieder zu der Stelle, an der uns Liam aus dem Auto gelassen hatte, und fragten uns zunächst bis zu dem Restaurant durch. Von dort fanden wir zu dem Gebäude, in welchem wir eigentlich längst hätten sein sollen. Insgesamt waren wir zwei Stunden zu spät zum Unterricht gekommen – und das am ersten Tag!
Aber der Englischtrainer war sehr nett und machte uns keinen Ärger. Außerdem konnte er spielerisch erklären und gestaltete den Unterricht sehr angenehm. Amelie und ich mussten zunächst einen Test nachholen, der individuell darüber entschied, wie gut wir in Englisch waren. Anschließend wurden Lernaufgaben für uns zusammengestellt.

Nach dem Unterricht spazierten wir den langen Weg zu unseren Gastfamilien zurück. Als Amelie und ich ins Zimmer kamen, bemerkten wir, dass jemand aufgeräumt hatte. »Na toll, ich mag es nicht, wenn jemand in meinen Sachen rumwühlt«, meinte Amelie.
Wir gaben den Gasteltern kurz Bescheid, dass wir nach dem Mittagessen zum Strand gehen würden. Bis das Essen fertig wäre, wollten wir

am Zimmer bleiben. Doch als ich die Zimmertür öffnen wollte, ging sie nicht auf. »Jeni, ich hab da so eine böse Vorahnung!«, sagte Amelie und rüttelte vergeblich an der Tür.

»Und was machen wir jetzt?«, fragte ich. Wir standen unschlüssig herum, da kamen zwei Mädchen aus dem gegenüberliegenden Zimmer.

»Hello«, begrüßten sie uns und Amelie versuchte, ihnen auf Englisch zu schildern, dass wir die Tür nicht mehr aufbekamen.

Eines der Mädchen ätzte: »Die sind ja komisch, Alter!«

Wir lachten. »Hey, ihr könnt ja Deutsch!« Amelie war überrascht und grinste.

»Dinner!«, rief Liam von unten.

»Fucking dinner!«, schrie eines der Mädchen zurück. Als Liam etwas Unverständliches murmelte, schrie sie hinterher: »Yes, fuck your dinner!«

Ich runzelte die Stirn. Das Verhalten der Mädchen war mir sehr unangenehm und ich hoffte, Liams Ärger darüber würde mich nicht treffen. Die Beiden regten sich indes weiter auf: »Stimmt ja, wer will denn immer diese Scheiße fressen! Schmeckt ja ... Was heißt schmeckt ... Ist das überhaupt essbar, Alter?«

Ich meinte: »Na ja, vielleicht kann sie halt nicht so gut kochen, aber immerhin macht sie uns Essen.«

»Ja, dann soll die Alte keine Gastmutter werden. Mir wird schlecht, wenn ich ans Essen denke. Alter, die armen Kinder, der Sohn ist eh schon fett wie Sau, weil er nur Chips frisst.«

Amelie und ich distanzierten uns so gut es ging von den Mädchen. Unsere erste Mahlzeit bestand aus Algen in Teig mit steinharten Pommes! Das Essen war eigentlich ungenießbar, aber wir versuchten irgendwie, ein paar Bissen runterzubekommen.

Nach dem Mittagessen beichteten wir Liam, dass wir den Schlüssel im Zimmer eingeschlossen hatten. Liam wurde hektisch und bedeutete uns mitzukommen. Während wir die Stufen hocheilten, fragte er wütend, wer von uns den Schlüssel vergessen hätte. Liam holte einen

Ersatzschlüssel und schrie dann, dass er die Tür beim nächsten Mal einfach einschlagen würde, was eigentlich gar keinen Sinn machte. Ich durchschaute, dass er uns damit nur Angst machen wollte. Amelie sah mich verschreckt an, während ich unbeeindruckt blieb. In meiner Vergangenheit hatte man mich so oft angeschrieen, ich konnte das inzwischen an mir vorbeiziehen lassen.

Nach dem geplanten Strandspaziergang machten Amelie und ich es uns am Zimmer gemütlich. Auf dem Bett liegend unterhielten wir uns über den Tag. Vor allem Liams Reaktion beschäftigte Amelie. Ich beruhigte sie: »Mach dir nichts draus, viele Menschen können eben nicht anders als laut zu werden, es liegt nicht an uns, es ist deren persönliches Problem.«

Doch dann wurde ich nachdenklich und hörte kaum noch zu, was Amelie sagte. Es war auf einmal, als würde Maurice vor mir erscheinen. Mit hallender Stimme spottete er: »Das ist dir damals leider nicht klar gewesen, was? Leider, leider, leider. Dachtest immer, du bist schuld! Du bist schuld, du bist schuld!«
Er kam immer näher und ich spürte den gleichen Druck, mit dem er mich damals gepackt hatte.
Ich fühlte, dass ich hart aufschlug, und realisierte, wo ich mich befand – auf dem Boden, aus dem Bett gefallen. Hyperventilierend lag da, Amelie musste inzwischen schon eingeschlafen sein.

Die Wälder Wenddrons

Bonsaij und Wigokajor machten ihre Muster und verabschiedeten sich von mir. Sie wollten wieder in Richtung *Haus der Gefühle* zurückwandern. Bonsaij meinte, von hier an müsse ich ohne sie weitergehen, denn es sei wichtig, alleine neue Eindrücke zu sammeln.
Ich spazierte immer weiter fort vom wunderlichen Wasserperlenbaum, da kam ich an einem Schild vorbei, auf dem *Wälder Wenddrons* stand. Ich ging auf riesige Berge zu und konnte ein fernes Rauschen hören, das immer lauter wurde, je näher ich kam.

Ein Windhauch wehte einen Duft herbei, der nach Blüten, Honig und Moos roch. Auf einmal strich mir etwas sanft über die Schulter. Ich drehte mich zur Seite, doch da war nichts. Ich spürte, wie die *Kewch'el-Kräuter* ihre Wirkung entfalteten. Alles um mich herum wurde eine Spur intensiver, meine Sicht wurde klarer, mein Geruchssinn viel feiner und alle Geräusche doppelt so laut. Vor mir ergossen sich drei Wasserfälle in einen See. Bunte Bäume erschienen im Nebel der tosenden Wassermassen. Einige Bäume glitzerten in allen Farben, sie sahen aus, als wären sie mosaikartig bemalt. Andere waren lila-dunkelblau- und orange-grünfarbig oder ganz mit Perlen besetzt.

Wie beflügelt lief ich auf den See zu, sprang hinein und merkte, dass er gar nicht tief war. Ich ließ mich vom angenehm warmen Wasser tragen und schaute in den Himmel, auf dem nur wenige weiße Wolken waren. *Wieso kann ich nicht einfach die Zeit anhalten, um diesen Augenblick für immer zu genießen?*

Kaum hatte ich den Gedanken gefasst, tauchte vor mir eine weibliche Gestalt aus dem Wasser auf. Sie war nackt, aber am ganzen Körper bunt bemalt und mit einzelnen Mosaiksteinen geschmückt. Am Kopf trug sie einen Hut in Form einer Sonne aus Muscheln, Moos und kleinen Spiegeln.
Das weibliche Wesen hielt einen bunt bemalten Weidenstab, der ebenfalls mit Spiegeln verziert war, sowie einen kleinen Beutel in den Händen. »Heoil«, begrüßte es mich.
Ich fragte: »Wer bist du?«
»Ich heiße Dalerine urlos feijles«, antwortete das Wesen, »hat dir Wigokajor nicht von mir erzählt?« Dalerine ließ den Blick melancholisch in die Ferne schweifen.
»Nein ... tut mir leid.« Ich war verwundert, woher Dalerine wusste, dass ich Wigo kannte.
Sie fuhr fort: »Ich bin Mokajwijuia wie Wigokajor. Der Stab, den ich hier habe, ist das wichtigste Werkzeug zum Legen der Mosaike. Ich nehme immer drei Mosaiksteine aus meinem Beutel, dann lasse ich einen nach dem anderen fallen und drücke ihn mit dem Weidenstab fest in den Boden.«
»Geht das denn unter Wasser?«, wollte ich wissen.
»Ja, das geht. Ich habe selbst schon viele Seeböden belegt, ich liebe das.«

»Dir scheint die Arbeit Spaß zu machen, das ist schön«, stellte ich fest. Dalerine sagte: »Hier lieben eigentlich alle, was sie tun. Lieben sie es nicht, tun sie es nicht. Ist das bei euch nicht so?«

Nachdenklich meinte ich: »Bei uns gehen viele nur des Geldes wegen einer Arbeit nach, die sie eigentlich gar nicht leiden können. Aber ich möchte das nicht, da respektiere ich meine eigenen Bedürfnisse.«
»Das ist auch richtig so«, stimmte mir Dalerine zu, »und wärst du anderer Meinung, stündest du gar nicht hier!«
Ich fragte: »Wirst du den Boden hier auch belegen?«
Dalerine antwortete: »Dieses Gebiet werde ich nicht belegen. Ich bin gerade auf dem Weg in die pultus.« Als Dalerine mein ratloses Gesicht sah, fügte sie hinzu: »Pultus bedeutet soviel wie Werkstatt. Dort werden die Mosaiksteine bemalt und verziert. Hergestellt werden sie an einem anderen Ort, der sich *Adowija* nennt.«

Plötzlich begann der Boden unter uns nachzugeben und ich wurde wild im Wasser hin und her geschleudert. Auf einmal löste sich der ganze Boden auf. Das Wasser rauschte in Wellen auseinander und begann dann als Strudel alles mit sich in einen Abgrund zu ziehen. Ich wurde ebenfalls mitgerissen. In der Tiefe bot sich mir ein Anblick, der leicht bedrohlich wirkte, aber zugleich meine Neugier weckte. Dalerine tauchte mir voraus.

Winzige Wesen hielten geschwungene Laternenstiele mit bunten Flammen in ihren dünnen Händchen und leuchteten uns damit. Wir tauchten an bunten, aneinandergereihten Häusern mit spitzen Türmchen vorbei. Durch ein großes durchsichtiges Tor gelangten wir ins Innere. Das Tor hatte sich von selbst geöffnet und das Wasser war erstaunlicherweise nicht hindurchgeschwappt. Hier konnte ich wieder Luft atmen und mir wurde klar, dass ich, wie schon früher einmal, unter Wasser hatte atmen können.

Um Dalerines Mund spielte ein sanftes Lächeln. »Es ist eine unterirdi-

sche pultus.« Ich schaute mich um. Von den unterschiedlichsten Wesen wurden Mosaiksteine mit wunderschönen Mustern bemalt. Sie verwendeten dazu Kristallstifte, die vorne spitz zuliefen.

Dalerine führte mich weiter bis vor ein buntes Tor, auf dem *Dalerines widliju idreijwa pultus* stand. Jeder einzelne Buchstabe war kunstvoll verziert.

»Arhuije wija«, sagte Dalerine und das Tor öffnete sich.
Wir kamen in einen weiteren Raum und ich blieb staunend vor einem großen Wasserfall-Brunnen stehen. Auf einem großen, runden Tisch lagen einige unfertige Mosaiksteine, daneben mehrere Skizzen. »Hier arbeite ich«, verriet mir Dalerine, »dort hinten steht mein neuestes Werk, es ist aber noch nicht ganz fertig.«
Sie deutete auf einen riesigen Brunnen in Form eines Pfaues, auf dem weitere, immer kleiner werdende Pfaue aufeinander standen. Der oberste breitete seine Federn aus und hielt eine Glaskugel in den Krallen.
»Hier würde ich auch gerne arbeiten«, sagte ich bewundernd.

Dalerines Gesicht bekam einen verschmitzten Ausdruck, den ich nicht zu deuten wusste. Es schien, als hätte sie etwas vor, was sie mir noch nicht verraten wollte.
Sie führte mich den ganzen Weg zurück und wir tauchten gemeinsam aus dem See. Dann verabschiedete sie sich von mir: »Es hat mich sehr gefreut, dich zu treffen! Ich werde jetzt eine Freundin von mir in *Anmirdhaleij* besuchen. Ich empfehle dir, dort einmal vorbeizuschauen. Es würde dir bestimmt gefallen!«
Ich fragte: »Wie komme ich denn nach Anmir ... ähm ...«
»*Anmirdhaleij*«, ergänzte Dalerine. Sie drehte sich in die Richtung der riesigen Berge und zeigte auf einen davon: »Dieser Berg nennt sich *Luibeliteaij-Berg*, hinter ihm liegt *Anmirdhaleij*.«
Erneut spürte ich eine sanfte Berührung auf meiner Schulter und drehte mich ruckartig um. »Alles okay?«, fragte Dalerine.
»Ähm, ja, ich dachte nur, es hätte mich jemand berührt. Das habe ich heute schon einmal gedacht.«
»Nicht nur gedacht«, lachte Dalerine, »ich wurde heute auch mehrfach gestreift. Und zwar von Surienna, dem Windgeist, der bei uns lebt. Es

kommt ab und zu vor, dass er jemanden berührt, da er ziemlich schnell unterwegs ist.

Er hat hier eine Aufgabe, nämlich in der Umgebung nach *Oquit-Menschen* Ausschau zu halten. Für sie ist diese Gegend ein beliebter Ort, um Kristalle zu stehlen, Rinde von den bunten Bäumen zu reißen oder seltene Blumen abzuschneiden. Zum Glück kommen *Oquits* selten hierher. Falls doch, dann ist Surienna zur Stelle und treibt sie wieder in ihre Realität zurück.

So ist das eben. Nun muss ich aber gehen! Blifjhadu, Ajena!«

Mit diesen Worten löste sich Dalerine in Luft auf und ich stand verwundert da. *Woher hat sie eigentlich meinen Namen gewusst?*, fragte ich mich und brach nachdenklich in Richtung *Luibeliteaij-Berg* auf.

Zum ersten Frühstück in Malta gab es Toast. Eigentlich lecker, aber als ich ihn mit Butter bestrich, schmeckte er mir nicht mehr, denn die Butter war stark gesalzen.

Nach drei Stunden Englischunterricht freute ich mich auf eine Pause. Amelie, Yasmina und ich gingen Pommes essen zu einem Imbissladen am Strand. Da wir bis dahin in Malta nichts Leckeres gegessen hatten, schmeckten die Pommes unfassbar gut!

An diesem Tag fuhr unsere Klasse mit der Fähre nach *Valletta*.

Wir spazierten durch einen mit Palmen und roten Blumen bepflanzten Park, vorbei an einem großen Springbrunnen. Hinter zwei riesigen Bäumen ließen wir uns auf der Steinmauer nieder, die den Park umrandete. Von hier aus hatte man einen eindrucksvollen Ausblick.

Als Nächstes durften wir uns entscheiden, eine Kirche oder das Stadtzentrum zu besichtigen. Zusammen mit Maddie schlenderte ich durch die Innenstadt. Viele der engen, gepflasterten Gassen erinnerten mich an Venedig und das gefiel mir.

Wir kletterten auf einem großen Baum herum und machten viele Fotos. Als wieder alle versammelt waren, besuchten wir ein Theater und

sahen ein Stück über die Geschichte Maltas. Danach gingen wir zusammen Eis essen.
Für mich war die lockere Stimmung, die zwischen den Lehrern und uns herrschte, jedes Mal aufs Neue erfreulich.

Anmirdhaleij

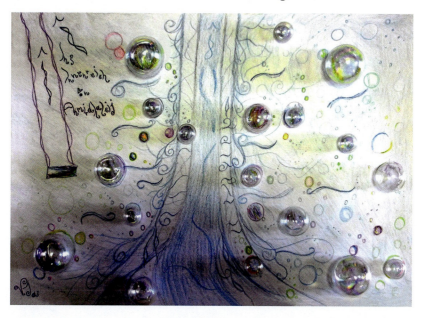

Während ich den *Luibeliteaij-Berg* hinabstieg, sah ich in einiger Entfernung vor mir eine endlos lange Brücke, die nur aus Wasser zu bestehen schien. Um sie herum schwebten unterschiedlich große, bunt schillernde Luftblasen, die sich nicht bewegten.

Ich sah einen jungen Mann, der von der Brücke auf eine der Luftblasen sprang. Er hielt inne und rief laut: »Onji wija gibu indwe«, dabei zeigte er auf eine Schaukel.
Deren Befestigung konnte ich nicht ausmachen, so weit reichten die zwei Seile in den Himmel empor. Nun bewegte sich die Luftblase, auf welcher der Mann stand, zur Schaukel hin. Dort angekommen, kletterte er an einem der Seile hoch und die Luftblase schwebte wieder zu ihrem Ausgangspunkt zurück. Verwundert beobachtete ich, wie der Mann immer weiterkletterte, bis er von den Wolken verschluckt wurde.

Als ich direkt vor der Brücke stand, fragte ich mich, wie der Mann es geschafft hatte, auf ihr zu stehen. Mir kam es so vor, als würde die sacht hin und her schwankende Brücke sofort in sich zusammenstürzen, sobald man einen Fuß auf sie setzen würde. Vorsichtig berührte ich mit der Hand eine Stelle der Brücke. Es fühlte sich an, als würde ich in die Strömung eines Flusses greifen, jedenfalls wirkte das Ganze alles andere als stabil.
Ich betrachtete eine der Luftblasen, die mir auch nicht gerade tragfähig erschien. Aus der Nähe rauschte die Brücke wie ein Wasserfall.

Die Neugierde packte mich. Ich wollte wissen, wohin die Brücke führte und wohin der Mann verschwunden war. Bedacht setzte ich erst einen Fuß auf den eigenartigen Untergrund, schließlich wagte ich es daraufzuspringen. Das Wasser spritzte nach allen Seiten. Ich fiel durch die Brücke hindurch auf eine der Wasserinseln, die sich dabei gebildet hatten. Ein Schwall Wasser traf mich von oben und ich fiel von der Insel auf eine der Luftblasen, die mich wie ein großer Gummiball von sich abstieß, sodass ich wieder auf der Brücke landete. Erleichtert atmete ich durch. *Wow! Was war das?* Ich sprang auf dieselbe Luftblase, auf die der Mann gesprungen war. Sie war stabiler, als ich es mir gedacht hätte, ließ sich aber nicht von mir bewegen, obwohl ich es mehrmals versuchte.
»Beweg dich!«, rief ich.

»Onji wija gibu ahowe kaworsij«, ertönte auf einmal die Stimme des Mannes, der an einem Seil der Schaukel herabkletterte. Verwundert beobachtete ich, wie die Luftblase, auf der ich stand, auf die Schaukel zuschwebte. Ich lachte vergnügt und grüßte den Mann. Er sprang, obwohl er noch hoch oben am Seil war, und landete auf einer Luftblase, die sich dadurch verformte.
»Heoil«, begrüßte er mich und machte ein kompliziert aussehendes Muster. »Jarun de olewrijl, mein Name«, stellte sich der Mann vor.
Er hatte ein kurzes Hemd und eine kurze Hose an, die beide aus bunten, undurchsichtigen Seifenblasen zu bestehen schienen. Auf dem Kopf

trug er eine Krone aus Blättern und um den Hals eine Kette, an der eine rote Beere hing. Zwei Umhängetaschen, die mit kleinen Glocken verziert waren, hingen an seinen Hüften.
Jarun wirkte lustig auf mich, gleichzeitig konnte ich in seinen Augen Weisheit und Stärke erkennen.

Er hüpfte auf eine andere Luftblase nahe der meinen. »Wun wij delu ... weißt du, was das heißt?«, fragte er.
Ich hatte schon einige Wörter der Sprache gelernt und überlegte: »Ja ... Wie heißt du, nicht wahr?!«
»Richtig!«, lobte Jarun.
»Mein Name ist Ajena. Mir kommt vor, alle hier sprechen *Liebkolinfal*, zur Begrüßung höre ich oft *heoil*. Aber ein Mädchen hat mir erzählt, dass es verschiedene Sprachen gibt.«
Jarun erklärte: »Nun ja, das ist so ähnlich wie in deiner Realität, wenn man in einem bestimmten Land ist, sprechen die meisten Leute die gleiche Sprache.«
Ich fragte Jarun, ob ich schon in *Anmirdhaleij* sei. Er lachte. »Ja. Und hier gibt es nicht nur Wasser. Viele leben und arbeiten in *Anmirdhaleij*, um aus Beeren, Wurzeln, Blüten und Blättern Gewand oder Medizin herzustellen.
Die Brücke führt übrigens vorbei an einigen Häusern. Ich rate dir aber, dort nicht entlangzugehen. Die Seile der Schaukel führen ins Innere von *Anmirdhaleij*.«
Jarun kicherte wie ein Kind und hüpfte wieder auf eine andere Luftblase. Ich machte es ihm nach.
»Warum soll ich die Brücke nicht entlanggehen?«, fragte ich neugierig.
»Sie birgt zu viele Gefahren«, antwortete Jarun geheimnisvoll. »Komm mal mit zur Schaukel. Onji wija gibo ahowe kaworsij.«

Ich runzelte die Stirn. »Warum ist es eigentlich eine Schaukel, wenn man doch nur die Seile benützt?«
Jarun lachte. »Das ist eine gute Frage! Jedenfalls sitze ich manchmal darauf und denke nach, während ich mich vom Wind schaukeln lasse.

Wenn du es mal ausprobierst, wirst du bemerken, dass das Rauschen des Wassers wie Musik klingt.« Er zwinkerte mir zu und zog sich wieder am Seil hoch. »Folge mir ruhig«, sagte er einladend.
Während ich ebenfalls hochkletterte, rief ich begeistert: »Ich liebe die Schaukel!«

Das Seil führte so weit nach oben, bis man die Luftblasen nur mehr als winzige Punkte wahrnahm.
Als ich nach oben sah, war Jarun verschwunden. Auf mein Rufen bekam ich keine Antwort. Ich kletterte schneller, kurz vor dem Ende der Seile hielt ich jedoch erst mal inne. Drei Stufen führten hinauf in einen kleinen Raum. Ich spähte ins Innere und sah drei Frauen in prächtigen Gewändern vor einem regenbogenfarbenen Lichttor tanzen.

Nach dem heutigen Englischunterricht fuhren wir mit dem Bus in die Kulissenstadt *Popeye Village*. Von den bunt verzierten Häusern der Ministadt sah man direkt aufs Meer. Eines gefiel mir besonders – es sah aus, als sei es aus Zuckerwatte und der Zaun aus Zuckerstangen. Drinnen befand sich eine Zwergenwerkstatt mit Figuren, die sich automatisch bewegten.
Ein Mann, der als Pirat verkleidet war, übte mit einigen von uns das Pfeilschießen, die anderen tollten am Wasserspielplatz herum.
Am späten Nachmittag stand ein Kinobesuch auf dem Programm. Weil wir spät dran waren, mussten wir rennen, das war zwar anstrengend, aber auch lustig. Im Kino kauften Amelie und ich besonders große Portionen Popcorn, um aufs vermutlich weniger genüssliche Abendessen verzichten zu können.

Als ich mich dem Regenbogentor näherte, begannen die drei Frauen ein mehrstimmiges Lied zu singen.

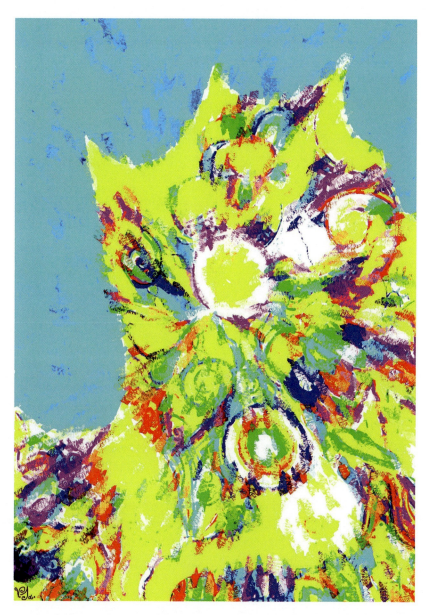

Eine von ihnen trug ein Kleid in den Farben Orange, Dunkel- und Hellgelb, mit einer Sonne darauf, auf deren Strahlen kleine Spiegel funkelten. Die Ärmel des Kleides waren weit und gezackt. Dazu trug die Frau spitze orange Schuhe. In ihren gewellten Haaren, die goldig schimmerten, steckte ein Diadem mit Sonnenstahlen. Ihr Gesicht war in den Farben des Kleides bemalt, über dem linken Auge glitzerten rote Strahlen, die bis zur Stirn führten.

Eine der anderen Frauen hatte kurze Haare, die wie Igelstacheln aussahen. Sie trug ein azurblaues kurzes Kleid mit einer hellblauen Blume darauf. Die Augenlider der Frau waren blau und weiß geschminkt, von der Stirn bis zum Mund zog sich eine Wellenlinie, auf der kleine blaue Blüten schillerten. Sie hatte keine Schuhe an, auf ihren Zehennägeln befanden sich kleine Spiegel, die abwechselnd blau und weiß leuchteten. Um ihr rechtes Bein schlängelte sich eine Perlenkette.
Die dritte Frau trug ein Kleid in Grüntönen. Ein Muster aus roten Beeren streckte sich vom Nabel nach oben und unten aus. Sie hatte einen schicken Hut aus getrockneten Brennesseln auf. Ihre langen Haare waren lockig und deren Enden geflochten.

»Ähm ... heoil«, grüßte ich verlegen. Ich wollte die Frau mit dem Sonnendiadem fragen, ob sie Jarun gesehen hätte. Doch bevor ich dazu

kam, umarmte sie mich und führte mich wortlos durch das regenbogenfarbige Lichttor in einen Raum, der von der Höhe her kaum ein Ende zu nehmen schien. Da stand Jarun und lachte verschmitzt. Er küsste die Frau und stellte sie mir vor: »Das ist meine Frau Leijnde.«
Ich bewunderte ihr hübsches Kleid und fragte Leijnde, ob sie es selbst gemacht hätte. »Jawohl, es entspringt ganz meiner Fantasie«, antwortete sie. »Ich entwerfe häufig Kleidung und bin oft draußen unterwegs, um Materialien dafür zu suchen. Wenn ich zum Verzieren von Wänden bunte Steine benötige, besuche ich die Mosaikleger.
Zur Begrüßung aller, die ins Innenreich von *Anmirdhaleij* möchten, tanzen und singen wir Frauen vor dem Regenbogentor. Die meisten Besucher kommen gegen Sonnenaufgang hier durch und viele verlassen den Ort dann abends wieder. Jarun kommt auch viel herum und lernt dabei die unterschiedlichsten Leute und Wesen kennen. Er hat mir erzählt, dass Bonsaij dein Traumlehrer ist. Ich kenne ihn auch sehr gut.«

Jarun verabschiedete sich von uns und eilte eine Treppe hoch. »Wo geht er denn hin?«, wollte ich wissen.
Leijnde erklärte: »Er ist nebenbei Koch, heute bereitet er Essen für unsere Gäste zu.«
»Allein?«, fragte ich.
»Nein, er hat immer viele Wesen und Leute, die ihm helfen. Sie wechseln sich dabei ab«, entgegnete Leijnde. »Möchtest du mit mir kommen und dir das Innenreich von *Anmirdhaleij* genauer anschauen?«
»Sehr gern!«, antwortete ich beschwingt.
Leijnde deutete zu einer Tür, auf der aus Blättern geformt: *Dujeatwenlija aholos luma a serdreij* stand. Wie von allein kamen die Worte über meine Lippen: »Dujeatwenlija heißt Heilung.«
Leijnde hielt inne und fragte erstaunt: »Woher weißt du das?«
»Ich hab's mir gedacht, weil es hier so nach Kräutern riecht, so ähnlich wie in alten Apotheken!«
Leijnde meinte: »Na, du bist ja schlau! Und was meinst du, bedeuten die restlichen Worte, die da stehen?«
Ich überlegte kurz, während ich die einzelnen Buchstaben fixierte, die

gar nicht so leicht zu entziffern waren. Dann gab ich zu: »Ich habe keine Ahnung«, und kicherte verlegen.

»Dujeatwenjija – Heilung, aholos bedeutet für, luma ist der Körper und serdreij die Seele. *Heilung für Körper und Seele.*« Leijnde zwinkerte mir zu und ich nickte.

Dann rief sie: »Arhuije wija!«, und die Tür ging auf.

Nachts hatte ich die Regel bekommen. Am Morgen wachte ich daher mit Schmerzen auf und nahm eine Tablette dagegen.

Ich hatte keinen Appetit und außerdem sowieso keine Lust auf süßlichen Tee und Toast mit salziger Butter, deshalb ließ ich das Frühstück ausfallen.

Trotz der Schmerzen packte ich meine Tasche und gesellte mich zu Amelie, die bereits vor der Haustür auf mich wartete. »Wie fühlst du dich?«, fragte sie.

»Nicht gut. Aber es wird schon gehen, hoffe ich.«

Dieses Mal trafen Amelie und ich früher als vereinbart am Treffpunkt ein. Sie kaufte sich ein Eis und wir standen eine Weile in der Sonne herum. Meine Schmerzen nahmen zu. In Wellen überkamen sie mich und meine Beine fühlten sich an, als würden sie gleich nachgeben. Ich hielt es nicht mehr aus zu stehen und ging in die Hocke. »Geht es?«, erkundigte sich Amelie besorgt.

»Nein ... Ich schaff' das nicht, ich geh' wieder zurück.« Ich versuchte die nächste Schmerzwelle zu unterdrücken.

Amelie war beunruhigt. »Ruf mich an, wenn du wieder am Zimmer bist, ja? Ich sage den anderen Bescheid.«

Die Gassen kamen mir so eng vor, als würden die Häuser näherkommen. Der Weg schien mir unglaublich lang und ich musste mich öfters vor Schmerzen auf den Boden setzen.

Nicht mehr weit vom Haus der Gastfamilie entfernt, wurde meine

Sicht so trüb, dass ich nur noch zwischen hell und dunkel unterscheiden konnte. Alles drehte sich und es fühlte sich so an, als ob der Boden nachgäbe. Ich verlor die Kontrolle, schwankte, und um mich wurde es schwarz.

Als ich wieder zu mir kam, lag ich zwischen zwei parkenden Autos. Ich rappelte mich erschrocken auf, das Schmerzmittel wirkte endlich.
Bei der Gastfamilie angekommen, öffnete mir Liam und meinte, Fiona hätte bereits angerufen, um zu fragen, ob ich gut angekommen sei. Müde nickte ich und schleppte mich die Treppe hoch.
Im Zimmer legte ich mich aufs Bett und schlief, bis Amelie und Fiona hereinkamen. Fiona fragte mich, ob ich noch Schmerzen hätte, und Amelie berichtete vom heutigen Tagesausflug. Sie war begeistert von der Bootsfahrt durch eine Grotte und dem anschließenden Besuch beim Glasbläser.
Sie drückte mir zwei Glaskugeln in die Hand. »Die andern meinten, dir würde die Farbe rosa besser gefallen, aber ich war der Meinung, du hättest hier im Zimmer bestimmt genug rosa gesehen.«
Schmunzelnd nahm ich die Kugeln in die Hand. Eine war orange mit schwarzen Streifen, die andere dunkelblau und weißgestreift. »Du hast genau die richtigen ausgesucht«, meinte ich.
Amelie erzählte: »Es war ein cooler Tag, aber der Typ, der über die Grotte erzählt hat, war unglaublich langweilig! Und wie war es bei dir? Ich habe mir Sorgen gemacht, dass du womöglich nicht heimfindest oder auf der Straße umkippst.«
Ich verschwieg meinen Zusammenbruch. »Hm, ich hab' irgendwie heimgefunden. Liam hat später mal *Dinner* gerufen, aber ich habe es nicht aus dem Bett geschafft. Außerdem hat er sich, glaub' ich, mit seiner Frau gestritten, mehr habe ich nicht mitbekommen.«
Fiona verabschiedete sich und Amelie und ich gingen zum Abendessen nach unten.

Leijnde und ich befanden uns nun in einem riesigen Raum. Viele Regale hingen an den Wänden, darin standen unzählige Bücher. Duftende Kräuter, Bilder von Kräutern sowie vollgeschriebene Zettel lagen auf niedrigen Tischen, die kreuz und quer im Raum verteilt standen. Kleine runde Polster lagen vor jedem Tisch. Als ich einen Blick nach oben warf, sah ich, dass von der Decke viele Kräuter herunterhingen, einige davon in rosafarbenen, länglichen Gefäßen.

Leijnde erklärte: »Hier werden alle Kräuter zusammengemischt und ausprobiert, wie sie sich miteinander vertragen.« Sie nahm ein Kraut mit blauen Stacheln und ein braunes, das der Form einer Karotte ähnelte, und legte beide nebeneinander in eines der rosafarbenen Gefäße. Staunend beobachtete ich, was dann passierte.

Im Gefäß bildete sich kurz bläulicher Nebel, danach lagen die Kräuter senkrecht zueinander. Leijnde warf einen Blick darauf und nickte. »Diese Kräuter vertragen sich und man kann sie zusammenmischen. Manche muss man länger im Nebel lassen, bis sie entweder waagrecht oder senkrecht zueinander liegen. Die Kräuter, die in den Gefäßen oben hängen, brauchen fünf Tage dazu.«

Ich machte es mir auf einem der Polster gemütlich und sah mir die Skizzen auf den Zetteln an, die in *Liebkolinfal* geschrieben waren. Ohne aufzublicken, stellte ich Leijnde eine Frage. Als ich keine Antwort bekam, merkte ich, dass sie nicht mehr da war. Verwirrt stand ich auf und rief ihren Namen. *Ist sie gegangen, ohne dass ich es bemerkt habe?*

Auf mein Rufen reagierte sie nicht, so begann ich, mir Bücher aus den Regalen zu nehmen und sie näher zu betrachten. Dabei fand ich manches, das auf Deutsch beschrieben war. Auf einer Seite stand:

Eho a ehu – Leben und Tod.
Der Tod ist ebenso ein Teil des Lebens, wie die Geburt.
Beides ist schmerzhaft, doch beides ist Leben.
Die Geburt bedeutet Neuanfang. Der Tod bedeutet Neuanfang.

Aus der Ferne begann Musik zu erklingen. Ich stellte das Buch eilig ins

Regal zurück und folgte der Melodie. Geleitet von den schönen Tönen ging ich in die hintere Ecke des Raumes. Dort lauschte ich an der Mauer und war mir sicher, dass die Musik durch die Wand kam. Ich klopfte und rief: »Leijnde?«

Mir fiel ein Schlüsselloch im Boden auf. »Äh, warum ist denn das Schlüsselloch im Boden und nicht an einer Tür?«, flüsterte ich nachdenklich.

Daraufhin vernahm ich eine aufgeregte Stimme: »Bä bä bä bä! Ich bin eben etwas Besonderes!« Erschrocken zuckte ich zusammen und spähte angestrengt durch das Loch.

Zuerst konnte ich gar nichts erkennen, doch dann nahm ich ein weiteres, größeres Schlüsselloch wahr und dahinter noch eines. »Ha-Hallo?«, rief ich zögernd hinein.

Etwas Weiches berührte mich am Rücken und ich fuhr herum. Ich erkannte Huskys Umrisse, die sich gleich wieder auflösten, als ich versuchte etwas zu sagen.

Ein kleiner goldener Schlüssel fiel vor mir auf den Boden. »Das gibt's nicht!«, rutschte es mir heraus, woraufhin ich ein deutliches Knurren vernahm.

»Oh, tut mir leid.« Ich hob den Schlüssel auf. Er fühlte sich viel leichter an als gewöhnliche Schlüssel. Während ich ihn in das Loch steckte, knarrte es seltsam.

Ungläubig sah ich mit an, wie das Schlüsselloch immer größer wurde und sich dabei aufrichtete. Nachdem es mittlerweile größer war als ich, hatte ich Sorge, dass es bald die Decke durchstoßen würde. »Stopp! Stopp! Stopp!«, rief ich, aber das Schlüsselloch wuchs und wuchs. Da ich nicht wusste, was ich sonst machen sollte, rannte ich zum Bücherregal, um möglicherweise in einem der Bücher etwas über dieses Schlüsselloch zu finden.

Ich fand zwar nichts Derartiges, aber in einem Buch waren einige Wörter auf Deutsch übersetzt. Als ich endlich das Wort *Stopp* in *Liebkolinfal* gefunden hatte, rief ich: »Ekanonristanon! Ekanonristanon!« Sofort hörte das Schlüsselloch auf zu wachsen.

Wieder vernahm ich eine Stimme, die direkt aus dem Schlüsselloch zu kommen schien: »Hältst du dich jetzt für besonders schlau?«

»Wer spricht denn hier mit mir?«, fragte ich.
»Na super, das hab' ich schon gern! Kommst da rein und kennst mich nicht einmal! Ich heiße Marotujs und bin überall im Land bekannt als das sprechende Schlüsselloch! Es gibt kein schöneres, ich bin einzigartig und sehr wertvoll, aber davon hast du anscheinend keine Ahnung.«
Ich kicherte. »Ich weiß nicht, was es da zu lachen gibt«, beschwerte sich Marotujs.
Ich nahm wieder die Musik wahr, die durch das Schlüsselloch zu mir heraus klang, ganz klar und fein. »Leijnde, bist du da drin?«, fragte ich.
Auf einmal packten mich von vorn zwei kühle Arme, zogen mich mit einem Ruck ins Innere des Schlüssellochs und ich fiel augenblicklich in die Tiefe. Ich schrie auf und Marotujs lachte. Blitzschnell wurde ich eingehüllt von einem rosafarbenen Nebel und konnte nichts mehr sehen.

Beim Besuch des Wasserparks am Tag darauf wurde uns eine Show mit Papageien, Seelöwen und Delfinen vorgeführt. Das begeisterte mich wenig, weil ich nicht wusste, wie es hinter den Kulissen aussah. Ich hatte von vielen Fällen gehört, in denen die Tiere schlecht behandelt worden waren. Abgesehen davon waren sie in widernatürlich engem Raum eingesperrt und das hielt ich für ungerecht.

Im angrenzenden Freibad lag ich auf einer Liege direkt neben Fiona und sah den anderen beim Schwimmen und Rumalbern zu. Es war mir recht, dass ich nicht dabei sein musste, denn mir war es nach wie vor unangenehm, mich im Badeanzug zu zeigen. Der Schwimmunterricht an meiner alten Schule hatte mich nachhaltig geprägt.
In meinem Kopf hörte ich die Kommentare von Maurice und seinen Freunden, wie sie sich darüber lustig machten, dass ich so dünn wie eine Puppe sei, meine Haut weiß wie Schnee wäre oder ich wie ein Gespenst umherschleichen würde.
Wenn ich daran dachte, konnte ich Maurice' Berührungen wieder spü-

ren. Es war für mich bereits eine Überwindung, ein kurzärmliges T-Shirt oder eine kurze Hose zu tragen.
Um mich von meinen Gedanken abzulenken, las ich ein Buch.
Kim fragte, ob ich mit ihr etwas essen gehen wollte. Sogleich kam mir Maurice' stechender Blick in den Sinn, mit dem er mich damals während des Essens angestarrt hatte. Ich reagierte daher nicht sofort, überwand mich dann aber und ging mit Kim zum Buffet.
Es war richtig schwer, in ihrer Gegenwart zu essen. Ich kontrollierte jeden Bissen, kaute zu wenig, weil ich mir vorstellte, wie ich dabei aussah, und blinzelte nervös. Zum Glück quatschte Kim über Musikbands und ich war erleichtert, dass ihr nichts auffiel.

Der Nebel verschwand allmählich und ich fand mich am Boden liegend in einem gemütlichen kleinen Raum wieder.
Das Schlüsselloch hat mit mir gesprochen! Ich lachte.
Als ich mich aufsetzte, fiel mir eine bunte Bemalung auf, die fast den ganzen Boden des Raumes einnahm.
Sie war kreisförmig und bestand aus verschiedenen Mustern, die zusammen eines bildeten. Mehrere große und kleine Polster lagen um das Muster herum. Das große Schlüsselloch, aus dem ich gefallen war, schien verschwunden zu sein. Aber in dem Raum gab es keine Türen!
Wie komme ich da wieder raus?, fragte ich mich.

Die Musik war nun ganz klar und deutlich zu hören. Ich konnte Stimmen in unterschiedlichsten Tonarten heraushören, sowie die Klänge von Rasseln, Schellen, Trommeln, Querflöten und Harfen.
Es roch nach verschiedenen Räucherstäbchen. Lampions in Form von Schneeglöckchen verbreiteten rosafarbenes Licht. Es gab hier weitere Regale mit Büchern und verschiedenen Gegenständen: Beschriftete Flaschen und verzierte Döschen, Perlen, die mit viel Liebe zum Detail bemalt waren, sowie geschnitzte Skulpturen, Masken, Schmuck, bemalte Stöcke, außerdem herzförmige Steine, verzierte Platten, Federn,

viele gepresste Blüten, Kräuter und Blätter, getrocknete Hagebutten und viele mir unbekannte Beeren.

Auch einige der Kristallstifte, wie ich sie bereits in der pultus gesehen hatte, fand ich in den Regalen. Ein paar schillernde Steine gefielen mir besonders und ich beschloss, Leijnde zu fragen, ob ich vielleicht einen davon haben könnte.

Nachdem ich mir alles genau angeschaut hatte, fiel mir am Ende des Raumes ein mit bunten Spiralen verzierter Spiegel auf.
Beim Näherkommen bemerkte ich, dass ich mich darin nicht sehen konnte, aber die Musik hier am lautesten zu hören war. Ich lehnte mich gegen den Spiegel, um zu lauschen, fiel dabei jedoch gleich hindurch.
Ich landete in einem großen Raum, der auch durch Schneeglöckchen-Lampen beleuchtet wurde.
An den Seiten lagen kleine längliche Matratzen, auf denen die Musizierenden saßen. Leijnde und Jarun sowie einige Kinder waren unter ihnen.

Ich wollte ihren Gesang nicht unterbrechen und sah mich weiter um. Der Boden war mit einem samtartigen, lilafarbenen Teppich ausgelegt, darauf lagen viele Samtpolster.
Von der Decke hing eine Art Bühnenvorhang in wunderschönen violetten Farben. An den Wänden hingen viele Zeichnungen, von denen eine schöner war als die andere. Bemalte Stöcke und Steine, sowie Mosaikmuster, Blätter und Blüten hingen ebenfalls an den Wänden.
In der Raummitte stand ein sehr langer und prächtiger Tisch aus Lapislazuli und Amethyst. Die Tischfläche war glatt geschliffen, an den Seiten waren die Steine jedoch naturbelassen. Perlmuttfarben schimmernde Teller sowie Gläser aus Bergkristall und Smaragd standen auf dem Tisch.

Das alles war ein fantastischer Anblick! Während ich mich mit Bewunderung umsah, erklang weiterhin das zauberhafte Lied.
Als es zu Ende war, schlossen alle die Augen. Nur die Kinder blinzelten neugierig.

Amelie, Kim, Yasmina und ich gingen gemeinsam einkaufen. Im Laden gab es einiges, das mir gefiel. Doch dieses Mal befiel mich wieder die Nervosität, von der ich geglaubt hatte, sie eigentlich überwunden zu haben. Ich merkte, wie ich zu zittern begann, und musste das Geschäft eilig verlassen.
Anscheinend war es niemandem aufgefallen. Wir mussten uns sowieso beeilen, da wir heute mit der Klasse nach *Mdina* fahren wollten. Dort besichtigten wir die Katakomben und das Museum.
Abends gingen Amelie und ich am Strand spazieren. Sie fragte mich: »Du warst heute im Laden so nervös, warum eigentlich?«
Ich bekam einen Adrenalinstoß, versuchte aber ruhig zu bleiben. »Hm ... weiß nicht ... Ich war doch gar nicht nervös.«
Amelie merkte, dass ich flunkerte und meinte schmunzelnd: »Okay, dann lass uns mal zurückgehen und die Englischaufgaben machen.«

Die Musizierenden öffneten die Augen und machten gleichzeitig ihre Muster. Die Stille brach ab und wich lauter, ausgelassener Unterhaltung. Leijnde kam zu mir und war freudig überrascht. »Heoil, ich wollte dich gerade holen, aber wie ich sehe, hast du alleine hergefunden! Hat dich denn Marotujs einfach so durchgelassen?«
»Na ja ... Ich weiß nicht so genau, ich spürte nur zwei kühle Arme, die mich irgendwie in das Schlüsselloch reingezogen haben, und dann bin ich in dem Raum mit dem schönen Bodenmuster gelandet!«, antwortete ich und fragte aufgeregt: »Ist Marotujs wirklich ein Schlüsselloch?«
Leijnde grinste. »Ja, unser Marotujs ist tatsächlich ein Schlüsselloch! Aber was für eines! Er hat Hände und Füße, die er sehr geschickt mithilfe seiner Tarnfarbe versteckt, damit Fremde an ihm nicht gleich etwas auffällig finden. Er nörgelt sehr viel und wenn er eingeschnappt ist,

läuft er manchmal einfach davon und ich muss ihn dann suchen! Total verrückt, der Kerl.«

Lachend fügte sie hinzu: »Marotujs' Aufgabe ist es eigentlich, zu kontrollieren, wer in bestimmte Räume darf und wer nicht. Manchmal übertreibt er es aber und lässt nicht mal Bekannte herein, dann muss ich kommen und die Sache klarstellen. Daher ist es sehr erstaunlich, dass er dich überhaupt reingelassen hat!«

Ich kicherte. Leijnde verriet mir: »Wie du gehört hast, singen wir vor dem Essen. Das entspannt und danach können wir das Essen umso mehr genießen. Dies hier ist der Kunst- und Speiseraum. In unserer Sprache wird er plokuijokololo a leushin okololo genannt.

»Das klingt lustig!«, fand ich.

»Ja ... Sag mal, hast du überhaupt Hunger?«, fragte Leijnde. Ich nickte.

Bis das Essen kam, bestaunte ich die Gewänder der Wesen und Menschen.

Ein Mann hatte eine perlenbestickte Hose an und ein Oberteil aus Muscheln. Er trug einen Hut, der mit Karotten und einer bunten Frucht geschmückt war.

Ein kleines Mädchen hatte ein Kleid aus Blumenblättern an und eine Krone aus Moos auf. Mein Blick fiel auf ein dickes Wesen mit einer sehr großen Nase und langen dünnen Ohren. Es sah so aus, als würde es nur aus Sand bestehen.

Da ertönte mit hohem Klang eine Glocke und zog die Aufmerksamkeit aller auf sich. Erst mal sah ich gar nichts und wunderte mich über die erwartungsvollen Blicke der Kinder zur Decke.

Dann bemerkte ich, dass der Bühnenvorhang aufgezogen wurde und sich dahinter eine Tür in Form eines riesigen Puzzlestücks öffnete. Heraus kamen zwei Wesen, welche die Glocke weiterhin in Schwingung versetzten.

Sie bestanden aus Blättern, hatten Arme wie Farne und Gesichter, die grün und gelb schimmerten. Die großen runden Augen der Wesen wirkten freundlich und obwohl die Pupillen rot waren, nicht beängstigend. Ich konnte durch die offene Tür den Teil einer bunt bemalten und prächtig dekorierten Küche sehen. Mir war nicht klar, wie man von dieser Küche in den Speiseraum herunterkommen sollte.

Ein letztes Mal ertönte die Glocke, dann traten die Blätterwesen zur Seite und verneigten sich.
Was ich dann sah, erstaunte mich noch mehr: Viele Wesen schwebten mithilfe von Seilen aus purem Licht von der Küche in Richtung Speiseraum. In den Händen hielten sie riesige Tabletts, auf denen das Essen kunstvoll angerichtet war. Dabei bewegten sich die Wesen wie bei einem Ballett!

Ich entdeckte Dalerine unter ihnen und winkte ihr zu. Geschickt landete jeweils ein Wesen vor dem Edelstein-Tisch und legte eine Speise auf einen der leeren Teller. Dalerine landete vor meinem Teller und lächelte mir freundlich zu. »Toll, was?«
Als alle Speisen verteilt und alle Gläser befüllt waren, schwebten die Wesen wieder empor in den Küchenraum.
Dalerine zwinkerte mir zu, die Blätterwesen läuteten erneut die Glocke und schlossen die große Tür, die kurz darauf wieder vom Vorhang verdeckt wurde.

Ich war fasziniert und es platzte aus mir heraus: »Wow! Was für eine Vorstellung, ist ja total cool!«
Leijnde lachte. »Ja, die machen jeden Tag so ein Theater. Jarun hat das eingefädelt, alle finden es lustig, schön und praktisch. Die Treppe, die Jarun hinaufgegangen ist, führt zwar in die Küche, nicht jedoch hierher in den Kunst- und Speiseraum. Durch die Lichtseile kommt man nun schnell nach unten.«
»Ich find es richtig toll!«, lobte ich.

Auf einem meiner Teller lag eine Frucht, die ähnlich aussah wie eine blaue Kiwi. Als ich sie mit dem Messer durchschnitt, sah ich, dass sie innen violett war. Wagemutig biss ich hinein und stellte fest, dass mir

der Geschmack bekannt vorkam. »Interessant und irgendwie gut. Ich glaube, so einen ähnlichen Geschmack zu kennen. Bei uns gibt es eine weiße Schokolade mit Zitronengeschmack, die schmeckt so ähnlich, aber nicht ganz so intensiv«, sagte ich zu dem Wesen aus Sand, das mich neugierig anblickte. Es kaute sein Essen so, dass man es hören konnte, und bewegte dabei seine dicke Nase leicht hin und her. Mit vollem Mund nuschelte es in meine Richtung: »Orulolijm a du?«
»Äh ... Ich bin Ajena«, gab ich zurück. Das Wesen trank von einem grünlichen Saft, danach rülpste es laut, worüber viele lachen mussten.
Jarun mahnte: »Orulolijm, bitte, wir haben Gäste!« Er bemühte sich um einen ernstzunehmenden Ton, aber dann musste er selbst loslachen.

Ich probierte einen lila Saft mit orangen Streifen und blauen Pünktchen, der nach Pfefferminze, Chai-Tee, Süßholz und Blaubeeren schmeckte. Auf einem größeren Teller vor mir war eine Speise, die zu einem Bild geformt war.
Man konnte Leijnde und die anderen Frauen, die am Eingang von *Anmirdhaleij* gesungen hatten, darauf erkennen. Ich staunte, wie gelungen es aussah und bewunderte, welche Mühe hinter all dem steckte.
Auf dem dritten Teller war ebenfalls ein Bild geformt. Es bestand aus einer Süßspeise mit Eis, vielen Beeren und anderen Früchten. Diesmal zeigte das Bild ein Einhorn auf einer Wiese, die mit blauen Blumen übersät war, das sah fantastisch aus.

Nach dem Essen verabschiedeten Leijnde und ich uns von Jarun, der beim Abräumen helfen wollte.
Zurück im anderen Raum stellte Leijnde sich in einen Kreis des Musters am Boden. Direkt daneben war ein weiterer Kreis und sie bat, dass ich mich in diesen stelle. Sie reichte mir ihre Hand und im nächsten Moment wurden wir sanft emporgehoben.
Um uns herum bildete sich wieder rosafarbener Nebel und wenige Augenblicke später befanden wir uns vor Marotujs. Er hatte sich nach innen gedreht und sagte: »So so, ihr schon wieder! Na, dann will ich mal nicht so sein.«

Sogleich wurde das Schlüsselloch groß und wir schritten hindurch. Als ich mich umdrehte, war Marotujs wieder zusammengeschrumpft und ich war überrascht, wie schnell das ging. »Beijo!«, sagte ich und schmunzelte.
Vor uns lag jetzt ein dunkler Saal, der nur von ein paar bläulich schimmernden Kerzen ein wenig erhellt wurde.

Am letzten Tag in Malta sahen wir uns *Sankt Juliens* an und gingen zum Abschluss bowlen.
Amelie und ich waren abends ein letztes Mal am Strand. Wir saßen auf unserem Lieblingsplatz und unterhielten uns.
»Ich werde den Platz hier vermissen«, sagte Amelie wehmütig.
»Ja, vor allem das beruhigende Meeresrauschen«, ergänzte ich.
»Und unser Gequatsche«, lachte Amelie.

Viele Eltern warteten am Flughafen, auch meine Mama war da.
Fiona schaute in die Runde. »Es freut mich, dass wir so eine schöne Zeit hatten und dass alles so gut geklappt hat.«
Auf dem Heimweg erzählte ich Mama von den Ausflügen in Malta und meinen Erlebnissen mit der schrägen Gastfamilie.
Zu Hause knuddelte ich meine Katze Gipsy. Nach dem Mittagessen probierten Mama und ich Klamotten an und lachten, wenn etwas so gar nicht mehr passte. Während ich gerade ein T-Shirt anprobierte, ging meine Mama kurz in die Küche, um Getränke zu holen.
Mir fiel ein kleiner Kratzer auf meiner Schulter auf. *Merkwürdig, der ist mir gar nicht aufgefallen*, dachte ich. Als ich das nächste Shirt anziehen wollte, bemerkte ich, dass der Kratzer dunkler geworden und noch ein zweiter, längerer hinzugekommen war.
Bestimmt hat mich gerade das Essarz berührt. Das war beängstigend.
Mama sah die Kratzer – sie konnte sich keinen Reim darauf machen.

Weil es bei den zwei Kratzern blieb, dachten wir aber nicht länger darüber nach, sondern machten uns einen gemütlichen Abend.

Ich war froh, wieder daheim zu sein, auch wenn die Zeit in Malta aufregend gewesen war! Auf das Wochenende freute ich mich, obwohl viel Arbeit vor mir lag, denn jeder aus unserer Klasse sollte auf Englisch über das Malta-Projekt eine Mappe zusammenstellen. Sie musste zwar erst in einer Woche fertig sein, aber ich wollte meine besonders liebevoll gestalten und mir deshalb viel Zeit dafür nehmen.
Ich freute mich sogar darauf, am Montag wieder in die Schule zu gehen. *Verrückt! Wer hätte gedacht, dass ich mich jemals auf die Schule freuen könnte ...*

Die Bücherei

Am Ende des Saales standen Leijnde und ich vor einer hell leuchtenden bunten Wand, auf der viele detaillierte Darstellungen gemalt waren. Ein Wald mit alten Bäumen war darauf zu sehen. Wesen saßen um den größten Baum herum, in dessen Mitte sich ein rundes Tor mit vielen Spiralen und anderen Verzierungen befand.

Das Tor war so gemalt, dass es einen Spaltbreit offen stand, durch den man Bücher in bunten Regalen sah. »Das ist aber schön!«, rief ich.
»Findest du? Das habe ich gemalt.« Leijnde war verlegen und stolz zugleich.
»Du kannst sehr gut malen«, lobte ich.
Leijnde stellte sich vor das gemalte Tor. »Ich möchte dir etwas Faszinierendes zeigen!« Sie strich mit ihrer Hand darüber – und im nächsten Augenblick wurde es zu einem begehbaren Tor!
Nach Leijndes Worten *arhuije wija* flog das Tor auf und dahinter befanden sich jetzt echte Bücherregale.
Jede Stelle des Bildes, die Leijnde berührte, verwandelte sich und so veränderte sich auch unsere Umgebung. Man hörte auf einmal Vögel zwitschern und wir waren mitten in dem Wald, den wir zuvor auf dem Bild gesehen hatten.

Wir gingen durch das Tor im Baum und betraten den Raum mit den Bücherregalen.
Einige davon hingen sogar oben an der Decke, ohne dass die Bücher herabfielen. Überall schwirrten und schwebten kleine leuchtende Falter und Elfen herum, die mit ihrem Leuchten den ganzen Raum erhellten.
»Das hier ist unsere Bücherei«, sagte Leijnde und ließ ihren Blick kurz über die bunten, kunstvoll verzierten Regale schweifen.
»Wunderschön!«, rief ich begeistert.

Leijnde nahm ein dünnes Buch und zeigte mir ein Bild darin, auf dem Zwerge im Wald um ein Lagerfeuer herumtanzten und Feen und Schmetterlinge umherflogen. »Da würde ich gerne mal hin«, sagte ich. Leijnde nahm meine Hand und führte sie sachte über das Bild. Im selben Moment waren wir auch schon bei den Zwergen!
»Das gibt's nicht!«, rutschte es mir heraus.
»Oh doch, das gibt es«, erwiderte Leijnde lachend und einer der tanzenden Zwerge stimmte ihr zu. Leijnde schnippte mit ihren Fingern und wir befanden uns wieder in der Bücherei. »Wow!«, staunte ich.

»In ganz *Anmirdhaleij* ist es möglich, in Bilder hineinzuschlüpfen.« Leijnde zwinkerte mir zu, als hätte sie mir eben ein Geheimnis verraten. Sie führte mich weiter durch die große Bücherei. Wir reisten an mehrere in Büchern gemalte Orte und ich fand es stets aufs Neue verblüffend.

Irgendwann brachte mich Leijnde zu einem gewellten Durchgang, der aussah, als wäre er aus Wasser. Sie schloss mich in die Arme. »Liebe Ajena, ich werde jetzt wieder zum Regenbogentor gehen, um zu singen. Dieser Durchgang führt zurück zur Brücke, geh in Richtung des Berges, nicht in die andere Richtung!«
Ich war neugierig. »Jarun hat auch gesagt, dass ich die Brücke nicht weiter entlanggehen soll, da dies Gefahren birgt. Aber welche? Kannst du es mir verraten?«

Leijnde überlegte einen Augenblick und sah mich nachdenklich an. »Na gut, es ist so: Die Brücke an sich ist nicht das Gefährliche, sie führt an Häusern vorbei, in denen liebe Wesen leben. Doch weiter als zu den Häusern darf keiner gehen, denn dort ist eine Grenze. Selbst die Wesen, die in den Häusern leben, wagen keinen Schritt in Richtung dieser Grenze. Ich wusste früher selbst nicht, warum, bis Jarun es mir erzählt hat. Hinter der Grenze befindet sich der finstere Ort der Albträume. Das Ganze ist ein riesiges Trainingszentrum für alle, die etwas verarbeiten oder lernen sollen. Manche müssen öfters dorthin als andere.«
Ich nickte nachdenklich. »Dort war ich wohl schon ein paarmal! Mei-

ne Albträume sind meistens sehr grausam und wenn ich mitten in der Nacht davon aufwache, fürchte ich mich wieder einzuschlafen.«
»Oh«, sagte Leijnde, »das kenne ich und kann es gut verstehen! Aber du musst keine Angst haben. Alles, was im Albtraum geschieht, ist eine Illusion für dich. Selbst wenn du denkst, deinem Traumkörper sei etwas passiert, bleibt er immer unbeschadet. Nach dem Schlaf wirst du wie gewohnt mit deinem Erdenkörper erwachen. Ich lebe mit meinem Erdenkörper hier. Wenn du mich besuchst, bist du mit deinem Traumkörper hier. Was für dich der Traumkörper ist, ist für mich der Erdenkörper, weil ich hier zu Hause bin.
Wenn ich oder die Wesen, die hier leben, den finsteren Bereich jenseits der Grenze betreten, kann unserem Erdenkörper sehr wohl etwas passieren. Wenn du hier bewusst über diese Grenze schreitest, bist du genauso verletzlich wie wir. Denn dort bist du nur sicher, wenn du aus deinem unbewussten Traum dorthin gelangst.«

Ich nickte. »Das leuchtet mir ein. Aber wie kann ich durch Albträume etwas lernen, wenn ich über sie nachdenke und sich mir der Sinn nicht erschließt oder wenn ich mich an keine Details erinnern kann?«
Leijnde sah mich aufmerksam an. »Was für tolle Fragen! Selbst wenn es so ist, nimmt dein Unterbewusstsein, das dabei hauptsächlich trainiert wird, alles auf. Aber nun beeil dich, denn dieser Durchgang verfestigt sich bald!«
Wehmütig fragte ich: »Sehen wir uns mal wieder?«
»Das werden wir auf jeden Fall!« Leijnde winkte mir zum Abschied.

Vorsichtig machte ich einen Schritt in den Wasserdurchgang und stellte überrascht fest, dass ich dabei nicht nass wurde. Für einige Augenblicke war ich umgeben von strahlenden bunten Farben und wurde mehrmals im Kreis gedreht. Schon befand ich mich auf der Brücke und ging langsam in Richtung des Berges zurück.

Erkenntnisse

Bis auf wenige Ausnahmen dachten alle Menschen, die ich kannte, ganz anders als ich. Daher verstanden sie oft nicht, was ich sagte. Ich fühlte mich wie in einer Glaskugel eingeschlossen – und keiner bemerkte es. Ich erinnerte mich, dass dies eigentlich bereits im Kindergarten so gewesen war. Damals hatte ich über Architektur und Malerei nachgedacht, während die anderen Kinder ins Spiel vertieft waren.
Außerdem machte mich die Möglichkeit, etwas Liebenswertes zu verlieren, schon damals traurig. Deshalb weinte ich oft und wollte nach Hause, aber die Kindergärtnerin ließ mich nicht gehen und sagte immer nur, ich solle aufhören zu weinen, ich wäre doch schon ein großes Mädchen. Sie hatte weder nach dem Grund meines Weinens gefragt, noch meine Eltern informiert. Weil ich ein großes Mädchen sein wollte, hatte ich ihnen ebenfalls nie etwas gesagt.
Jetzt wurde mir klar, dass dieses Verhalten mich dahingehend beeinflusst hatte, auch später nicht darüber zu sprechen, was mich traurig machte.

Wenn alle Menschen einen Zugang zur anderen Realität hätten, würde die unsere bestimmt um vieles friedlicher sein, aber die meisten sind zu machtgierig.
Bonsaij hatte mich informiert, was passiert, wenn ein Mensch mit Zugang zur anderen Realität mit anderen darüber spricht, die das nicht verstehen. Es kann dazu führen, dass derjenige selbst den Zugang verliert. Bonsaij hatte mir von einem Mann erzählt, dem dies passiert war. Dieser hielt es nicht aus, sein Wissen für sich zu behalten, und teilte seine Erlebnisse Menschen mit, die ihm zwar nahe standen, ihm aber nicht glaubten. Die Folge war, dass sie sich von ihm abwandten, weil ihre Angst wuchs, je mehr er versuchte ihnen klarzumachen, dass alles real sei. Er fühlte sich unglaublich allein und begann irgendwann, sich

selbst als verrückt zu betrachten, anstatt zu dem zu stehen, was er erlebt hatte. Das erzeugte einen Zwiespalt in ihm, weil er im Innersten fühlte, dass er nicht verrückt war, sondern eine besondere Gabe hatte.

Bei einer unserer Begegnungen hatte ich von Bonsaij den Rat erhalten: »Benutze den Zugang in die andere Realität nie als Flucht. So würdest du dich den Problemen entziehen, die du in deiner Realität zu bewältigen hast. Die eine Realität ist ohne die andere nichts, denn beide gehören zusammen wie Tag und Nacht. Aber manche Menschen verstehen das nicht und wollen sich nur dort aufhalten, wo sie es schöner finden. Dann passiert es, dass sie sich in beiden Welten nicht mehr richtig zurechtfinden und in einen Zwischenzustand geraten. In diesem befinden sie sich weiterhin in der Realität, in der sie geboren wurden, allerdings fühlt es sich an, als lebten sie an allem vorbei.
Es ist, als stünden sie hinter einem Fenster und würden das Leben draußen zwar wahrnehmen, wären aber durch die Scheibe davon getrennt. Sie wären einsame Geister, deren einzige Möglichkeit, um mit anderen zu kommunizieren, darin bestünde, durch die Scheibe zu brüllen.«

Dieser Zustand beschrieb für mich mittlerweile sehr genau meine Depression. Ich war zwar nicht in die andere Realität geflohen, aber gedanklich in die Zeit, als ich noch sehr klein war und es in meinem Leben weder Maurice noch Latona gab. Dadurch befand ich mich in diesem Zwischenzustand, den Bonsaij beschrieben hatte.
Immer quälten mich die gleichen Fragen:
Wieso muss gerade meine Familiengeschichte so kompliziert sein?
Wieso konnte sie nicht unbeschwert bleiben?
Bin ich etwa die Einzige, die dem Familienzusammenhalt nachtrauert?
Oder wollen die anderen nur nicht darüber reden?
Wieso hat mich Maurice als seinen Spielball benutzt?
Wieso habe ich sein Spiel nicht durchschaut?
Wieso ist überhaupt so viel passiert?
Will mich das Leben für etwas bestrafen?

Die Gedanken kamen so schnell und durcheinander gewürfelt, dass ich Kopfweh davon bekam. Sie strengten mich mehr an als das Treppenhaus rauf und runter zu laufen.
Ich war mir manchmal nicht mehr sicher, ob ich überhaupt noch auf der Erde war und geriet immer häufiger in einen Trance-ähnlichen Zustand, aus dem heraus ich kaum ansprechbar war.
Dann saß ich irgendwo und starrte völlig weggetreten vor mich hin. Es war der gleiche Zustand, der mich früher vor viel Schmerz bewahrt hatte.
Wenn Maurice mich geschlagen hatte, fand ich meist Zuflucht in diesem Zustand, in dem man kaum etwas spürt. Doch mittlerweile konnte ich nicht mehr kontrollieren, wann ich in diesen Zustand kam, in dem ich wie in einem unsichtbaren Gefängnis festsaß.

Die Idee von der großen Familie bedeutete mir offensichtlich mehr als den anderen. Während es bei ihnen so aussah, als hätten sie alles längst verarbeitet, kam ich nicht darüber hinweg, dass nichts daraus geworden war. Meine Gedanken daran lösten schmerzhafte Gefühle aus und brachten mich zum Verzweifeln. Es genügte nur eine kurze Erinnerung an die Zeit damals, schon ergriff mich tiefe Trauer und danach eine große Lustlosigkeit am Leben.
Wenn ich Verwandte besuchte, nervte es mich, wie diese über meine Familie redeten, so als wären sie bei der ganzen Geschichte dabei gewesen. Sie glaubten zu wissen, wie ich mich fühlte, aber trösten konnten sie mich nicht. Doch genau das hätte ich am meisten gebraucht: Keine schlauen Sprüche, nur Liebe!
Sie konnten mir diese vor lauter Beurteilen der Situation nicht mehr zeigen und ich suchte auch hierfür die Schuld bei mir: *Ich bin nicht liebenswert genug.*
Meine Eltern verstanden mich, aber ihnen zeigte ich nur einen kleinen Teil meiner Trauer, weil ich glaubte, sonst die belastenden Erinnerungen wieder auszugraben. So konnte ich aber meine Trauer nicht loswerden.

Durch die neue Schule wurde mir mehr denn je bewusst, dass ich in früheren Situationen oft falsch reagiert hatte. Meine Schuldgefühle waren belastend:
Wieso habe ich mich nicht gegen Maurice wehren können?
Wieso habe ich mich in dieser und jener Situation nicht anders verhalten?
Warum habe ich nicht zurückgeschlagen?
Warum habe ich verdammt nochmal niemandem etwas gesagt?

Meine Gedanken und Gefühle verstrickten sich und verursachten ein unüberschaubares Gewirr – genau so, wie es mir Bonsaij beschrieben hatte.
Seine Worte hatte ich nie besser verstanden als jetzt, wo ich tiefe Verzweiflung fühlte. Ich versank förmlich in ihr und fragte mich, ob ich jemals aus diesem Tief herauskommen würde. Anfallsartig weinte ich bis zu drei Stunden durchgehend. Es gelang mir stets, das geheim zu halten.
Die Depression wurde schlimmer und zog mich in kürzer werdenden Abständen tiefer hinab. Es war unerträglich und in mir bildeten sich Gedanken, diese Welt endgültig zu verlassen:
Wie würde es sich anfühlen, alles zu vergessen?
Wie würde es sich anfühlen, nicht mehr da zu sein?
Auf diese Gedanken folgten immer Schuldgefühle. Ab einem gewissen Punkt überforderte die Depression meinen Körper. Ich war ständig müde, bekam häufig starke Kopfschmerzen und sogar Fieber. Schließlich wollte ich gar nicht mehr freiwillig nach draußen gehen.

Ich weinte der Zeit nach, in der mein Papa noch bei uns gelebt hatte. Nie wieder würde ich zusammen mit meinen Eltern frühstücken oder mit ihnen gemeinsam etwas unternehmen können, wie etwa auf Urlaub zu fahren. Es war aussichtslos, darauf zu warten, dass mein Papa heimkam und mich umarmte, weil solche Besuche für ihn immer einen Streit mit Cora bedeuteten.
Das Schlimmste waren die Feste, an denen mir Papa besonders fehlte.

Wehmütig dachte ich daran, wie Cora früher ihre ganze Wohnung zum jeweiligen Festtag passend dekoriert hatte. Auch Leonie konnte das gut, zu Halloween war ihr Zimmer immer originell geschmückt. Die Unternehmungen zusammen mit Boris waren ebenfalls nur noch schöne Erinnerungen.
Ich fragte mich, ob es vielleicht gar nie eine echte Zusammengehörigkeit zwischen meinen Eltern und Cora gegeben hatte. Mit einem Mal begriff ich, dass Cora von Anfang an nur Papa wollte und Mama und ich ihr dabei unwichtig waren. Ich kam mir total naiv vor. Am liebsten wäre ich in eine Zeitmaschine gestiegen und hätte das Vergangene umgeschrieben.

Der vermeintliche Trost von Leuten, die mich zu kennen glaubten, verfehlte seine Wirkung. Er ließ in mir immer mehr den Eindruck entstehen, dass ich einfach nicht in diese Welt passte.
Ich hörte Sätze wie:
Morgen sieht alles anders aus.
Du bist gerade in der Pubertät, daher sind deine Probleme normal.
Häng nicht an Altem.
Anderen geht es viel schlechter.
Du hast doch alles, was du brauchst.
Vergiss einfach alles Schlechte.
Deine Kindheit war doch ein Traum …
Aufgrund meiner Depression konnte ich über solche Phrasen nicht einmal mehr müde lächeln.
Ich fühlte mich durch diese umso unverstandener, manchmal kamen sie mir sogar wie Spott vor. Innerlich schrie ich dabei: *Meine Kindheit war also ein Traum? Ja ja, vor allem Maurice' Faust in meinem Gesicht!*

Viele Bekannte, aber auch Außenstehende wie zum Beispiel Nachbarn waren aufgrund meines jetzigen Verhaltens der Ansicht, dass mir die Trennung meiner Eltern zugesetzt hätte. Aber das stimmte so nicht! Ich war einfach traurig darüber, WIE die Trennung passiert war.
In La Palma waren meine Eltern und Cora völlig unbeschwert, heute

konnten sie sich nicht mal mehr in einem Raum aufhalten. Alle hatten ihr sorgloses Lachen verloren. Zudem waren meine Eltern zu Sklaven des Geldes geworden. Meine Mama musste unsere Kosten ganz alleine tragen. Mein Papa hatte seinen Job aufgegeben, weil Cora so eifersüchtig war. Dafür übernahm er immer mehr PC-Reparaturen in seinem Wohnort, wodurch wir uns noch seltener sahen.

Sobald ich versuchte über etwas anderes als die Familie nachzudenken, schlich sich gleich Maurice in meine Gedanken ein. Dann war ich verzweifelt über meine Angst, die mich damals unfähig gemacht hatte, mich gegen ihn durchzusetzen, und die mich inzwischen bis hin zu Selbstmordgedanken gebracht hatte. Wenn ich weinend vor dem Spiegel stand, stellte ich mir dabei oft die Frage, wie es weitergehen sollte. Ich starrte mein Spiegelbild an und konnte mich nicht mehr so sehen, wie ich einmal war! Um mich irgendwie auf den Boden zu holen, schrie ich mich selbst an oder führte Selbstgespräche. Ich zermarterte mir den Kopf, aber es kam keine sinnvolle Lösung heraus.
Außer *die eine* ...

Warum fast alle meine Freundschaften zerbrochen waren, fragte ich mich ebenfalls. Die Freundschaft mit Christine war wohl nie eine gewesen, sondern mehr ein gegenseitiges Brauchen. Ich hatte lustige Momente mit ihr, doch spätestens seit der Diebstahlsgeschichten war diese *Freundschaft* zu Ende.
Pia wollte seit ihrem Schulwechsel nichts mehr von mir wissen. Sie meinte, sie würde mich nicht mehr brauchen, denn sie hätte neue, viel coolere Freunde.
Zu Liliane verlor ich den Kontakt, als ich die Schule wechselte. Ich war ihr nicht böse, mochte sie nach wie vor, aber Freundschaft konnte ich das nicht nennen.
Auch zu Lydia hatte ich keinen Draht mehr. Sie ignorierte jeden Kontaktversuch von mir.

Schließlich ging sogar meine intensivste Freundschaft in die Brüche, nämlich die zu Kim. Es gab hier aber einen Unterschied, denn dieses Mal war ich es, die die Freundschaft beendete. Nach langem Nachdenken hatte ich mich dazu entschieden und wollte Kim meine Gründe schildern.
Ich hatte keine Ahnung, wie ich es ihr sagen könnte, denn ich wusste, es würde sie verletzen. Selbst ich hätte nie gedacht, dass es dazu kommen würde, denn ich hatte viele interessante und schöne Stunden mit ihr verbracht und einiges von ihr gelernt. Kim war eine tolle Freundin, dennoch kam es bei mir zu dem Punkt, ab dem es nicht mehr passte.
Ich konnte mit ihrer anhängliche Art nicht umgehen, fühlte mich bedrängt und hielt diese Nähe nicht aus. Des Weiteren machte auch sie gerade eine depressive Phase durch und statt uns gegenseitig aufzubauen, zogen wir einander immer stärker Richtung Abgrund.
Meine gedanklichen Verstrickungen waren so wirr, dass ich nicht die Kraft hatte, ihr zu helfen. Ich wollte nicht mehr leben – wie konnte ich Kim also Gründe dafür aufzeigen, dass es sich für sie lohnte?

Sie meldete sich bei mir via Chat: »Hallo? Warum schreibst du mir nicht zurück, ich mache mir Sorgen!«, oder: »Wieso gehst du nicht an dein Handy?« Es tat mir leid – wie sollte ich ihr bloß sagen, dass ich entschieden hatte, Abstand zu nehmen? Jedes Mal, wenn sie schrieb oder anrief, bekam ich Schuldgefühle.
Als ich ihr zum letzten Mal schrieb, fühlte ich mich bereit dafür, obwohl ich nicht wusste, ob sie es verstehen würde. Ich erklärte ihr, dass mein Lebensweg in eine andere Richtung führte. Sie schrieb zurück: »Soll das heißen, du willst mich nie wieder sehen?«
Mir gab es einen richtigen Stich, als mir bewusst wurde, dass ich es wirklich in diesem Moment so wollte. Ich schrieb, dass ich ihr von Herzen danken würde, denn sie war sogar an meiner Seite gewesen, als ich dachte, sterben zu müssen.
Ich gab ihr zu verstehen, dass manche Menschen einfach länger bei einem bleiben und manche irgendwann in einen Lebenszug umsteigen, der in eine andere Richtung fährt. Sie konnte es nicht fassen und

verstand mich nicht. Aber ich war der festen Überzeugung, dass ihr in dieser Zeit nur andere Freunde helfen konnten. Mein Gefühl sagte mir, dass ich ihr die Geschichten, die ich im Kopf hatte, einfach nicht erzählen konnte.

Kim fragte mich schließlich, ob mir überhaupt irgendjemand etwas bedeuten würde. Ich merkte, wie enttäuscht und wütend sie war. Trotzdem meinte sie, es sei okay, wenn ich Abstand wollte. Das machte es mir etwas leichter, alles war gesagt und mehr ging erst mal nicht. Bestimmt würde sie mich irgendwann verstehen, auch wenn es jetzt schwer für sie war.

Immer öfters dachte ich ans Sterben, was man dabei fühlen würde und was danach käme. Letztendlich fasste ich den für mich einzig sinnvoll erscheinenden Entschluss, mein Leben zu beenden.

Ich überlegte, wie ich es tun könnte, welche Reaktionen es gäbe und wer mich vermissen würde. Wenn ich zum Beispiel im Zug saß, sah ich aus dem Fenster auf die Gleise und nahm nichts mehr wahr außer dem Rauschen der Räder.
Manchmal starrte ich sehnsüchtig in den Himmel und hoffte, bald dort oben zu sein. Diese Gedanken taten so weh, dass es mich stückweise zerriss und ich das Gefühl bekam, den Kampf gegen meine Depression zu verlieren.
Einmal schaute ich von einem hohen Turm auf die Straße hinunter und war kurz davor, zu springen, dachte aber im letzten Moment, er sei vielleicht nicht hoch genug. Ein anderes Mal nahm ich mir eine Schere und schnitt mir in beide Arme. Während ich auf das Blut sah, das an mir herunterrann, wurde mir endlich klar, dass es so nicht weitergehen konnte. Ich warf die Schere weg und schrie mich selbst an.

Mir fielen Bonsaijs Worte ein, er hatte mich neulich überraschenderweise aufgesucht, um mir etwas Wichtiges mitzuteilen. Er meinte, ich

würde durch meinen selbst verursachten Tod gar nichts lösen, sondern müsste mich auf jeden Fall meinen Ängsten stellen. Ich könnte aber selbst entscheiden, ob ich das aus eigener Kraft und in meinem Tempo machen möchte oder ob ich in einem Zwischenzustand dazu gezwungen sein würde, mich all meinen Ängsten auf einmal zu stellen, was allerdings viel heftiger wäre.
Seit Bonsaij mir das gesagt hatte, fühlte ich mich dauerhaft in einen Käfig verbannt. Dieser hieß *Leben* und ich war darin eingesperrt.

Aber jetzt verstand ich Bonsaij endlich! Der Käfig war nicht *das Leben*, sondern *meine Angst*. Diese hockte in *meiner Seele*, nicht in *meinem Körper*, somit würde mir die Angst überall hin folgen.
Ich erkannte, dass ich *aufhören* musste – aber nicht mit meinem Leben, sondern mit meiner Selbstzerstörung!

Im zweiten Schritt war es nötig, meine Schuldgefühle abzulegen.
Ich begriff, dass ich nicht Ursache für die Trennung meiner Eltern war.
Ich lud auch die Schuld an Maurice' Gewaltausbrüchen nicht mehr auf meine Schultern. Es war sein ganz persönliches Problem.
Es war Latonas Sache, dass sie ihr Ego durch Abwertung meinerseits stärken musste.
Ich musste mir selbst vergeben, mich nie verteidigt zu haben.

Früher war mir oft von Maurice eingetrichtert worden, dass alles, was ich machte, falsch wäre. Später hatte mir Latona dasselbe eingeredet, sodass ich es extrem verinnerlichte. Durch die neue Schule erlebte ich zum Glück eine Wendung. Dennoch hatte ich tiefe seelische Wunden, die stets aufs Neue aufbrachen. Fremden Menschen konnte ich nur mit Mühe in die Augen sehen, jedes Mal hörte ich Maurice' drohende Stimme und erinnerte mich an seinen Blick. Maurice hatte mir verboten, ihn anzusehen, und mich geschlagen, wenn ich es trotzdem tat. Die Erinnerung kam wieder, sobald ich mit jemandem sprach. Am schlimmsten war, wenn derjenige Maurice ähnlich sah. Dann hatte ich den Eindruck, es könnte alles passieren und ich sei dem völlig ausgeliefert.

Oft hatte ich das Gefühl, alle würden mich anstarren und jede Bewegung von mir bewerten. Bei bestimmten Geräuschen zuckte ich zusammen, es fühlte sich an wie ein Schlag, der mein Inneres traf. Ich war mir im Klaren darüber, dass es lange dauern würde, bis ich mich sicher fühlte. Während eines schönen Erlebnisses – oder auch nach einem depressiven Anfall – spürte ich tief in mir, dass ich leben wollte, glücklich und nicht mehr unterdrückt. In kleinen Schritten lernte ich und verstand mich selbst immer besser.

Sogar die schlimmen Erlebnisse konnte ich mit der Zeit stückweise aufarbeiten.
Wenn ich einen depressiven Anfall hatte, versuchte ich mich selbst zu beruhigen, um nicht durchzudrehen. Manchmal klappte es, indem ich zum Beispiel laut Möbelstücke im Raum benannte. So zwang ich mich, mit den negativen Gedanken aufzuhören. Mich selbst aufzubauen funktionierte, wenn ich mir Mut zusprach, als wäre ich gleichzeitig eine weitere Person. Während die eine weinte, sagte die andere, dass es okay sei, und tröstete sie.

Eine gute Methode, um der Depression auszuweichen, war für mich das Zeichnen. Das machte ich stundenlang und vergaß dabei alles andere. Ich hatte aber durchschaut, dass ich mich in regelmäßigen Abständen der Depression stellen musste, um sie zu überwinden. Dafür nutzte ich Zeiten, in denen ich mich stark genug dafür fühlte. In diesen Phasen hörte ich die Stimmen von Maurice, Latona oder dem *Essarz*, die mich mit verletzenden Sätzen bombardierten. Nach jedem Satz sagte ich laut: »Das ist okay.«
Dadurch wurde ich immer selbstsicherer.
Es war gut, ich zu sein. Es war verständlich, Angst gehabt zu haben. Es war auch in Ordnung, noch nicht angstfrei zu sein.

Ich las viel über mutige Personen, die Ähnliches in ihrer Schulzeit erlebt hatten wie ich. Die Geschichten sowie die Reaktionen der Beteiligten ähnelten sich. Stets lähmt die Angst die eine Seite und stärkt die andere.

Ich kam zur Erkenntnis, dass aggressive Menschen eigentlich am meisten Liebe bräuchten. Wer die nie erhalten hat, versucht sich etwas Ähnliches zu holen: Anerkennung. Am einfachsten gelingt das durch die Erniedrigung eines anderen.
Ich hätte mich dafür nicht zur Verfügung stellen sollen. Niemand sollte das! Das erkannte ich leider viel zu spät.
Keiner hat das Recht, einen anderen zu demütigen, zu unterdrücken oder zu schlagen.
Endlich verstand ich: Mein Leben, ist mein Leben! Daraus mache ich, was ich will!

Meine Auseinandersetzung mit dem Essarz

Ich hatte mir oft ausgemalt, wie mir das *Essarz* erscheinen wird, wenn ich mich ihm bewusst entgegenstelle. Ich spürte, dass ich nun dazu bereit war, auch wenn ich nicht genau wusste, was auf mich zukäme. *Wird es mit mir kämpfen? Wird es mich psychisch angreifen?*

Ich rannte mit meinem bunt bemalten Weidenstab in der Hand über den moosbewachsenen Boden und sprang über vereinzelte Wurzeln, die sich ihren Weg aus der Erde bahnten. Alles huschte an mir vorbei wie in einem Film, den man vorspult. Durch das Geäst der Bäume blinzelten sachte Sonnenstrahlen und der Wind fuhr mir durch die Haare.

Ich hatte das Gefühl, dass das *Essarz* mir bald folgen würde. Schon hörte ich Zischlaute um mich herum, als hätte man Wasser über ein großes Feuer gegossen. Ich sah bewusst nach vorne und rannte einfach weiter. Inmitten einer Blumenwiese, die ringsum von bunten Bäumen umrahmt war, blieb ich stehen.

Gespannt lauschte ich, hörte aber nur das Zirpen der Grillen. Da verschärfte sich der Wind und peitschte gegen die Regenbogenblätter der Bäume. Es wurde nebelig und die Waldlaute wurden allmählich leiser, bis sie gänzlich verstummten. Es wurde so still, dass ich meinen Atem hörte.

Der Nebel war kein gewöhnlicher. Er hüllte nach und nach alles, was hier wuchs, in Schwärze. Er waberte durch die Bäume, deren Blätter

alle herabfielen und sich dabei auflösten. Rasch erreichte der Nebel die Blumenwiese. Alle Blumen, die mit ihm in Berührung kamen, wurden kleiner, verfärbten sich schwarz und zerfielen schließlich.
Ich beobachtete, wie alles in sich zusammenfiel, blieb aber ohne Furcht stehen. Der Nebel wurde dichter, bedeckte den ganzen Boden wabernd wie Wasser und breitete sich sogar unter meinen Füßen aus.

Auf einmal bemerkte ich, dass ich auf dem Nebel stand! In einer riesigen Nebelwelle wurde ich hochgewirbelt. Mir gegenüber tauchte das Gesicht des *Essarz* aus dem Nebel auf. Ich hatte es bereits ein paarmal gesehen, es war bleich und die pechschwarzen, pupillenlosen Augen starrten mich ausdruckslos an.
Das *Essarz* sprach mit rauher Stimme und betonte dabei jedes einzelne Wort: »Schön, dass du dich für den Tod entschieden hast!«
Ich wurde weiter nach oben gehoben und der Nebel formte sich zu einer riesigen Welle, die mich wegschleuderte, sodass ich hinabfiel. Der Wind fegte mir ins Gesicht, bis meine Augen tränten.
Im Fallen erstickte ich beinahe an den Gedanken, die in mir hochkamen: *Wie wäre es, einfach auf dem Boden aufzuschlagen, nie wieder aufzustehen ...*
Im letzten Augenblick besann ich mich und schrie: »Ristei aohe walos!«, woraufhin ich sanft auf dem Boden landete.
Das *Essarz* richtete seine schwarzen Augen auf mich und zeigte keinerlei Gefühlsregung.
Ich hob den Weidenstab zum Schlag empor. Während ich nach dem *Essarz* schlug, verwandelte sich der Weidenstab in ein regenbogenfarbenes Schwert. Mit jedem Schlag teilte sich der Nebel kurz und wurde direkt darauf wieder eins.

Allmählich kroch Angst in mir hoch. Ich hörte das eisige Lachen des *Essarz*. Der wabbelnde Nebel schleuderte plötzlich Steine in meine Richtung. Geschickt wandte ich Bonsaijs Ausweichtechniken an. Einem der Steine konnte ich dennoch nicht schnell genug ausweichen, schlug ihn aber mit dem Schwert auseinander.

Ich sah, wie das *Essarz* Steine zerkaute, die teilweise wie Brotkrümel aus seinem lippenlosen Mund bröselten. Zugleich versuchte es, seine nebeligen Arme um meinen Körper zu schlingen. Ich schlug wild mit dem Schwert um mich.
Das *Essarz* spuckte mir ein Gemisch aus feuchter Erde, Steinbrocken und verdorrtem Laub entgegen.
Daraus entfalteten sich kleine schwarze Wesen, die auf mich zuschossen. Sie wickelten sich wie eine brennende Gummimasse um meine Arme und Beine und hielten diese schmerzhaft fest.
Rauchgeruch raubte mir den Atem und ich musste husten. Mittlerweile war es so dunkel geworden, dass ich fast nichts mehr sehen konnte. Der scharfe Rauch brannte in meinen Augen.

»Gib auf und werde eins mit mir!«, forderte das *Essarz* mit machtvoller Stimme. »Gib dich dem Nebel hin!« Unbeirrt versuchte ich gegen die vielen kleinen Wesen anzukämpfen und schaffte es, mehrere von ihnen abzuschütteln, woraufhin sich auf einmal alle in Luft auflösten.

Ich unterdrückte einen Schrei, als eine Hand des *Essarz* meinen Rücken zerkratzte. »Spüre, wie der Schmerz dich von außen auffrisst!«, dröhnte die finstere Stimme. Ich schlug mit dem Schwert nach dem *Essarz*, die Klinge sauste einfach durch das Wesen hindurch und es gab sein schauriges Gelächter zum Besten.
»Nichts«, schrie das *Essarz*, »nichts kannst du mir anhaben!« Ich wurde ganz eingehüllt vom Nebel, der sich auf einmal wie eine schwere Masse anfühlte. Das Gesicht des *Essarz* erschien vor mir. »Stille, Angst«, sprach es mit monotoner Stimme. Dann rief es laut: »Schmerzen!«, hob eine der Nebelhände und hielt plötzlich ein schwarzes, gezacktes Schwert darin, mit dem es mir in die Hüfte schnitt.
Blut floss über die Klinge.
»Es ist schön, zu leben«, sagte ich trotz des Schmerzes. Das Schwert schnitt tiefer. »Beide Realitäten haben wunderschöne Seiten«, fuhr ich mutig fort.
Da löste sich das Schwert in Nebel auf und das *Essarz* schrie mich

hasserfüllt an. Es hob mich erneut hoch hinauf und zog mich dicht an sich heran. Ich sah das Schwert in seiner Hand wieder auftauchen.
Das *Essarz* drehte mich mit einem Ruck so, dass ich ihm den Rücken zuwandte und hielt mir von hinten die scharfe Klinge des Schwerts an die Kehle.

»Du bist NICHTS«, drang die Stimme des *Essarz* an mein Ohr. »Du bist nichts wert. Niemand wird dich vermissen, wenn du stirbst. Du hast dein Leben schon verloren. Du bist jämmerlich, kannst nichts, bist nichts, wirst nichts!«
Das Schwert verschwand erneut und das *Essarz* tauchte jetzt vor mir auf. Ich schloss die Augen. »Sieh mir in die Augen und schau dir dein Leben an! Du schaffst es ja nicht mal, mich anzusehen und dich zu stellen!«

Entschlossen sah ich deshalb in die Augen des *Essarz*. Wie Filmausschnitte erschienen darin verschiedene Szenen:
Maurice, der mich trat, sein starrer Blick, sein spöttisches Lachen. Aurora, ihr Schreien. Papa, der verzweifelt war, Mama, die weinte, Cora, die brüllte. Eine Zimmertür, die zugeschlagen wurde. Latona, die mich ankreischte. Ein Ball, der gegen die Wand des Turnsaals prallte. Mein depressiver Blick im Spiegel. Ich selbst weinend auf dem Boden. Mein eigener toter Körper, den ich in den Armen hielt. Glassplitter. Ein Schmerzkrampf. Todesringen. Ein Zug. Gelächter. Telefonklingeln. Spöttische Worte. Lärm. Meine Selbstmordgedanken. Zerbrochene Dinge am Boden. Mein Hämmern gegen Türen ...

Immer schneller flimmerten die durcheinandergewürfelten Szenen vor meinen Augen. Schreiend versuchte ich wegzuschauen, doch es gelang mir nicht. Ich konnte den Blick nicht abwenden, so sehr ich es auch wollte. Ich kämpfte gegen meine Tränen und die aufsteigende Depression. Alle schmerzhaften Erinnerungen kehrten glasklar in mein Gedächtnis zurück.

Das *Essarz* reichte mir sein abermals aufgetauchtes Schwert. »Spüre den Schmerz und wie er dich von innen auffrisst! Ja, dein Leben ist sinnlos! Es gibt keine Hoffnung! Schließ dich mir an, dann vergisst du alle Sorgen!«

Augenblicklich besann ich mich meiner Kraft und atmete tief. »Nein, ich liebe mein Leben, trotz der Schattenseiten!«
In den Augen des *Essarz* wiederholten sich daraufhin die zuvor gesehenen Szenen, dieses Mal erzeugten sie auch physische Schmerzen.
Entschieden sprach ich das *Essarz* an: »Mein Leben war oft so schmerzvoll, dass ich dachte, es gäbe keinen Ausweg mehr. Ich glaubte, nur der Tod würde meine Probleme lösen. Doch dies war ein Trugschluss! Ich muss mich dem Schmerz stellen. Die Angst, die mein Herz zerfrisst, kann ich nur selbst heilen! Meine Angst ist noch nicht ganz überwunden. Mir ist klar, dass die Traurigkeit ebenso zu mir gehört wie die Freude.«

Das *Essarz* schrie auf. Unbeeindruckt fuhr ich fort: »Weil meine Lebensfreude sich aufgelöst hatte, kamen Gedanken in mir hoch, dieses Leben zu beenden. Selbst in Gegenwart von lieben Menschen stellte ich mir öfters vor, eine Überdosis Schlaftabletten zu nehmen, von einem Dach zu springen, mich von einer U-Bahn überrollen zu lassen oder wie es wäre, wenn Strom meinen Körper durchfahren würde. Ich war besessen von dem Gedanken zu sterben. Wenn mich etwas kurz herausriss, fühlte ich mich unsagbar schuldig, was aber an meinem Wahn nichts änderte.«

Ich sah dem *Essarz* ins Gesicht. »Ich weiß, dass dein eigenes Leben zerstört ist. Deshalb versuchst du mir einzureden, meines zu beenden. Aber du bist doch nur ein Ausdruck meiner Angst! Weißt du, was du vergessen hast, als du mir mein Leben gezeigt hast? Es fehlten alle schönen Erlebnisse! Zeiten, in denen ich vor Freude aufgesprungen bin!«

Auf einmal begann sich der Nebel zu verfestigen, einzelne Steinbrocken lösten sich und stürzten in die Tiefe.

Furchtlos konfrontierte ich das *Essarz* mit meinen schönsten Erinnerungen:
Stimmungsvolle Weihnachtsfeste mit meiner Familie. Die Begegnungen mit Bonsaij. Fantastische Abenteuer mit Boris, als wir zum Beispiel auf Bäume kletterten, uns auf die obersten Äste hochzogen und mich dabei ein grenzenloses Gefühl von Freiheit erfüllte. Das Zeichnen fantasievoller Bilder, welche die bunte Pracht der anderen Realität spiegelten. Das Kuscheln mit meiner Katze Gipsy, die mir selbst in der schlimmsten Phase der Depression Trost spendete und mich beruhigte. Meine Erfahrungen mit den Lehrern der Schule am Lindenplatz, die mir zeigten, dass Lernen viele interessante Seiten hat und durchaus Spaß machen kann. Die Erlebnisse mit meinen Schulfreundinnen Amelie und Kim, die mir beibrachten, mich durchzusetzen. Die Gespräche mit meinen Seelenverwandten, die zwar weit entfernt wohnten, mir aber jederzeit zur Seite standen.«

Alles begann zu wallen und zu wackeln. Ich holte blitzschnell meine schwarze Kugel aus der Hosentasche und hielt sie dem *Essarz*, welches grauenvolle Töne von sich gab, entgegen.
Der steinerne Nebel zersplitterte unter meinen Füßen und ich fiel mit unglaublicher Geschwindigkeit in einem schwarzen Strudel abwärts. Ich fühlte mich, als hätte mir jemand die Energie ausgesaugt. Ich schloss die Augen und dachte, mein Leben ginge ausgerechnet jetzt zu Ende, wo ich entschieden hatte, es weiterzuführen.

Blitzschnell stürzte ich zu Boden und erwartete einen letzten Schmerz. Doch es fühlte sich an, als wäre ich auf einer dicken Matratze gelandet. Ich öffnete die Augen und sah, dass ich auf Husky lag! Er löste sich kurz darauf auf und ich plumpste aus geringer Höhe auf den Boden.

Die schwarze Kugel hielt ich immer noch fest in der Hand und konnte nun beobachten, wie die Kraft des *Essarz* als schwarzer Sog langsam in sie hineingezogen wurde. In einer grauenhaften Vision wurden unter tosendem Lärm zerfetzte Häuser, tote Menschen und ein Strudel aus

Glassplittern, Erde, Schmutz und Blut in die Kugel gezogen. Um diese weiter festhalten zu können, musste ich alle Kraft aufbringen.

Trotz der Anstrengung entging mir nicht, dass die Sonne zum Vorschein kam und langsam alle Farben rundum wiederkehrten.

Verschwitzt wachte ich mitten in der Nacht auf und war direkt hellwach. In einer Hand hielt ich die weiße Kugel mit der Kraft von Husky in ihr, in der anderen die schwarze, welche nun vollgefüllt mit der Kraft des *Essarz* war. In diesem Moment war ich mir nicht mehr sicher, wo die Auseinandersetzung mit dem *Essarz* stattgefunden hatte.
Hab' ich geschlafen? Ist alles in der anderen Realität geschehen – oder war ich die ganze Zeit wach und alles hat sich in meinem Kopf zugetragen?
Je länger ich nachdachte, desto wahrscheinlicher erschien es mir, dass ich in beiden Realitäten zugleich wach gewesen war.
Mich ergriff eine bleierne Müdigkeit und ich sank zurück in den Schlaf.

Im Sonnenlicht lag ich auf der wieder saftig grün gewordenen Wiese und erfreute mich an der Farbpracht der Blumen um mich herum. Beide Kugeln lagen neben mir. Eines der regenbogenfarbenen Blätter, die an den Bäumen vom sanften Wind hin und her geschaukelt wurden, fiel herab und landete vor meinen Füßen.
Ich sah nach oben und bemerkte Maijelin, die mir vom Baum aus zuwinkte. »Heoil!«, rief sie und sprang zu mir herunter. »Genießt du die Sonne?«, fragte sie und strahlte übers ganze Gesicht.
Ich stand auf und meinte freudig: »Gerade habe ich an dich gedacht!«

Überraschend hielt mir Maijelin von hinten die Augen zu und drehte mich herum. Vor mir standen alle Wesen und Menschen, die mir in der

anderen Realität begegnet waren! Sie winkten mir fröhlich zu. Nachdem ich meine Freunde einzeln begrüßt hatte, quatschte ich noch eine Weile mit ihnen.
Während ich mich gerade mit Leijnde unterhielt, vernahm ich die Stimme von Dalerine. »Ich will dir unbedingt etwas zeigen! Es wird dir sicher gefallen!« Dabei lachte sie verschmitzt.
»Das macht mich neugierig, nur noch einen Moment«, sagte ich und wandte mich an alle: »Ich möchte mich bei euch bedanken, dass ihr mir eure Realität gezeigt habt! Das hat mir sehr weitergeholfen!«

Dalerine hüpfte derweil ungeduldig von einem Bein aufs andere. Sie nahm mich bei der Hand und führte mich auf einem mir unbekannten Weg entlang. Erst als wir an den *Wäldern Wenddrons* vorbeikamen, wusste ich, wo ich war.
Beim See angekommen, tauchten wir in die unterirdische pultus. Dort zeigte Dalerine auf ein neues Tor direkt neben ihrem Zimmer.

Auf dem Tor stand: *Ajenas widliju idreijwa pultus.* Wieder war jeder Buchstabe anders verziert, Diamanten schimmerten als i-Punkte. »Das ist ja unglaublich!«, sprudelte es aus mir heraus, »Wie hast du das geschafft? Bei meinem letzten Besuch hier gab es dieses Tor doch noch gar nicht!«
»Gefällt es dir?«, fragte sie stolz.
Ich antwortete: »Es sieht fantastisch aus!«
»Lass uns reingehen«, sagte Dalerine aufgeregt. Ich war zunächst verwirrt, weil ich nicht dachte, dass sich hinter dem Tor etwas befinden würde.

»Arhuije wija!«, rief ich aufgeregt und das Tor öffnete sich. Ich war von der Schönheit des Raumes überwältigt. Durch zwei riesige Fenster, von denen eines wellen- und das andere zackenförmig war, drang nur schwaches Licht herein, dennoch war es hell im Raum.
Ein großer, wellenförmiger Tisch stand gegenüber von einem der Fenster. Die Wände waren mit glitzernden, bunten Steinen verziert.

Auf mondförmigen Holzregalen saßen Wesen, die ähnlich wie Elfen aussahen und in allen Regenbogenfarben strahlten. Ihr Licht war es also, das den ganzen Raum erhellte.
Wie aus einem Mund hießen sie mich willkommen: »Ejildajenes id likijo sleij pultus!«
Ich verneigte mich und entgegnete: »Beijo!«
Eines der Lichtwesen legte den Kopf schief und schmunzelte. »Schenk deinen Dank lieber Dalerine!«
»Natürlich. Danke Dalerine, es ist wunderschön.«
»Ich wusste, es würde dir gefallen!«, freute sich Dalerine, »Hier kannst du wann immer du magst, herkommen und entweder mit mir oder allein arbeiten.«
Ich blieb in der unterirdischen pultus bis Dalerine von zwei Wesen um Hilfe gebeten wurde. Sie verabschiedete sich: »Liebe Ajena, wir sehen uns bestimmt bald wieder, ich möchte meinen Freunden ein bisschen mit den Kristallstiften helfen. Blifjhadu.«
Sie winkte mir zu, bevor ich die pultus verließ und aus dem Wasser tauchte.

Maijelin, Husky, Bonsaij und drei Einhörner warteten am Waldrand auf mich. Am liebsten hätte ich gleich mit Bonsaij über meine letzte Begegnung mit dem *Essarz* gesprochen, doch ich wartete erst einmal ab.
»Ich möchte gerne, dass ihr alle mich zum *Haus der Gefühle* begleitet«, sagte Bonsaij freudig.
Husky lief neben uns her, während Maijelin, Bonsaij und ich auf den Einhörnern ritten. Fast fühlte es sich an, als würden wir fliegen.

Wir kamen noch einmal beim Wasserperlenbaum vorbei und ich staunte erneut über seine Pracht. Hier durften wir nur ganz langsam reiten.
Mein Einhorn schritt mit mir am Baum entlang, sodass die Äste mich streiften. Ich sah nach oben, wo ein buntes Wesen, das man zwischen den Blättern kaum erkennen konnte, auf einem Ast herumkletterte. In dem Moment fiel mir eine Wasserperle auf die Stirn. Sie rann über mein

Gesicht bis zu den Lippen. Ich spürte, wie meine Glieder schwer wurden und ich mich nicht länger auf dem Einhorn halten konnte.

Jetzt merke ich erst, wie stark die Präsenz des Essarz war. Ohne dessen Stimme ist es viel ruhiger. Seit unserer Auseinandersetzung höre ich keine verletzenden Bemerkungen mehr von ihm und in der Wohnung riecht es seither nie mehr nach Feuer.
Endlich habe ich die Depression überwunden. Ein paar Lebens- und Verlustängste sind zwar noch in mir, aber ich lerne mehr und mehr, wie ich mit ihnen umgehen, sie zulassen und rechtzeitig wieder aus ihnen herauskommen kann.
Inzwischen weiß ich mich durchzusetzen, wenn mich jemand unterdrücken will.
Ich entwickle mich weiter und werde stärker.

Meine Sicht war verschwommen, ich sah nur verzerrte bunte Farben. Als ich kurz darauf wieder klar sehen konnte, merkte ich, dass Husky mich auf seinem Rücken trug. Ich richtete mich auf und sah mich verwirrt um. Husky beruhigte mich: »Keine Angst, wir sind bereits im *Haus der Gefühle* angekommen und ich trage dich zu Bonsaijs Wohnung.«
»Aber ... wo sind die anderen?«, fragte ich.
»Sie sind bereits dort. Ich wollte nicht so schnell laufen wie die Einhörner ... Sag mal, hat dir der Wasserperlenbaum etwa eine zweite Vision geschenkt?«
»Ja, das hat er! Und es war eine positive! Ich erzähle sie dir, wenn wir bei den anderen sind.«

Bonsaij und Maijelin umarmten mich, nachdem ich von Husky sanft zu Boden gelassen worden war. Ich konnte nicht länger mit meinen Neuigkeiten warten und erzählte zuerst von meiner Vision, die ich vom Wasserperlenbaum erhalten hatte. Gespannt lauschten alle und waren derselben Meinung wie ich, dass diese Vision eine bald kommende Entwicklung sein müsse. Darüber freuten sie sich mit mir.

Maijelin sagte: »Bonsaij hat mir erzählt, dass du heute deine Auseinandersetzung mit dem *Essarz* hattest. Auch ich stellte mich erst vor Kurzem dem Wesen.«

Angespannt antwortete ich: »Aber ... Aber heißt das, du hast das *Essarz* nicht besiegen können? Denn sonst hätte ich doch keine Begegnung mehr mit ihm haben können.«

Maijelin schmunzelte und erklärte mir dann: »Auch ich habe das Wesen in meine Kugel ziehen lassen!

Seit Bestehen des Universums gibt es zwei grundsätzliche Kräfte, ohne die kein Leben existieren würde – das Licht und die Dunkelheit. Es sind zwei Qualitäten ein und derselben Energie, die man das *Leuchten* nennen könnte. Das Licht kann ebenso wie die Dunkelheit jede Form annehmen. Wir nennen den Teil der tiefsten Dunkelheit *Essarz*.

Es ist ein wichtiger Bestandteil eines Lernprozesses und kann weder besiegt noch vernichtet werden. Es geht darum, die dunkle Energie in sich anzunehmen und sie ins Gleichgewicht mit der lichten zu bringen. Jeder Mensch tritt dem *Essarz* in einem seiner Leben gegenüber. Das *Essarz* ist auch der *Spiegel der Ängste* in einem. Es erscheint jedem anders und nimmt die Gestalt an, vor der wir uns am meisten fürchten. Durch die Furcht hat es Macht und kann uns die lichte Energie aussaugen. Wir können nur die Macht bannen, die das *Essarz* über uns persönlich hat. Unter *bannen* verstehen wir, der dunklen Kraft in uns den Platz zuzuweisen, welcher dem natürlichen Gleichgewicht entspricht.

Böses und Ängste sind Formen, denen gegenüber wir uns machtlos verhalten, solange wir sie nicht verstehen. Erst indem wir uns mit ihnen auseinandersetzen, lernen wir damit umzugehen.

Die Verwendung der schwarzen und weißen Kugeln ist eine Möglichkeit, die dunkle beziehungsweise helle Energie sichtbar und greifbar zu machen.«

Bonsaij wandte sich nun uns zu: »Ich bin stolz auf euch, meine *Sucherinnen*! Ihr habt beide Wichtiges füreinander gefunden und euch dadurch unterstützt.«

Das machte uns froh und zugleich nachdenklich.

Maijelin sagte: »Ich habe auf meiner Reise viel gelernt, aber ich weiß nicht, was ich für Ajena gefunden haben könnte.«
Bonsaij schmunzelte nur und löste sich vor unseren Augen in Luft auf.
Kurz nachdem er fort war, kam mir die Kadreenwurzel in den Sinn. Ich sagte zu Maijelin: »Ich habe ein Geschenk für dich.«
Da stand Bonsaij auf einmal wieder vor uns, schnippte mit den Fingern und verschwand gleich darauf wieder. »Was soll das denn?«, fragte Maijelin.
Für wenige Augenblicke wurde es um uns herum komplett finster und plötzlich fanden wir uns auf der Wiese vor dem *Haus der Gefühle* wieder.

»Bonsaijs Kraft erstaunt mich immer aufs Neue!«, rief Maijelin.
Ich lachte. »Dem kann ich nur zustimmen. Aber jetzt möchte ich dir endlich das Geschenk geben.«
Ich holte die Kadreenwurzel hervor und reichte sie ihr. »Ich hoffe, damit kannst du deine Mutter heilen.«
Maijelin sah mich überglücklich an und umarmte mich: »Beijo! Jetzt hast du sogar die Wurzel gefunden! Wo hast du die denn entdeckt? Ich habe überall danach gesucht!«

Ich freute mich. »Du hast mir zu mehreren Erkenntnissen verholfen. Die wichtigste davon ist, dass es weder das *vollkommen* Böse noch das *vollkommen Gute* gibt. Alle Menschen haben Gutes und Böses in sich, es kommt nur darauf an, was sie daraus machen.«
Maijelin strahlte und ihre Augen funkelten. »Komm«, sagte sie, »ich zeige dir einen schönen Ort, den du noch nicht kennst!«

Sie pfiff und zwei der Einhörner kamen angerannt. Wir kletterten auf ihre Rücken und Maijelin deutete mir beschwingt, ihr zu folgen.
Im strahlenden Sonnenschein ritten wir durch die bunte, blühende Landschaft dahin ...

Epilog

Immer, wenn ich etwas Trauriges sehe, davon höre oder darüber lese, verspüre ich Mitgefühl mit den Betroffenen. Manchmal habe ich den Eindruck, dass dieses Gefühl bei mir zu stark ausgeprägt ist, weil es sich so anfühlt, als würde ich selbst mitleiden. Dennoch bin ich froh darüber, dass ich Mitgefühl empfinden kann, denn ich betrachte es als eine schöne Eigenschaft von gesunden Menschen. In meiner Kindheit wusste ich nicht, dass es Menschen gibt, denen diese Eigenschaft gänzlich fehlt.

Psychopathen haben beispielsweise eine solche dissoziale Persönlichkeitsstörung. Eine Störung, die sich durch Gene sowie äußere Einflüsse bildet und die man frühzeitig therapieren sollte. Obwohl diese Menschen krank sind, heißt das nicht, dass sie ihr oft gewalttätiges Verhalten damit entschuldigen können.
Sie spüren zwar kein Mitgefühl und merken das in der Regel auch schnell, aber sie erkennen sehr wohl die Mimik eines anderen und wissen, wenn jemand traurig ist oder Schmerz fühlt.

Misshandelte Kinder merken meist auch recht schnell, dass es ganz und gar nicht stimmig ist, was mit ihnen passiert. Hier taucht das Problem auf, dass Kinder im Allgemeinen noch nichts über die Vielfältigkeit der Psyche und dahingehende Störungen wissen und somit auch nicht, wie sie damit umgehen sollen. Ich fände es wichtig, bereits in den ersten Klassen der Schule darüber aufzuklären. Das könnte meines Erachtens der Gewalt in vielen Fällen früh einen Riegel vorschieben.

Hätte ich als Kind gewusst, dass Gewalt niemals zu rechtfertigen ist und nie die Schuld des misshandelten Kindes, wäre es mir leichter gefallen, darüber zu sprechen. Zudem hätte es mich schnell aus der Misslage befreit, zu wissen, dass Menschen, die aggressiv sind und anderen drohen, in Wirklichkeit selbst tief verletzt sind und sich diese Verletzung krankhaft entlädt. Wer erst mal erkennt, dass dieses Verhalten nichts mit ihm selbst zu tun hat, fühlt sich nicht mehr schuldig.

Kinder beziehen naturbedingt alles auf sich, aber das kann fatal enden, wenn sie nichts über die Gefahren wissen, die von Menschen ausgehen können. Uninformierte Kinder glauben, sie hätten etwas falsch gemacht und darum drehe der andere durch und sie müssten bloß tun, was er möchte, dann würde alles gut werden. Ein gefährlicher Trugschluss, der den Kreislauf der Gewalt weiterlaufen lässt.
Das betroffene Kind wird versuchen, einfach nichts mehr falsch zu machen, aber das wird niemals klappen, weil Gewalt nicht an irgendwelchen Fehlern liegt, die das Kind glaubt gemacht zu haben, sondern an der Krankheit des Menschen, der sie ausübt.

Ich erinnere mich gut an das Gefühl, das ich hatte, als ich zum ersten Mal geschlagen wurde. Es war nicht etwa Wut, nein, es war ein Gefühl des Schocks, der Scham und der Schuld. Ich wäre nie auf die Idee gekommen, dass jemand seine Wut an mir auslassen könnte, ohne dass ich ihn durch einen Fehler meinerseits dazu gebracht hätte. Zudem glaubte ich allen Ernstes, dass ich die einzige Person wäre, der so etwas passiert, weshalb es ja schlichtweg nur an mir liegen könne.

Heute als Erwachsene weiß ich, dass es sehr vielen Kindern wie mir erging und noch ergeht und es schüttelt mich, wenn ich daran denke. Es passiert so viel Gewalt, weil jene Menschen, die eine Störung haben, entweder als Kind keine Therapie erhalten oder sich später keine suchen. Außerdem schweigen fast alle der Misshandelten vor Angst und decken somit die Gewalttätigen. Ich wünsche mir mehr Aufklärung in der Schule und dass mehr Menschen die Augen offen halten.

Es geht nicht darum, hinter jedem Kratzer eine Misshandlung zu sehen, viel mehr darum, bestimmte Anzeichen wahrzunehmen, wie etwa folgende:

- Das Kind möchte nicht mehr in die Schule, nach Hause, zu den Großeltern etc.
- Es starrt immer auf den Boden. Es fällt ihm das Sprechen schwer, insbesondere dann, wenn eine bestimmte Person mit ihm im Raum ist.
- Es isst nichts in der Schule, bringt mitgegebenes Essen stets nach Hause zurück. In einem anderen Fall wird dem Kind nur mangelhaftes oder gar kein Essen in die Schule mitgegeben und es erklärt dies bei Fragen damit, dass das eine Strafe für irgendetwas sei.
- Das Kind schläft plötzlich unruhig, hat häufig Albträume, möchte nicht mehr allein schlafen oder wird plötzlich zum Bettnässer.
- Das Kind trägt eindeutige Spuren auf der Haut und wird nervös, wenn sie es darauf ansprechen. Vielleicht zittert die Stimme oder das Kind sieht sich verstört nach allen Seiten um, reagiert entweder teilnahmslos oder überemotional. Es antwortet auf Nachfragen dazu häufig: »Ich bin nur dort und da angerannt, runtergefallen, gestolpert, ein Fußball hat mich getroffen ...«
- Immer wieder fehlen Gegenstände oder Bargeld und das Kind begründet das mit wiederkehrenden Ausreden wie Diebstahl oder Verlust.

Es geht darum, nicht wegzusehen, wenn man bemerkt, dass ein Kind unter Druck gesetzt oder geschlagen wird. Sie wollen keinen Ärger und nicht selbst in eine Auseinandersetzung verwickelt werden? Dann nehmen sie sich bitte ein paar Minuten, um die Polizei zu rufen. Beobachten sie schon länger seltsames Verhalten eines Kindes oder eines Erwachsenen? Alarmieren sie den Kinderschutzbund. Seien sie dahinter und lassen sie sich nicht abwimmeln.
Gehen sie Dingen auf den Grund, sehen sie hinter Fassaden und nutzen sie Techniken wie die Sprachaufnahmefunktion ihres Handys. Je mehr Menschen wissen, wie vielfältig Gewalt sein kann, und je mehr damit aufhören, wegzusehen, desto zielführender kann Gewalt vermieden werden.

Wichtig ist auch zu wissen, dass Kinder niemals über ihnen zugefügte Misshandlungen sprechen, wenn sie nicht absolutes Vertrauen zu jemandem haben, weil die Angst sonst übermächtig ist.
Somit genügt es nicht, wenn sie fragen: Hat dir jemand wehgetan?
Das Kind wird in der Regel bedroht und setzt weder sein Leben, noch das eines bedrohten Verwandten oder Freundes aufs Spiel, ohne das Gefühl zu haben, absolut geschützt zu sein.

Die Geschichte in diesem Buch ist keine reine Geschichte über Misshandlung, es ist die Geschichte meiner Kindheit, mit all den Höhen und Tiefen, die das Leben damals für mich zu bieten hatte. Leider ist Gewalt auch ein Thema meiner Kindheit – und dieses Thema begleitet einen für immer. Dennoch kann man das Beste daraus machen, indem man sich seiner Vergangenheit stellt, daraus lernt und das Gefühl der damaligen Schwäche in Stärke für die Zukunft umwandelt.

An all euch Menschen, die Misshandlung erfahren haben:
Es ist unfassbar hart, was man euch angetan hat, und es wird nie eine Entschuldigung dafür geben. Merkt euch gut, ihr tragt in keiner Weise Schuld daran. Ich bin stolz auf euch, dass euer Wille zu überleben größer war als jeder Schmerz. Ihr seid tapfer und stark! Ich finde euch wunderbar, wie ihr seid, und wünsche euch Liebe aus tiefstem Herzen.

An all euch Menschen, die andere misshandeln:
Gesteht euch ein, dass ihr krank seid und eine Therapie braucht, um bestmöglich mit eurer Störung umzugehen. Ich glaube daran, dass ihr tief in euch spürt, dass es falsch ist, wenn ihr jemandem Leid antut.
Ihr seid so verletzt, dass ihr denkt, selbst verletzen zu müssen, um euren eigenen Schmerz zu verdrängen. Glaubt ihr wirklich, das macht euch glücklich?
Vielleicht denkt ihr, dass es euch zumindest eine Weile glücklich macht, weil ihr jetzt die Macht habt, die früher jemand über euch hatte. Wie lange reicht euch dieses Ersatzgefühl und ist es euer Wunsch, dafür Leben zu zerstören? Ihr unterliegt einem Trugschluss. Das Verursachen

von Schmerz bei anderen führt euch nicht zu dem, was ihr insgeheim wollt: Liebe.

Macht über einen anderen Menschen zu haben, ersetzt keine Liebe. Liebe werdet ihr durch euer gewalttätiges Verhalten niemals spüren, im Gegenteil: Ihr werdet gehasst, tief gehasst und das ist genau das Gefühl, das ihr am wenigsten wollt.

Ich kann euch gut verstehen und wünsche mir, dass ihr den Kreislauf der Gewalt unterbrecht, dass ihr den Mut habt, euch eure Verletztheit einzugestehen und dass ihr eine Therapie in Anspruch nehmt. Nur so habt ihr die Chance, je geliebt zu werden und frei zu leben.

Hilfestellen Österreich:

Kinderschutzbund
Elternbildung Tirol
Anichstraße 26/104
A-6020 Innsbruck
E-Mail: verein@kinderschutz.at

Kostenlose Hilfe per Anruf:
Rat auf Draht Hilfetelefon: 147
Frauenhelpline: 0800222555

Hilfestellen Deutschland:

Kinderschutzbund Bundesverband e.V.
Bundesgeschäftsstelle
Schöneberger Str. 15
10963 Berlin
Tel. 030 / 214 809 - 0
Fax 030 / 214 809 - 99
E-Mail: info@dksb.de

Kostenlose Hilfe per Anruf:
Hilfetelefon: 08000116016
www.superheldin-gegen-gewalt.de

Virginia Anemona ist freischaffende Künstlerin. Zurzeit arbeitet sie unter anderem an ihrem zweiten Buch.

Ajena und der Wasserperlenbaum ist ihr erstes Werk, welches anderen Menschen helfen soll, sich ihren Ängsten zu stellen und nie aufzugeben.

Die Autorin litt mehrere Jahre an einer schweren Depression, von welcher sie sich jedoch durch das Schreiben befreien konnte.
Ihre traumatischen Lebensereignisse, sowie ihre phantastischen Erfahrungen prägen dieses Buch.

Virginias kreative Zeichnungen, Fotos und Miniaturwelten sind unter www.instagram.com/virginia_anemona/ zu sehen.

Ebenso im Hause Brighton® zeitnah erhältlich ist dieses Werk der Autorin Natalie Peracha

Layla und Mexx führen ein ganz normales Leben. Ihre Tagesabläufe bestehen daraus, sich früh morgens für die Schule aus dem Bett zu quälen und abends völlig fertig wieder nach Hause zu kommen, mit zu vielen Hausaufgaben im Gepäck und zu wenig Zeit.

Doch als Layla und Mexx eines Tages vor dem Schulfenster als scheinbar Einzige, eine schreckliche Schattengestalt sehen, ändert sich ihr Leben schlagartig.

Wer und was sind diese komischen Gestalten, die die beiden zu verfolgen scheinen und was wollen sie von ihnen?

Plötzlich finden die beiden sich in einem Abenteuer wieder, das die Vorstellung der Menschheit auf den Kopf stellt. In einem Kampf zwischen Gut und Böse treffen die beiden auf die außergewöhnlichsten Kreaturen und kommen an die Grenze ihrer Leistungen.

Doch steckt auch in ihnen beiden mehr?

ISBN 978-3-95876-549-8

Weitere Titel dieser Reihe sind in Vorbereitung!

Der Familienbetrieb

GmbH

... hat es sich zur Aufgabe gemacht, Bücher und Filme zu veröffentlichen,
die eventuell von großen Verlagen oder dem Mainstream nicht erkannt werden.
Besonders wichtig ist uns bei der Auswahl
unserer Autoren und deren Werke:
Wir bieten Ihnen keine Bücher oder Filme an,
die zu Tausenden an jeder Ecke zu finden sind,
sondern ausgewählte Kunst, deren Wert in ihrer Einzigartigkeit liegt
und die damit – in unseren Augen – für sich selbst sprechen.
Wir sind davon überzeugt, dass Bücher und Filme bereichernd sind,
wenn sie Ihnen Vergnügen bereiten.
Es ist allerdings unbezahlbar, wenn sie Ihnen helfen,
die Welt anders zu sehen als zuvor.
Die Brighton Verlag® GmbH sucht und bietet das Besondere –
lesen Sie selbst und Sie werden sehen ...
Ihr Brighton® Team

Sonja Heckmann
Geschäftsführende Gesellschafterin
she@online.de

Jasmin N. Weidner
Assistenz Geschäftsführung
jasmin.weidner@brightonverlag.com

Ester Meinert
Leitung Vertrieb
ester.meinert@brightonverlag.com

Anne Merker
Sekretariat Brighton® Group
anne.merker@brightonverlag.com

Ernst Trümpelmann
Satz, Buch- & Covergestaltung
ernst.truempelmann@t-online.de

info@brightonverlag.com
www.brightonverlag.com